データにのまれる経済学

薄れゆく理論信仰

前田裕之

日本評論社

はじめに

経済学が大きく変貌している。

経済学の花形といえば、数式やグラフで彩られた経済理論であり、経済学界では、理論やモデル作りに精通した学者が高い評価を受けてきた。経済学がかつて「社会科学の女王」と呼ばれていたのは、物理学や数学に強い経済学者たちがニュートン力学の背中を追いかけながら理論に磨きをかけ、他の社会科学と一線を画してきたためだ。

ところが、過去20年あまりの間に、経済学界の風景は様変わりした。数式やグラフに代わって前面に出てきたのは、実験や計量経済学の手法を活用したデータ分析である。今や経済学の学術誌（ジャーナル）に論文を掲載しようとするなら、データ分析は不可欠だ。純粋に経済理論を展開するだけの論文は掲載を拒絶されるとの声を経済学者からよく聞く。

データ分析のスキルを活用し、ビジネスの世界に足を踏み入れる経済学者も現れている。日本ではまだ少数だが、アメリカでは、経済学や計量経済学の専門知を身につけた人たちが「データサイエンティスト」としてビジネスの最前線で活躍したり、政府の政策評価に携わったりしている。大容量のデータを処理できる「ビッグデータ時代」を迎えたいま、直接は世の中の役に立ちそうもない経済理論に浸るよりも、ビジネスや政策評価に役立つデータ分析に力を入れる方が「合理的だ」と判断する経済学者が増えているのかもしれない。経済学界は、こうした動きを追認、あるいは推奨しているのだろうか。

そんな疑問を抱きながら経済学の入門書や教科書を開くと、ギリシャ文字や記号の混じった数式やグラフが満載で、様々な定理や法則がひしめいている。経済学界から経済理論が姿を消したわけではなく、経済学の硬い岩盤は変わっていないようにも見える。

他の分野と同様に、経済学は「理論と実証」のバランスをとりながら発展してきた学問である。数学を駆使する数理経済学を筆頭に、理論偏重の傾向が強かったものの、実証にも一定の力を入れてきた。経済学の実証分析の中核を担ってきたのが計量経済学である。

データ分析を重視する近年の経済学界の潮流は、「信頼性革命」と呼ばれる実証分析の世界で起きた変化に端を発している。経済学者たちはランダム化比較試験（ＲＣＴ）や「自然実験」といった強力な分析の手法を手に入れ、革命を起こしてきた。

そもそも現在の経済学界で求められている「データ」とは何を指し、ビッグデータは経済学とどのように関連しているのか。そして、データ至上主義とも呼べる現状は経済学に何をもたらし、これからどこに向かうのか。

本書では、「理論と実証」のはざまで苦闘してきた経済学者たちの足跡を追いつつ、経済学の草創期から現在に至るまでの実証分析の全体像を描く（本文中では登場人物の敬称は略した）。データ分析の波が押し寄せている経済学界は、その波にうまく乗れるのか、それとも、のみこまれてしまうのか。本書が、世の中にあふれる「データ」や「データ分析」への接し方について、少し立ちどまって考えてみる材料になればと期待している。

２０２３年５月

前田裕之

目次

第2章　主役に躍り出た実証分析　85

第3章　因果推論の死角　165

第4章　RCTは「黄金律」なのか　215

第5章　EBPMの可能性と限界　261

本書で取り上げた書名、論文タイトル、インタビュー記事等のうち邦訳が刊行されていないものは筆者による邦訳です。

序章

データの波にのまれる経済学界

経済学者は世界を単純化する。それはかまわない。なにかを説明するには、あまり重要ではないものを排除し、もっとも重要なものを明らかにする必要がある。しかし、経済学者は度が過ぎていると批判された。理論の向こうにある世界が、実際にはどれほど複雑であるかを忘れてしまっていた。

『若い読者のための経済学史』（キシテイニー　２０１８、３２１頁）

ロンドン在住のジャーナリスト、ナイアル・キシテイニーは、経済学者の姿をこんな風に描写し、２００８年のリーマン・ショックを予見できなかった経済学者たちがテレビに登場したら、「画面に煉瓦を投げつけたくなるのではないだろうか」と綴っている。キシテイニーは「煉瓦を投げるのは少し待ってほしい」と続け、地球温暖化の抑制に役立つ理論や、腎臓のドナーと患者とをマッチングさせるシステム作りなどに貢献してきた、と経済学者たちを擁護する議論を展開する。

ここで注目したいのは、抽象的な経済理論の世界に没入し、現実の問題にはあまり関心を払わないという、キシテイニーが描き出した経済学者像だ。「経済学には不備な点もあるが、人類にとってきわめて重要なものだ。もっとも基本的な経済理論は、あらゆる種類の問題、とりわけ専門的な問題を解決するための強力なツールとなる」というキシティニーの主張に賛同するかどうかはともかく、彼と同様に理論に没頭する経済学者というイメージを抱いている人は多いのではないだろうか。

今も多くの経済学者が理論研究に携わり、数式を駆使した論文を執筆しているのは確かだが、経済学界全体を見渡すと、様相はかなり変わっている。どの学問にも「理論と実証」の両面があるが、実証研究やデータ分析に携わり、現実と向き合っている経済学者が急増しているのだ。

三大ジャーナルに変化の波

経済学界が実証研究やデータ分析を重視する流れは、経済学者たちの生産物である論文に顕著に表れている。

アメリカの労働経済学者、ダニエル・ハマーメッシュ（1943〜）は2013年の論文で、1963年からの約50年間にわたって経済学の三大トップジャーナル『アメリカン・エコノミック・レビュー（*The American Economic Review*）』、『ジャーナル・オブ・ポリティカル・エコノミー（*Journal of Political Economy*）』、『クォータリー・ジャーナル・オブ・エコノミクス（*Quarterly Journal of Economics*）』に載った論文の「手法」を追跡した（Hamermesh 2013）。

ジャーナルは、経済学者たちが研究の成果として執筆した論文を発表する場である。ハマーメッシュが取り上げた三大ジャーナルと、『エコノメトリカ（*Econometrica*）』、『レビュー・オブ・エコノミ

図0-1　三大トップジャーナルに掲載された論文の分野別割合の変化

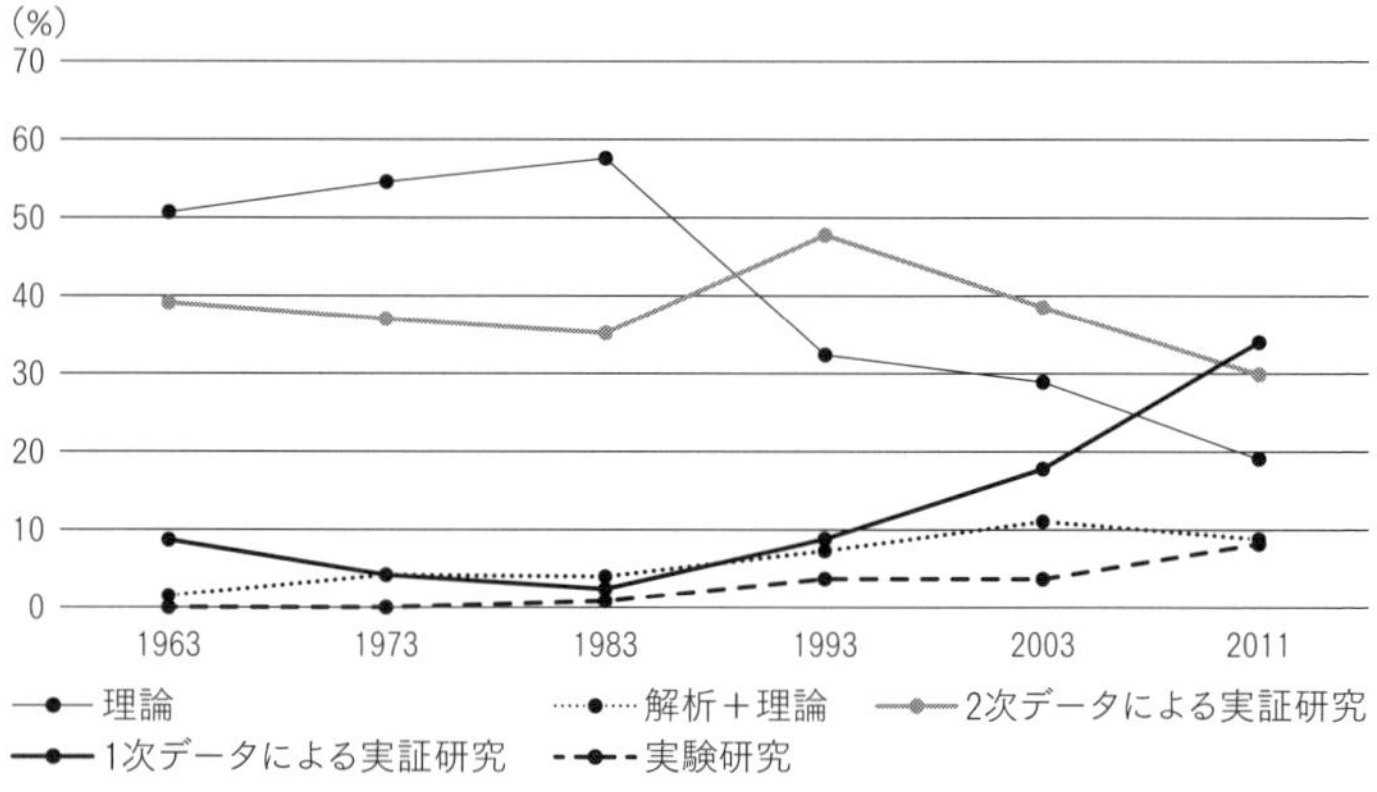

Hamermesh(2013)をもとに筆者作成

ック・スタディーズ（*The Review of Economic Studies*）』を合わせて五大トップジャーナルとも呼ぶ。

各ジャーナルには、論文の内容を審査する査読者が存在し、編集部に寄せられた論文が掲載に値するかどうかをチェックしている。門前払いになる論文もあれば、査読者の質問や注文に応じて修正を重ね、何とか掲載にこぎつける論文もある。経済学には様々なジャーナルがあるが、トップジャーナルに論文を載せるのはとりわけハードルが高いとされている。

トップジャーナルに論文が載れば注目を集めやすいし、他の学者の論文に引用されるチャンスも広がる。学界での評価に直結するだけに、研究活動に注力する学者たちは何とか論文を掲載しようとしのぎを削っている。三大トップジャーナルに載った論文は、そんな経済学者たちの努力の集大成であり、年代ごとのテーマをみれば、経済学界が何を重視していたのか、がよく分かる。

ハマーメッシュが注目したのは論文の「内容」ではなく、「手法」だ。掲載論文を「理論」、「シミュレーション（数値解析）を伴う理論」、「2次データを活用する実証」、「1次データを活用する実証」、「実験」に分類し、10年ごとに、全体の論文数に占める割合を計算した（図0－1参照）。

この分類に登場するシミュレーションとは、経済理論やモデルに仮想の数値を代入し、予測値を算出する試みなどを指す。1次データとは、第三者の手が加わっていない生のデータ、2次データとは、官庁などが収集し、加工したデータを指す。研究者は実証分析をするために、様々なデータを集めるが、1次データを利用するのか、2次データを利用するのかによって研究の進め方は大きく異なる。この点は次章以下で改めて説明する。

1963年の時点では、理論研究が50・7％と圧倒的に多く、2次データによる実証研究が39・1％を占めた。1次データによる実証研究は8・7％、数値解析を伴う理論研究が1・5％、実験による実証研究はゼロだった。実証研究の大多数は2次データを利用する研究であり、1次データを重視する現在の流儀とは異なるとはいえ、実証研究も一定の割合を占めていた点に注目したい。理論偏重の傾向はあるものの、経済学者たちは実証研究にも注力してきたといえる。

73年と83年も傾向は変わらない。83年時点では理論研究の割合は57・6％とさらに高まるが、2次データによる実証研究も35・2％を占めている。1980年代までは理論研究が経済学の王道であり、他の研究を寄せ付けなかったのは確かだが、独占状態にあったとまではいえない。

「経済学は数式やグラフに彩られた理論やモデルを扱う学問だ」と理解している人は多いだろう。

そうした理解は間違いではないが、実態以上に「理論偏重」のイメージが増幅していた面がある。

90年代に入ると変化の波が訪れる。93年時点でみると、理論研究は32・4%と大きく割合が下がり、2次データによる実証研究が47・8%に急上昇して順位が逆転する。以下、1次データによる実証研究が8・8%、数値解析を伴う理論研究が7・3%、実験による実証研究が3・7%の順となる。

純粋な理論研究を頂点とした経済学界のピラミッドが崩れる様子がうかがえるが、数値解析を伴う理論研究の割合は高まっており、両者を合計すればなお40%に近い割合を保っていた。90年代の特徴は、1次データによる実証研究と、実験による実証研究という、それまで影が薄かった研究の割合が目に見える形で高まった点だろう。

2000年代に入ると、この傾向はさらに顕著になる。2011年時点では、1次データによる実証研究の割合が34・0%に急上昇してトップとなった。2次データによる実証研究は29・9%、実験による研究が8・2%と実証研究が大きく伸びる一方、理論研究は19・1%、数値解析を伴う理論研究は8・8%となり、両者を合計しても30%に満たなくなった。

ハマーメッシュの論文による追跡はこの時点までだが、経済学者らの話から推測すると、これ以降も大きな流れは変わらない。理論研究の割合はさらに下がり、実証研究の割合はさらに高まっている公算が大きい。

「理論と実証」のバランス重視、『エコノメトリカ』の編集方針

五大ジャーナルの一つ、『エコノメトリカ』の2022年3月号に載っている論文の一部を概観してみよう。

法人税と企業の研究開発投資の関係を分析する論文では、両者の関係を表すモデルに現実のデータを当てはめながら、モデルに含まれるパラメータ（補助変数または係数）の値を推定し、現実をうまく説明できるモデルを導き出している（Akcigit et al. 2022）。このモデルをもとに、企業の研究開発投資を促し、生産性を高めるのに適した法人税制とはどんな税制なのかを考察している。

「グローバル銀行とシステミック債務危機」と題する論文では、2008年のリーマン・ショックのような金融危機の局面で、金融仲介業者の行動が危機を増幅させたメカニズムを表現するモデルを構築した（Morelli et al. 2022）。このモデルを活用して定量分析をしたところ、金融危機と通常の景気循環の両方の局面で、金融仲介業者が果たす役割の大きさを示すことができた、と主張している。

「ダイナミックプライシングと福祉効果」をテーマとする論文は、フライト単位の航空運賃のデータをもとに航空会社の運賃設定の仕組みを表すモデルを作り、運賃の変化が利用者の「福祉」に与える影響を分析した（Williams 2022）。

ダイナミックプライシングとは、商品やサービスの価格を需要と供給の状況に合わせて変動させる

仕組みを指す。「動的価格設定」、「変動料金制」、「価格変動制」といった訳語が普及している。多くの航空会社は閑散期には運賃を安くし、繁忙期には運賃を高くして閑散期の薄利分を補おうとしている。論文では、ビジネスでの利用者と、レジャー目的の利用者を対比させ、利用者全体を集計すると一律の運賃よりもダイナミックプライシングの方が、福祉効果が高いと結論づけている。

『エコノメトリカ』は第1回ノーベル経済学賞を受賞した計量経済学者、ラグナル・フリッシュ（1895〜1973）が1933年の創刊時から編集長を務めた、計量経済学会（エコノメトリック・ソサエティ）の機関誌である。

計量経済学会の機関誌である以上、定量分析が多いのは当然ともいえるが、『エコノメトリカ』は決して理論研究を軽視してきたわけではない。同誌は編集方針を以下のように説明している。

> 理論と実証、抽象と応用の両面にわたって幅広い領域をカバーし、経済学のすべての分野のオリジナルな記事を公開する。経済問題に対する理論・定性的なアプローチと、実証・定量的なアプローチの統一を目指し、建設的で厳格な思考に貫かれた研究を推進する。数多くの新しい、重要な領域で発展する経済理論の最前線から、応用経済の問題に関するリサーチ、経済理論や計量経済学の方法論の革新に至るまで、ユニークな話題を毎年、開拓していく。

計量経済学の歴史には改めて触れるが、計量経済学とは、もともと経済理論の正否を統計学の手法を使って検証するために生まれた学問・手法である。『エコノメトリカ』は創刊以来、「理論と実証」のバランスをとる姿勢を貫いている。ハマーメッシュが指摘するように、三大トップジャーナルには1980年代まで理論研究を偏重する傾向があったのかもしれないが、経済学は実証に背を向けてきた学問ではない。

ただ、草創期の計量経済学の主な目的は「理論の検証」であり、実証分析はあくまでも脇役だった。チェコの経済学者、トーマス・セドラチェク（1977〜）は『善と悪の経済学』（セドラチェク 2015）で、理論経済学と計量経済学の関係を論じている。

セドラチェクによると、理論経済学が現実世界の「足場」にできるのは仮説の構築とモデルの検証（テスト）である。だが、モデルの検証を担う計量経済学者たちは数式を乱用し、現実を見えづらくしがちだ。計量モデルの予言がうまく的中するのは、現実が偶然にもモデル通りにふるまった場合、すなわちモデルが依拠する過去の事例からさほど乖離しなかった場合に限られているように見えると指摘する。

「（経済学以外の）他の実証研究分野では、統計処理がこれほど大量に、かつ高度化されて、しかも結果には無関心に使用されることはない。……これらのモデルの大半は、実際には応用されることもなく、ただ死蔵されている」（ワシリー・レオンチェフ）、「計量経済学を経済学から追放すべきだ」（ヤン・クメンタ）、「豪雨はインフレに影響を与えた、それは結構だ。しかし分析によれば、通貨供給量以上に豪雨の影響のほうが大きかった。なんたる滑稽……。まことに迷惑千万だが、計量経済学的な分析では、こうしたおかしな結果が得られることがじつに多い。しかも豪雨の場合ほど、そのバカさ加減がはっきりしていないことが多いのが悩ましい」(デイヴィッド・ヘンドリー)。セドラチェクは計量経済学を非難する論者の声を紹介したうえで、「科学者たる経済学者は、数学をあくまで補助手段の地位に留めおかなければならない」と数式を多用する計量経済学を批判している。

理論が正しいかどうかを現実のデータを使って検証する、あるいは現実のデータから仮説や理論を導き出すのが実証研究だとすれば、計量経済学は現実のデータを既存の経済理論にうまく当てはめようとしているだけで、実証の役割を果たしてこなかった、とみているのだ。

セドラチェクが念頭に置いているのは、草創期から80年代頃まで隆盛を誇った伝統的な計量経済学だ。1990年代以降、経済学の実証分析の手法やテーマは大きく変貌している。実証研究は必ずしも理論研究の脇役とはいえなくなっている。

経済学のトップジャーナルの掲載論文を見る限りでは、経済理論を頂点とするピラミッドは完全に崩れ、理論偏重の風潮は過ぎ去ったといえよう。

アメリカを模倣する日本の経済学界

日本の事情はどうだろうか。日本の経済学界は、世界の経済学界の中心であるアメリカを強く意識し、大きな影響を受けてきた。トップジャーナルに論文が載っている経済学者の多くはアメリカの大学に所属し、経済学の研究を主導している。日本の経済学界は、良くも悪くもアメリカの経済学界を模倣し、アメリカから研究テーマや手法を取り入れてきた。

アメリカを中心とする世界の経済学界では、個人の合理的な選択を起点に議論を展開する「新古典派経済学」が主流派の位置を占め、研究の流れを決定づけている。日本の経済学界はアメリカの相似形であり、トップジャーナルで起きている研究手法の変化は、日本にも波及している。

アメリカにも日本にも様々な学派が存在し、研究テーマや手法にも違いがある。アメリカとの関係は学派によっても、個々の研究者によっても様々だろう。ただ、日本の経済学界全体を見渡すと、アメリカの主流派の傘の下で、あるいは主流派の議論を意識しながら研究や教育に取り組んでいる学者が多数を占めているのは間違いない。

会員数が3000人を超え、経済学では日本で最大規模の日本経済学会の活動にも、そうした傾向が表れている。同学会が編集した『日本経済学会75年史――回顧と展望』(日本経済学会編 2010)は、1934年の学会創設から75年間にわたる活動を様々な角度から回顧した書である。

研究分野と研究スタイルの変遷に焦点を当てた章では、会員の経済学者たちが大会で報告した論文と、学会の機関誌に載った論文をもとに年代別の特徴を探っている。

日本経済学会は1949年に「理論経済学会」に改称し、1968年には日本計量経済学会と統合して「理論・計量経済学会」が誕生した。同学会が創設時の「日本経済学会」に名称を戻したのは1997年である。機関誌の名称にも変遷がある。

同書では、初期の日本経済学会が編集した『年報』第1号（1941）と第2号（1942）の掲載論文の著者とテーマを紹介している。

第1号では8本の論文のうち、高田保馬（1883～1972）の「生産期間の問題」などミクロ経済理論が4本、高垣寅次郎（1890～1985）の「貨幣的物価政策」などマクロ経済理論が2本。第2号では10本の論文のうち、安井琢磨（1909～95）の「企業の動学理論」などミクロ経済理論が2本、桑原晋（1903～85）の「失業の方法論的考察」などマクロ経済理論が3本。研究分野はミクロ経済理論とマクロ経済理論が中心だと、同書は指摘している。

第2号に載った早川三代治（1895～1962）の「所得のパレート線について」は「唯一の本格的な実証研究」。この論文の英訳が戦後、日本人が執筆した論文の中では、初めて『エコノメトリカ』（1951）に載った。

理論から実証へ、マクロからミクロへ

『日本経済学会75年史』では、「理論・計量経済学会」が誕生した1968年秋から2009年秋までの大会（春と秋の年2回）の報告論文を研究手法（研究アプローチ）と研究分野別に分類し、大会別の割合を算出している（表0－1参照）。

研究手法は、基礎理論、応用理論、計量メソッド、実証（日本経済が対象）、実証（日本経済以外が

表0－1　研究アプローチ別割合

年	基礎理論	応用理論	計量メソッド	実証（日本経済）	実証（日本経済以外）
1968年秋	0	81	0	19	0
1970年春	13	75	0	13	0
1975年春	31	23	23	0	23
1980年春	18	41	18	18	6
1985年春	6	39	0	56	0
1990年春	17	52	13	17	0
1995年春	5	70	0	20	5
2000年春	2	45	2	39	11
2005年春	1	45	4	41	8
2009年秋	13	37	2	33	15

日本経済学会編（2010）をもとに筆者作成

対象）の5類型とした。

同書の解説によると、1970年代では基礎理論の割合が20％以上を占めた年が多いが、80年代に急速にシェアが下がった。一方、応用理論のシェアは一貫して高水準が続いている。1970年代、90年代では50％を上回った年もあり、2000年代でも40％前後を占めている。

実証研究の推移をみると、日本経済を対象とする研究が高い水準で推移し、2000年以降も40％前後のシェアを維持してきた。日本経済以外を対象とする実証研究も徐々に活発になり、2000年以降、10％前後で推移している。

2000～09年の20大会のうち、理論研究が実証研究を上回ったのは5大会にとどまっている。三大トップジャーナルの掲載論文に比べると変化は緩やかではあるが、実証研究に取り組む研究者が増えている傾向がはっきりと出ている。

同書では、研究分野の変遷も追っている。経済学説、数理経済・計量手法、ミクロ経済学、マクロ経済学、国際経済、ファイナンス・金融、公共経済、医療・教育経済、労働経済、法と経済学、産業組織、経済史、経済発展・成長、農業・環境経済、都市・地域経済の15分野に分け、大会別の割合を算出した。

同書の分析によると、1968年の第1回大会以降、マクロ経済学のシェアは40％近くの水準から20％を下回る水準へと長期的に著しく下がってきた。1970年代前半に20％前後のシェアを占めていた経済発展・成長に関する研究は80年代に低調となったが、90年代半ば以降、再び活発になっている。

ミクロ経済学の関連では、「ミクロ経済学」や「数理経済学」の範疇に入る研究が減り、国際経済、ファイナンス・金融、公共経済、医療・教育経済、労働経済、産業組織、農業・環境経済、都市・地域経済など応用分野の範疇に入る研究が増えてきた。

ミクロ経済学の応用分野の中で、国際経済、公共経済、労働経済と産業組織は1970年代から高いシェアを維持している。一方、医療・教育経済、法と経済学、農業・環境経済、都市・地域経済は1990年代半ば以降、急速に活発になってきた。

研究手法の変遷と重ね合わせてみると、2000年代以降は40％前後のシェアが続く応用理論の中では、ミクロ経済学、国際経済、公共経済、産業組織が高いシェアを占める一方、マクロ経済学とファイナンス・金融のシェアが下がっている。

日本経済を対象とする実証研究の中では、労働経済のシェアが1990〜2000年代を通じて高い。2000年代に入り、医療・教育経済、産業組織のシェアが高まる一方、マクロ経済学とファイナンス・金融のシェアが大幅に低下した。

全体の傾向を簡単にまとめておこう。

1970〜90年代では、理論研究が実証研究を大きく上回る年がほとんどだったが、2000年代に入ると実証研究が理論研究を上回る年の方が多くなった。理論研究の中では、基礎理論のシェアが急低下する一方、応用理論は一定の水準を維持してきた。

日本経済を対象とする実証研究は、1970年代以来、高い水準を維持し、2000年代以降、さらにシェアを伸ばしている。実証分析の対象分野をみると、労働経済が高いシェアを維持する一方、2000年代に入るとマクロ経済やファイナンス・金融がシェアを落とし、医療・教育経済、産業組織のシェアが高まっている。

理論から実証へ、マクロからミクロへ、という世界の経済学界の変化の波が日本にも押し寄せているのだ。

テック経済学者を採用するIT企業の思惑

データ分析や実証研究の広がりは、経済学者たちに新たな活躍の場を提供している。アメリカの経済学界で特に顕著なのは、ビジネス界との接近だ。データ分析に精力を注ぐ経済学者たちの一部は学界から飛び出し、民間企業などで活躍している。ビッグデータを有効に活用したい企業は、データの分析力を備えた専門家として経済学者に目をつけている。

その代表がGAFA（グーグル、アップル、フェイスブック＝現メタ、アマゾン・ドットコム）と呼ばれる巨大企業を筆頭とするIT（情報技術）企業である。

アマゾンは2019年の時点で150人以上の経済学博士号を持つ専門家を雇用している。アマゾンのチーフエコノミストはパトリック・バジャリ（1969〜）。ワシントン大学の経済学教授だ。IT企業の専門家集団の中には大学院を卒業したばかりの若手もいる。IT企業で働く専門家集団を「デジタル経済学者」、「テック経済学者」と呼ぶ向きもある。

IT企業は顧客の利用履歴をデータとして蓄積し、商品やサービスの展開に生かしている。膨大なデータを分析し、ビジネスに役立てるために大量の経済学者を活用しているのだ。

IT企業のプラットフォームに広告を出したい企業の中から、入札方式で適切な企業を選ぶ仕組みを考えたり、逆に広告を出したい企業に、最適なやり方を示したりする。商品やサービスの売り手と買い手を仲介したり、求人企業と求職者をつないだりするのも、テック経済学者の仕事だ。

そこで威力を発揮しているのが、ランダム化比較試験（Randomized Controlled Trial：RCT）をはじめとする最先端の分析手法である。RCTはビジネス界ではABテスト（AとBのどちらがよいのかを比べるテスト）とも呼ばれ、標準的な分析手法となっている。

利用者のレビューやコメントの事業へのフィードバック、最適な価格設定、商品の需要予測など、ＩＴプラットフォームを舞台にした事業が急拡大するにつれ、企業が解決しなければならない課題は急増している。テック経済学者たちが、企業が望む成果を生んでいるのかどうかは不明だが、雇用する人数を急増させているＩＴ企業は、経済学者たちへの投資を十分に回収できると判断しているのだろう。

新型コロナウイルスの感染拡大に伴い、人々がネットに依存する傾向が一段と強まり、ＧＡＦＡは業績を伸ばしてきた。テック経済学者が活躍する場面が一段と増えるように見えたが、２０２２年になると様相が変わってくる。新型コロナウイルスの猛威が収まるにつれ、広告収入の減少などでＧＡＦＡの業績に陰りが出始め、大規模な人員削減に着手する動きが広がってきた。ロシアによるウクライナ侵攻の長期化、資源・エネルギー価格の高騰、対話型の人工知能（ＡＩ）「Ｃｈａｔ（チャット）ＧＰＴ」の急速な普及なども人々の意識や行動に大きな影響を与えている。環境が激変する中でもテック経済学者たちの武器は通用するのだろうか。

アメリカの経済学界は企業との交流に寛容だ。大学に籍を置きつつ、ＩＴ企業の事業に関与している経済学者は多い。ゲーム理論を応用した競売の研究で知られるスーザン・エイシー（１９７０〜）はかつて、ハーバード大学で経済学を教えつつ、休職制度を活用しながらマイクロソフトで「技術エコノミスト」として働いていた。スタンフォード大学に移った現在も、数多くの企業の役員を兼務している。

エイシーは経済学者がＩＴ企業で活躍しているのは、「現実のデータから因果関係を見出す技術があり、市場とインセンティブを設計できるためだ」と自ら説明している。

因果関係の解明は学問の根幹でもあり、後の章で改めて説明するが、一例を挙げよう。ある企業が広告を出したら、売り上げが増えたとする。売り上げが増えた原因が広告だとすれば、つまり広告と売り上げの間に明確な因果関係があるのなら、企業はすすんで広告を出すだろう。実際には、売り上げが増えた原因はほかにあり、広告と売り上げの間には因果関係がないのかもしれない。

経済学者たちは、様々な現象の間に因果関係があるかどうかを見極めるスキルを磨いてきたため、ビジネスにも応用できるというわけだ。

「市場とインセンティブの設計」は一般にはなじみが薄い言葉だが、経済学者たちがよく使う専門用語である。インセンティブとは人間が行動を起こす原動力を指し、日本語では誘因と訳す場合が多い。巨大ＩＴ企業で働いて多額の報酬を得たいと考える人にとっては、報酬がインセンティブとなる。人間のインセンティブにうまく働きかけ、多くの利用者を集めて収益を上げる仕組み（円滑に機能する市場）を考察（設計）する思考実験が「市場とインセンティブの設計」である。ゲーム理論の応用分野として発展し、不動産オークション市場やＩＴ企業のプラットフォーム構築などに貢献している。

ビジネスの世界に足を踏み入れているアメリカの経済学者たちは、「ビジネスの現場で得た知見を研究活動に取り入れ、研究活動の幅を広げている」と説明するが、企業が求めているのはあくまでも利益をもたらすスキルである。営利を目的とする企業に協力する行為が「学者の仕事」といえるのか、意見が分かれるところだろう。

日本でも始まった経済学の「社会実装」

主にアメリカで博士号（Ph. D.）を取得した日本人の経済学者を中心に、日本でも経済学をビジネスなどで応用する動き（社会実装）が広がりつつある。新たな潮流を主導しているのは、アメリカと同様に、統計的因果推論や構造推定といった手法を使う実証分析と、ゲーム理論を源流とするマーケット・デザイン（市場の制度設計）である（実証分析やゲーム理論の内容には第1章以降で改めて触れる）。『使える！経済学――データ駆動社会で始まった大変革』（日本経済研究センター編　2022）は日本での最前線の事例を紹介した著作だ。坂井豊貴（1975〜）慶應義塾大学教授、渡辺安虎（1974〜）東京大学教授ら社会実装に取り組む経済学者たちが実例と手法を披歴している。

同書では、実証分析の応用例として、商品の価格付け、信用審査、商品のおすすめ、教育、広告の効果測定、セールス人員へのタスク配置（仕事の割り振り）、景気の健康への影響を挙げる。マーケット・デザイン分野では、オークション設計、人事マッチング、仮想通貨とスマートコントラクト（ブロックチェーン上で契約を自動的に実行する仕組み）の設計が具体例だ。

経済学の社会実装を加速させるべく、東京大学大学院経済学研究科は2017年、ミクロデータを活用した分析の応用を目的に「東京大学政策評価研究教育センター（CREPE）」、2020年には、理論に基づく知見の社会実装を目的に「東京大学マーケットデザインセンター（UTMD）」を設立した。

さらに同年、経済学研究科を中心に、東大の連結子会社として「東京大学エコノミックコンサルティング（UTEcon）」を発足させた。純粋な学術研究になりにくい場合でも、社会に実装し、役立てていく仕組みが必要だとの考え方に基づく株式会社だ。

渡辺安虎はこれら社会実装の一連の取り組みを紹介したうえで、経済学や関連分野の研究者が蓄積してきた知見が社会で幅広く利用され、研究者は新たな研究上の課題を発見し、通常では入手できないデータや実験環境を得ていると述べている。今後も大学・研究者と社会の両者にとって得ることの多い取り組みが一層進んでいくと非常に明るく考えているという（渡辺 2022）。

上武康亮（イェール大学経営大学院准教授）は「データを蓄積し、そのデータの分析結果をもとに意思決定を行うデータドリブン企業には、データ分析能力に加え、それらを的確に利用するための経済学の知見を持った人材が重要」と説く。機械学習、深層学習といった技術へのアクセスは容易になったが、「データをたくさん集めてきて、性能の良いコンピューターを用意したので、後の分析はデータサイエンティストたちに任せたということではたいてい失敗する」と警鐘を鳴らし、「データの背後にある消費者や企業の行動、インセンティブ、どのように戦略的に反応しあっているのかといった構造を理論的に理解し、その構造をデータ分析に落とし込める人材がますます重要になってくる」と重ねて強調する（上武　2022）。

因果推論や構造推定、マーケット・デザイン理論などに精通し、社会に目を向ける研究者が増えれば経済学の社会実装はさらに進み、日本には明るい未来が待っているのだろうか。次章以降で探っていこう。

第1章

ノーベル経済学賞と計量経済学、つかず離れずの歴史

本章では、ノーベル経済学賞の歴史を振り返りながら、現代経済学のデータ分析の基盤となっている計量経済学が、経済学の中で占めてきた位置を探る。ノーベル経済学賞は、世界の経済学界の中で最も権威があるとされる賞であり、その変遷を追えば、経済学界がどんな研究を高く評価してきたのか、あるいはあまり評価してこなかったのか、が明確になるからだ。計量経済学は経済学を構成する重要な分野ではあるが、「理論」という主役を支える脇役にとどまってきた歴史が浮かび上がる。

物理学、化学、生理学・医学、文学、平和の各賞とともに注目を集めるノーベル経済学賞。1969年に第1回の表彰が始まってから50年以上が経過し、経済学の発展に大きく貢献した経済学者たちが受賞者となり、権威を高めてきた。歴史を積み重ねている。ただし、ノーベル経済学賞には他の各賞とは異なる特徴があり、選考の対象が適切かどうか、議論が絶えない。

ノーベル経済学賞は俗称だ。正式な名称は「アルフレッド・ノーベル記念 経済科学におけるスウェーデン国立銀行賞」。ダイナマイトを発明したノーベル（1833〜96）が遺言で創設を求めたのは物理学、化学、生理学・医学、文学、平和の各賞であり、経済学賞は遺言にはなかった賞なのである。

スウェーデン国立銀行は1968年、設立300年を記念し、ノーベル賞を運営するノーベル財団に経済学賞の創設を働きかけた。賞金用の基金を財団に寄託するという条件付きの提案をノーベル財団が受け入れ、創設が決まったのだ。ノーベル経済学賞の選考を担うのは、物理学賞、化学賞と同様にスウェーデン王立科学アカデミーであり、「ノーベル経済学賞」の呼び名も定着している。したがって、経済学賞はノーベル賞の1部門だと言っても間違いではないのだが、正確ではない。ノーベル財団の中には「経済学賞はノーベル賞ではなく、記念の賞だ」との声もあるほどだ。

「自然科学に最も近い」のは経済学

スウェーデン国立銀行と王立科学アカデミーはなぜ、社会科学の中で経済学だけを表彰の対象に選んだのか。真相は不明だが、政治学や法学、経営学や社会学といった他の社会科学に比べると、経済学は賞の先輩である自然科学に最も近い存在だとの認識が広がっており、世間の理解を得やすいと判断したためであろう。

ノーベル賞創設の目的は「全人類への多大な貢献者」の表彰にあり、自然科学の発展に貢献した学者は、賞の目的に合致しやすい。「経済学は社会科学の中では自然科学に最も近い存在だ」とすれば世間は納得するし、賞の権威を維持できる。そのためには、経済学は科学であるというイメージを強化するような学者を表彰する必要があった。

ノーベル経済学賞の選考にあたるのは、王立科学アカデミーが設置する選考委員会。かつて選考委員長を務めたスウェーデンの経済学者、アサール・リンドベック（1930～2020）は「選考は自然科学の他の分野と同じ原則に従い、賞は純粋に科学的な褒章である」と断言していた。うがった見方をすれば、ここまで断言しないと「なぜ、経済学だけが？」という疑問の声を封じられなかったのだ。

経済学が自然科学と接近するようになったのは、いつごろからだろうか。経済学の父と呼ばれる、スコットランド生まれのアダム・スミス（1723〜90）は第1次産業革命が始まり、経済活動が活発になってきた時代に生きた思想家である。社会の中で経済が占める比重が高まり、経済現象を他の現象から切り離して分析できる環境が整ってきていた。主著『国富論』（Smith 1776）の冒頭にはこんな記述がある。

国民の年々の労働は、その国民が年々消費する生活の必需品と便益品のすべてを本来的に供給する源であって、この必需品と便益品は、つねに、労働の直接の生産物であるか、またはその生産物によって他の国民から購入したものである。

国富の源泉は、国民の労働によって生まれる必需品と便益品（消費財）であると説明し、国全体の経済と、労働という経済活動の関係を簡潔に表現している。経済学者、スミスの洞察の鋭さがよく表れているが、この文章には、富は貴金属であると考えていた重商主義者たちを批判する意図も込められている。

スミスの思考は現代経済学の原型となったが、『国富論』を書いた当時、経済学（Economics）という言葉はなく、「政治経済学」（Political Economy）という言葉が普及していた。

Economyの由来はギリシャ語であり、家や家計を表すオイコス（Oikos）と、秩序や、やり繰りを指すノモス（Nomos）からオイコノミア（Oikonomia 家計管理、そのための知識や技術）、オイコノモス（Oikonomos 家計をやり繰りする人）が派生し、さらに英語のEconomy（秩序、家政、一国の経済、節約）となって世界に広がった。ギリシャ語でいう「家計」の単位は1家族ではなく、広い土地を所有する氏族集団である。

スミスが生きた18世紀には、国民国家の考え方が芽生えつつあり、Economyよりも広く国全体を表す言葉としてPolitical Economyという言葉が広がったのである。したがって、Political Economyを現代語に訳すときは、「政治経済学」でも「経済学」でもなく、「経済」でよいとの見方があるが、スミスの学問を「政治経済学」と呼んでも実態と大きく乖離してはいない。重商主義政策を批判したスミスを筆頭に、「古典派経済学」と呼ばれる草創期の経済学者たちは経済現象を分析するだけではなく、政治色の濃い主張を繰り広げる政治学者でもあったからだ。

スミスは経済現象に焦点を当て、国民経済について論じたが、『道徳感情論』（Smith 1759）の著者でもあるように、人間の内面や、社会に存在する様々な制度や慣習、政治や政策を幅広く視野に入れ、その中で経済が占める位置を見極めたうえで考究を進めたのである。

「科学」は思索の頂点、アダム・スミスの志向

そんなスミスが様々な思索の頂点に位置づけていたのが「科学」だった。有江大介（1951〜）は『反・経済学入門 経済学は生き残れるか――経済思想史からの警告』（有江 2019）で、スミスをはじめとする当時の知識人には明確な科学志向が生まれていたと指摘している。

スミスは著書『修辞学・文学講義』（Smith 1762-63）で、「1つかあるいは極めて少数の原理を定め、それによっていくつかの規則あるいは現象を説明し、それを自然の順序に従って結びつけていく方法」を「ニュートン的方法」と呼び、「これは疑いもなく、もっとも学問的方法だ」と指摘している。理性の力で、自然の中から万有引力の法則を発見したイギリスのアイザック・ニュートン（1642〜1727）を手本に、経済の中に存在する「法則」を見出そうとしたのである。

『国富論』は第1篇がミクロ経済学に相当する「分業・価値・価格」、第2篇がマクロ経済学に相当する「資本蓄積と貨幣制度」、第3篇が経済史に相当する「農業と商業政策の歴史」、第4篇が経済学史・経済思想史に相当する「重農主義と重商主義の歴史」、第5篇が財政学に相当する「国家の経費と収入」である。現代経済学の教科書としても通用するような構成だ。

理論と歴史、経済思想を取り扱うパートを明確に分け、理論篇を冒頭に置いているところに、スミスの科学志向が表れている。

スミスだけではない。17世紀後半から19世紀初頭の知識人たちは、聖書や神学といった従来の権威から逃れ、理性による知によって世界を把握しようとする啓蒙主義運動に身を投じた。科学の力で人間社会を分析しようとしたのである。社会学の祖とされるフランスのニコラ・ド・コンドルセ（1743〜94）は「ある観察者にとっては物理現象も社会現象も同じ様相を取って現れるだろう」、「道徳科学の中に自然科学の哲学と方法を導入しよう」と語った。

フランスの社会思想家、アンリ・ド・サン＝シモン（1760〜1825）は「ニュートン会議」という組織を作り、活動資金を得るための募金活動をしていた。「万有引力は私がそれに世界を従わせた唯一の法則」と指摘し、社会現象を万有引力の法則で説明しようとしたのだ。啓蒙思想と産業主義に期待を寄せ、社会を科学の力で再構成するのが狙いだった。科学の力によって社会は進歩し、新しい社会で繁栄するのは、社会に寄生する貴族や僧侶ではなく、科学者と、生産を担う産業組織だと訴えた。

サン＝シモンの助手を務めたオーギュスト・コント（1798〜1857）はやはり、社会の進歩と科学の役割を信じていた。フランス革命によって混乱した社会秩序を回復するためには、自然科学の方法を活用して社会秩序の法則を発見し、秩序を維持するための方法を探らなければならないと考えた。

そこで発見したのが「知識の3段階の法則」だ。人間の知識は神学的な段階から形而上学的な段階を経て、実証的な段階に至るとの見方である。最終段階である実証的な段階にふさわしい学問が、科学としての「社会物理学」であった。

そして、数学、天文学、物理学、化学、生物学という学問のヒエラルキーの最上位にあり、あらゆる人間の知識を統合する「学問の女王」として、社会の秩序や構造を研究する「社会静学」、社会の変動や進歩を研究する「社会動学」を構想し、後に両者を「社会学」と命名したのである。

フランスの哲学者、シャルル・フーリエ（1772〜1837）は「情念引力」という言葉を生み出した。物質には万有引力が作用するように、人間社会には情念引力が働く。物質の世界と精神の世界を単一の法則や理念で説明できると考えていた。

近代統計学の父と呼ばれるベルギーのアドルフ・ケトレー（1796〜1874）は天文学の研究者だった。当時の天文学者たちは新しい研究分野だった確率論や統計学を取り入れていたが、「社会物理学」という名のもとで、確率論を社会現象の研究にも応用したのがケトレーである。犯罪、結婚、自殺といった社会現象の中に、統計学の手法を活用して法則を導き出そうとした。個々人の行動を追うのは難しくても、多くの人を集めて全体の行動を追えば、何らかの法則を発見できる。この法則を解明できれば、「社会科学も精密科学の仲間入りができる」と主張した。

ニュートン力学がいかに当時の知識人たちに強い影響を与えていたのか、がよく分かる。幅広い視野の下で思索を積み重ねたスミスもその中の一人であり、決して特殊な存在ではなかった。

ただし、その後、社会科学の諸分野が進んだ道をたどると、経済学の「特殊さ」が浮かび上がる。ニュートン力学に傾倒したスミスの思考の一部を継承し、現代にまで至っているのは経済学だけだといってよいからである。

大学講座、学会、ジャーナルの3点セット

Economicsという言葉が普及したのは、19世紀の終わりころからである。物理学や政治学、音声学などにならって誕生した「経済学」の普及に貢献したのは、イギリスの経済学者、アルフレッド・マーシャル（1842〜1924）である。

19世紀後半、経済学界では、個人や企業の満足度（効用）という需要サイドの変化を起点に経済現象を分析する学説が生まれ、「限界革命」と呼ばれた。フランスの経済学者で、すべての市場は価格調整を通じて均衡点に落ち着くとみる「一般均衡理論」を唱えたレオン・ワルラス（1834〜1910）らが担い手だ。ワルラスは数式を活用して命題を証明する手法を経済学に定着させた。

マーシャルは限界革命後の経済学を集大成し、需要・供給曲線に代表される経済学の基礎概念を確立する。限界革命後の経済学は「新古典派経済学」と呼ばれ、マーシャルは新古典派を代表する経済学者となった。

数学を出発点としながら、1885年にイギリスのケンブリッジ大学で初代の経済学教授となったマーシャルは、経済学が新しい科学として認知されるように奮闘した。自著に『経済学原理』(Marshall 1890)という題名をつけ、1890年のイギリス経済学会設立、翌91年の学会機関誌『エコ

ノミック・ジャーナル（*Economic Journal*）』創刊に尽力した。

新興の学問である経済学を世間に「科学」として認めさせ、大学内での地位を確立するために力を注いだのだ。大学の講座、学会、ジャーナルの3点セットは経済学界を支える重要な要素であり、現代の経済学界でも全く変わらない。経済学の中心地はその後、イギリスからアメリカに移ったが、マーシャルが生み出した3点セットは、経済学者たちの生活を支え、居場所を提供している。

経済学の「科学志向」はスミス以来の伝統であり、ノーベル経済学賞が誕生した時点ではすでに、他の社会科学を押しのけ、「経済学は特別な存在だ」とのイメージを確立していた。そのイメージを支えていたのは、スミスの『国富論』に萌芽がみられる「経済理論」である。他の社会科学にも数限りなく理論は存在するが、経済学が特別だったのは、理論を展開する際に数学を積極的に取り入れ、経済現象を「美しく」分析する手法を確立したところにある。

経済現象に関わる命題を、数学を駆使して証明する研究の先鞭をつけたのはフランスのアントワーヌ・オーギュスタン・クールノー（1801〜77）だ。1830年代に執筆した数式だらけの論文はあまり評判がよくなかった。19世紀後半になると、ワルラスやイギリスのフランシス・エッジワース（1845〜1926）ら、数式を活用する論文を発表する学者が増え始める。そして、数式の活用を極限まで追い求めたのが、アメリカの経済学者、ポール・サムエルソン（1915〜2009）である。

第2次世界大戦後、経済学の中心地となったアメリカの学界では、経済の概念を数式に変換する研究が活発になり、「経済学は数式やグラフに彩られた学問」に変質した。微積分や線形代数、位相幾何学を使い、経済現象を表す変数同士の関係を数式で示す「数理経済学」は経済学の花形となった。一方、理論研究に比べると目立たない存在ではあるが、「科学としての経済学」の土台となったのが「計量経済学」だ。

ノーベル経済学賞の第1回（1969）の受賞者は、計量経済学を発展させたノルウェーのラグナル・フリッシュ（1895〜1973）とオランダのヤン・ティンバーゲン（1903〜94）である。経済学の花形である数理経済学を牽引するサムエルソンは第2回の受賞者。なぜ、初回の授賞対象が数理経済学ではなく、計量経済学となったかは不明だが、スウェーデン国立銀行から資金提供を受けている王立科学アカデミーは、ヨーロッパ出身の2人を初代の受賞者にしたかったのではなかろうか。2回目以降の受賞者をみると、サムエルソンを筆頭に、アメリカ出身の理論経済学者が圧倒的な多数を占めている。計量経済学者は初回を飾ったものの、その後は数えるほどしか受賞していない（表1－1参照）。

計量経済学（エコノメトリクス）の始まりは1920年代。経済学（エコノミクス）と、統計学の評価尺度（メトリクス）を組み合わせた学問だ。フリッシュは計量経済学を「純粋経済学の法則を統計的に立証する学問」と定義し、この言葉を学術用語として定着させた。

フリッシュは「経済学がいちばん短期間で簡単に学べそうだった」ため、オスロ大学経済学部に進学した。1919年に経済学の学位、1926年に統計学の博士号を取得した。この間、経済学と数学を勉強する目的で、フランス、ドイツ、イギリス、アメリカ、イタリアを訪問する。オスロ大学の

表1-1　初期の実証・定量分析系のノーベル経済学賞受賞者

年	名前(国籍)	授賞理由
1969	フリッシュ(ノルウェー) ティンバーゲン(オランダ)	経済過程の分析に対する動学的モデルの発展と応用
1971	クズネッツ(アメリカ)	経済および社会の成長に関する構造および過程を深く洞察するための経済成長に関する理論を実証的手法により構築
1973	レオンチェフ(ソビエト)	投入産出分析の発展と、重要な経済問題に対する投入産出分析の応用
1980	クライン(アメリカ)	景気変動・経済政策を分析するうえでの経済的なモデル・手法の開発
1984	ストーン(イギリス)	国民勘定のシステムの発展に対する基本的な貢献と実証的な経済分析の基礎の多大な改良
1989	ハーヴェルモ(ノルウェー)	計量経済学の確率基礎理論の解明と同時発生的経済構造の分析

筆者作成

教授に就任したのは1931年である。経済学の「計量化」に情熱を注ぎ、計量経済学が経済学の一分野として花開くのに大きく貢献した学者人生だった。

フリッシュは「質を問う」経済学には拒絶反応を示した。記述の仕方次第で、「どんな結果も引き出せるし、擁護できる」と考えたからだ。経済分析の基本は計量にあり、分析に必要な要素をできる限り数字で示そうとした。

経済理論に起きた2度のブレークスルー

フリッシュは1970年、オスロ大学で開いた講演会で、経済学の歴史を振り返りながら、計量経済学の大切さを訴えた。講演内容の一部を要約しよう。

19世紀半ば、ジョン・スチュアート・ミル（1806～73）は、著名な作品である『経済学原理』(Mill 1848) で、価値と価格の理論は完成し、自分自身にとっても他の著者にとっても、これ以上追加するものは何もないと述べた。知識と科学の発展について相対的な見方をしている私たちは、そのような発言を理解するのは困難である。しかし、当時の人々には、ミルの言葉は極めて真実に近いように響いたのだろう。ミルの『原理』では、アダム・スミス、デヴィッド・リカード（1772～1823）、トーマス・ロバート・マルサス（1766～1834）のアイデアが、有機的、論理的かつ一見すると完全にまとまっていた。

その後の経済学の発展で、ミルの発言は否定された。ミルの時代以降、経済理論には2度のブレークスルーが起きたと私はみる。

ミルが磨き上げた古典派の価値理論は、本質的には民間企業の考え方に基づく生産コストの理論だ。企業は「販売価格を下げれば、顧客を引き付けられる」と考えるが、これは競合他社の考え方でもある。そこで価格を下げる重力が働く。生産コストは、価格が下落し、ある水準にとどまるうえでの強固な基盤だ。その意味では、生産コストは価格の「原因」といえる。古典派経済学者はこの見解を、賃金と利益の関係や国際価格の理論など、あらゆる商品に適用した。

この理論にはもちろん、真実の要素が含まれているが、経済のプロセスでは、技術力と個人の主観的な力の両方が働き、均衡に向かう。古典派の経済学者は主観的な要素をほとんど顧みなかった。1870～90年の間に、古典派の経済理論は完全に更新された。カール・メンガー（1840～1

921）が率いるオーストリア学派の経済学者たちは、人間の欲求と価格の関係について体系的な研究に取り組み、レオン・ワルラスとイギリスのウィリアム・スタンレー・ジェヴォンズ（1835〜82）も同様な考えを表明した。これらはミルの経済学から脱するための最初の突破口となった。

その後、イギリスのアルフレッド・マーシャルは、主観的な視点と生産コストの視点を組み合わせるために、多くのことを試みた。これは、私たちが現在、新古典派理論と呼ぶ理論である。

ただし、古典派も新古典派も、統計的な観察によって、理論が導き出した結果を検証しようとはしなかった。また、古典派も新古典派も、統計的な検証を考慮して理論を構築しなかった。当時は統計が貧弱であり、理論を設計するときに検証の余地を設けなかったのである。

グスタフ・フォン・シュモラー（1838〜1917）が主導するドイツ歴史学派とアメリカ制度学派はこの事実を批判した。しかし、両学派は、「理論から自由な観察」といった、不幸でかなりナイーブな信念を持っていた。「事実に語らせよ」と唱えたのである。両学派が経済思想の発展に与えた影響は、それほど大きくはなかった。

20世紀前半に状況は変わった。歴史学派や制度学派による批判の影響もあり、理論家自身が、理論と観察素材とを即座に関係づけられるような方法で、理論を構築する作業を引き受けたのである。経済学は、自然科学が古くから実践しているステージ、すなわち理論は観察技術から概念を導き出し、その次には理論が観察技術に影響を与えるというステージに移行したといえるかもしれない。

経済学の歴史上初めて、理論構築の前線での作業（現在は大部分が数学的に定式化されている）と、外部の記述作業の前線での作業が相互に補完し、支援する必要が生じたようだ。具体的な観察材料に対応できる精巧な理論を構築しつつ、理論に当てはめる目的で大規模な観察を実行したのである。

歴史を遡れば経済理論、数学と統計を組み合わせた先駆者はいた。ヨハン・ハインリッヒ・フォン・チューネン（1783～1850）、アントワーヌ・オーギュスタン・クールノー、エティエンヌ・ジュヴェナル・アルセーヌ・ジュール・デュピュイ（1804～66）、ヘルマン・ハインリッヒ・ゴッセン（1810～58）らが代表である。

新たな運動が完全に始まったのは20世紀前半からである。計量経済学の思考法の始まりであり、私は経済学の2度目のブレークスルーと呼んでいる。

重要なポイントは、経済概念の定量化、つまり概念を測定可能にする試みだ。自然科学では、概念の定量化が何を意味するのかを、あえて主張するまでもない。私は、経済学でも、世代を超えて定量化が重要だと確信している。

経済理論が様々な要因の数値を測定しようとせずに、純粋に「定性的に」機能する限り、事実上、あらゆる「結論」を引き出して擁護することができる。

例えば不況になると、「企業の利益を増やし、活動を刺激するため、賃金の引き下げが必要だ」と主張する人がいる。すると他の人は「消費者の需要を刺激し、活動を刺激するために、賃金の引き上げが必要だ」と言うだろう。またある人は「起業を促すために金利の引き下げが必要だ」と主張し、別の人は「銀行の預金を増やし、銀行がお金を貸す能力を向上させるために金利の引き上げが必要だ」と唱えるだろう。

個々の措置がもたらす様々な影響と、その逆効果の強さを比較せず、直接的な影響の一部だけを考慮しても、非常に部分的な真実しか含まれていない。

国全体の経済政策に役立つグローバルな分析では、関連するすべての効果と逆効果の相対的な強さの研究が問題の要点であり、したがって概念の定量化が必要である。

計量経済学は、経済学のすべての内容を使い尽くすわけではないのは言うまでもない。幅広い哲学的な議論、実りある研究の方向に対する直感的な提案なども必要であるが、それは別の話だ。

計量経済学が(電子計算機の助けを借りて)できることは、私たちが、ここから先は直感と嗅覚に頼らなければならない境界に引く線を、飛躍的に前進させることだけなのである。

生物学から統計手法を取り入れる

フリッシュは触れていないが、20世紀初頭に2度目のブレークスルーを起こした経済学者たちに影響を与えたのは19世紀末に活躍したイギリスの生物学者たちだ。

ユニバーシティ・カレッジ・ロンドンの応用数学教授、カール・ピアソン(1857〜1936)は動物学者、ウォルター・ウェルドン(1860〜1906)と知り合い、生物測定学と進化論の共同研究に取り組んだ。無脊椎動物の形態学を研究していたウェルドンは変異や個体間の相互関係の問題に関心を広げ、「動物の進化の問題は本質的に統計問題だ」との見方を強めていた。そこで目を付けたのが、フランシス・ゴルトン（1822〜1911）が開発していた統計技術だった。「優生学」の生みの親であるゴルトンは「平均への回帰」や「相関係数」の概念を生み出した生物学者であり、統計学者でもある。ピアソンはウェルドンとの共同研究を通じて、統計学の基盤を固めていった。ゴルトンとも知り合い、後継者となる。

生物学から刺激を受けた一部の経済学者が、新しい統計手法を経済データに応用し、経済理論の実証分析を始めたのである。

経済学は、経済理論と実証分析（計量経済学）を車の両輪として「科学」としての装いを整え、社会科学の中で唯一、ノーベル賞の授賞対象となってきた。経済理論の手本となったのはニュートンの古典力学だとすでに述べたが、もう1本の柱である実証分析は生物学からの輸入品だったのだ。経済学者の「科学志向」の強さを物語っているが、自然科学の手法を取り入れる、もっと厳しい言い方をすれば「模倣すればよい」という発想には限界や弊害はないのだろうか。

新しい統計手法を経済学にいち早く取り入れたのがアメリカのヘンリー・ラドウェル・ムア（1869〜1958）だ。ピアソンの講義を受講したムアは新しい統計手法の優位を信じ、現実を踏まえない従来の経済理論を批判した。

ムアによると、従来の経済理論では、他の要因が働かないと想定し、個々の要因がそれぞれどのような結果をもたらすのかを論じる。しかし、個別の議論を総合して複数の要因が同時に働くときの結果を論じることはできない。秩序だった方法で様々な要因を議論するだけでは不十分で、定量的な推計も試みなければならない。

農産物の需要関数に関する研究では2つの工夫をする。農産物の年間生産量は主に気象条件によって決まるので、供給量は価格には反応しない。価格は主に需要の影響を受けると想定した。さらに、長期の人口増加による影響を排除するため、統計の水準ではなく、変化率を変数とした。年間生産量と価格は、同じ需要曲線上の異なる点として表現できると主張したのである (Moore 1914)。

そして、1867~1911年までのトウモロコシの統計をもとに、農産物の生産量と価格の関係式を導き出す。この関係式は、他の農産物にも当てはまり、生産量と価格の関係を表す法則の正しさを実証したと評価された。

ムアの手法は、ヘンリー・シュルツ（1893~1938）らアメリカ政府に協力した経済学者が受け継いでいった。

草創期の計量経済学のテーマは、農産物を中心とする需要関数の計測、新古典派経済学の限界効用理論の検証、景気循環の実証分析に大別できる。

帰納的アプローチに反対したフリッシュ

フリッシュはアメリカ滞在中に数学者、チャールズ・ルース（1901~58）らと交流を深め、計量経済学者の国際ネットワークを広げた。

講演で計量経済学の存在意義を強調したフリッシュだが、彼が活躍したのはコンピューターが普及する前の時代である。研究活動の多くを、紙に書いて計算する作業に負っていた。作業の手間を省き、計算を楽にするために簡単な方程式やモデルに限定する研究者が多かったが、フリッシュは妥協せず、自分だけでは間に合わないときには学生を雇って計算を続けたほどだ。

フリッシュは他の計量経済学者と同様に、現実を観察し、その結果に基づいて理論を生み出す「帰納的なアプローチ」に反対した。計量経済学はそれ自体で何かを求めるのではなく、すでにある経済理論の正しさを、データで証明するための手法と位置づけていた。「事実は雄弁に物語るというが、語る言葉は呆れるほど単純だ」という発言にフリッシュの思考が凝縮されている。

データから理論や方程式を生み出すのではなく、すでにある理論や方程式にデータを当てはめ、データが理論や方程式が示す通りの関係を示すかどうかを確認する「演繹的なアプローチ」が計量経済学の標準アプローチだった。

フリッシュのもう一つの貢献は「ミクロ経済学」と「マクロ経済学」の分割である。1933年の論文で、景気循環を分析する際にはミクロ動学とマクロ動学に分ける必要があると主張している(Frisch 1933)。

ミクロ動学分析では、巨大な経済の中の一要素を詳細に分析するが、経済の他の側面は所与(あらかじめ与えられる)とみなす。ミクロ動学分析とは、ある特定の市場や特定の消費者がどのように変化するかを描写する分析である。

一方、マクロ動学では、経済全体がどのように変動するかを分析する。その場合には細かい要素は捨象せざるを得ない。経済を構成する全商品、全消費者、全企業などあらゆる要素を組み込んだ動学モデルを作ることは可能である。しかし、そうした試みにはほとんど価値がない。仮にモデルができても、経済のどの部分の変動が大きく、何が景気に先行し、何が遅行するのか、といった景気循環の分析にとって重要な問題を明らかにできないからである。

厳密な経済理論に基づき、マクロの動学方程式を組み立てることは可能ではあるが、モデルの規模が大きくなりすぎると、景気循環の分析には役立たない。理論の厳密さをある程度、犠牲にしたうえでマクロの動学モデルを作り、モデルを構成するパラメータ（補助変数または係数）を動かしながら景気循環の周期などを探るしかないと主張したのだ。

イギリスの経済学者、ジョン・メイナード・ケインズ（1883〜1946）が『雇用・利子および貨幣の一般理論』（以下、『一般理論』）（Keynes 1936）を発表する3年前の論文である。ケインズの一般理論はマクロ経済学が誕生する発端となり、経済学界に「ケインズ革命」を巻き起こす。それ以降、ミクロ経済学とマクロ経済学の方法論をめぐる議論は絶えず、現代でも決着がついているとはいえない。

フリッシュは「計量」の視点からミクロ経済とマクロ経済を見比べ、マクロ経済のデータ分析をするときは、ミクロの経済モデルとは異なるモデルが必要になると見抜き、プログラミング、国民所得勘定などの基礎概念を生み出した。

フリッシュは、新古典派が唱える限界効用を測定する方法を考案し、ミクロ経済学の方程式も導き出したが、ノーベル経済学賞の選考委員会が高く評価したのは、投入・産出モデル、景気循環モデル、経済成長の動学モデルといったマクロ分析の業績だった。計量経済学はマクロ経済学を支える手法として定着していく。

「理論か実証か」ではなく「理論ありきの実証」

フリッシュは計量経済学会（エコノメトリック・ソサエティ）を創設し、学術誌『エコノメトリカ（*Econometrica*）』創刊時の1933年から55年まで編集に携わるなど、計量経済学の地位向上に努めた。

計量経済学会の発起人となったのは、フリッシュのほか、動学モデルを構築したルース、通貨の供給量と物価の関係を表すフィッシャー交換方程式で知られるアメリカの数理経済学者、アーヴィング・フィッシャー（1867〜1947）であり、フィッシャーが初代会長に就いた。当初の会員をみると、フリッシュやルースのように統計学の手法を重視する学者ばかりではない。純粋な理論研究に携わる学者も参加していた。

計量経済学会の規約には、組織の目的についての記述がある。

（計量経済学会の）主要な目的は、経済問題に対する理論・定性的なアプローチと実証・定量的なアプローチを統一し、自然科学において支配的な、建設的で厳格な思考で貫徹された研究を促進することである。

実証・定量的なアプローチを前面に出すのではなく、理論・定性的なアプローチとの統一を目標に掲げているところに、経済学界での計量経済学の立ち位置がよく表れている。

フリッシュは初回のノーベル経済学賞を受賞し、努力は実を結んだが、当時の経済学界の勢力図を見ると、経済理論が中心を占めており、計量経済学は経済理論の引き立て役だったともいえる。両者は「理論か実証か」という対等な関係にはなく、「理論ありきの実証」の色彩が濃かったのである。

もう一人の受賞者はティンバーゲン。オランダのライデン大学で数学と物理学を学びながら、社会民主主義政党の党員として貧民街の実態を調査し、政党機関紙に記事を書いた。政治活動に熱心なティンバーゲンは実践タイプの研究者となる。

大学院生のときに兵役を拒否して政府の統計局で働いた経験が生き、物理学の博士号を取得した後、統計局に採用された。物理学を専門としながら、経済学や統計学に興味を持ったのは、低開発国の貧困問題の解消に役立つ研究をしたいとの思いからだった。物理学や数学から経済学に転じた学者にありがちな、純粋理論に没頭するタイプにはならなかった。経済学に計量モデルを取り入れる研究に心血を注いだのは、「そうすれば理論家は完全な理論を提供せざるを得ない」と考えたためであり、数字の裏付けがない経済学を「文学的な理論」と批判した。

1930年前後はアメリカの農業経済学者らの研究を参考に、統計データを活用して農産物の需要・供給曲線を推計した。1935年、所属政党の政策綱領を執筆するために経済モデルを構築した。1936年にはオランダ経済学会の依頼を受け、マクロ経済モデルを発表する。1929年から始まった世界大恐慌の痛手から立ち直れないオランダ経済にはどんな政策が有効なのかを探るのが狙いだった。

ティンバーゲンは「景気循環モデルは、経済のメカニズムと外部の要因もしくは影響の2つの側面からなる」とみるフリッシュの見解に沿って研究に取り組む。ティンバーゲンの特徴は、経済全体のモデルを構築するだけでなく、様々な政策の影響を予想するためにモデルを使う点にある。1937年には英語版で、計量経済学を活用する方法を提示した（Tinbergen 1937）。このモデルは、22の方程式と31の変数からなる。

オランダ経済のマクロ動学モデルは、現在のモデルと比較すると規模は小さく、推定技術のレベルも低いが、後にアメリカ経済やイギリス経済の分析にも利用され、マクロ経済学の基盤となった。

1936年には国際連盟からも調査の依頼を受け、統計を使って景気循環理論を検証した。2年間、スイスに滞在し、若い経済学者らの助けを借りながら調査に専念する。1939年、計量経済学の手法を概説する第1報告書（Tinbergen 1939a）と、アメリカ経済のマクロ計量モデルを提示する第2報告書（Tinbergen 1939b）をまとめた。

第1報告書では、計量経済学とは、統計学の理論の導き方と経済学の理論の導き方を合わせたものであると説明し、統計を使って経済理論を検証する作業の難しさについて論じている。従来の経済理論は定性的で静学的であり、複数の要因のうちどれが重要なのかを見極められず、原因と結果の間に生じるタイムラグを分析できない。

それでも、統計の手法を適切に活用すれば困難に対応できると強調している。経済理論を統計上の検定が可能な関係式へ転換するためには、関係式の中に原因と結果を表す変数がある、変数間のタイムラグを特定している、といった条件を満たす必要があると指摘した。各国の投資に関する統計を例示し、計量経済学の手法を説明している。

第2報告書では、1919年から32年のアメリカの統計を使い、大規模なマクロ計量モデルを構築した。48の方程式と71の変数からなるモデルである。

フリッシュの研究を継承したティンバーゲンは、雇用や賃金、貿易に関するマクロ経済の方程式を導き出し、計量経済学の発展に貢献した。計量経済学はケインズが提唱したマクロ経済理論を強化できると信じていたのだが、予想外の反応が返ってくる。

ティンバーゲンを酷評したケインズ

国際連盟の要請を受け、報告書を読んだケインズは「パイオニアとしての勇気ある試みだ」と賛辞を寄せ、ティンバーゲンの努力をたたえつつも、研究の内容に対しては、理論家の立場から厳しい評価を下した。手の込んだ計量モデルを「悪夢」、「錬金術」と批判したのである。

ケインズによると、計量経済学は、経済理論家が論理による分析によって、すでに知っていることを定量分析で確かめるだけだ。したがって、経済理論家の関心には応えられない。

ティンバーゲンが活用したのは回帰分析だ。回帰分析とは、ある変数X（説明変数と呼ぶ）が変動すると、別の変数Y（被説明変数と呼ぶ）がどのように変動するのかを関数の形で明らかにする統計手法であり、変数間の関係を、$Y=aX+b$といった1次方程式（回帰式とも呼ぶ）の形で表現する。

マクロ計量モデルを作るときにはまず、マクロ経済を構成する要素である国民所得をY、消費をC、投資をIといった変数に置き換え、変数間の関係を、パラメータを含む1次方程式にする。マクロ経済は変数間の様々な関係で成り立っているので方程式は複数となり、連立1次方程式の体系となる。消費や国民所得など、連立1次方程式を構成する変数の値は、連立1次方程式の「解」だと考える。

マクロ経済の構造を連立1次方程式の体系として把握できるという認識がマクロ計量モデルの根底にある。連立1次方程式に、消費や国民所得など現実のデータを当てはめ、パラメータを推定する。パラメータが決まれば、連立1次方程式の体系が固まり、言い換えればマクロ経済の構造が確定する。パラメータが一定であれば、その体系の中で政府支出、消費、投資といった変数がどのように変化するかを予測できると考えるのだ。

ケインズの批判は続く。

ティンバーゲンの回帰分析は自然科学では有効かもしれないが、経済現象の場合には推定しようとする係数も一定ではないのだから、こうした方法が有効とは思えない。計量経済学の分析手法は将来が過去の統計の確定した関数になっていると仮定している。もしそうなら、期待や将来に対する確信の程度の役割は考慮されていないことになる。発明、政治、労働争議、戦争、地震、金融危機など数字で表せない要因も考慮されていない。

ケインズは弟子のロイ・ハロッド（1900～78）に宛てた手紙でも、計量経済学に対する疑念を表明している。

経済学は、理論モデルを通して考える科学と、現実の世界を理解するうえで適切なモデルを選ぶ技術が結びついた学問だ。経済学はこうしたものにならざるをえない。なぜなら自然科学と違って分析対象が多くの点で時間とともにその性質を変えてしまうからだ。理論モデルの目的は、ほぼ一定の要素を、一時的あるいは変動する要素から分離することにより後者について論理的に考え、またそうした要因がそれぞれ個別のケースでどのように現れてくるのかを理解する道順をつけるところにある。優れたエコノミストがほとんどいないのは、注意深い観察を通して適切な理論モデルを選ぶ能力を持つ人が、特に専門的な技術を必要とするわけではないにもかかわらずほとんどいないからだ。

化学や物理など自然科学では、実験の目的は方程式や公式に表れる様々な量や係数が現実にどのような値をとるのか確定することにある。そうした仕事が成されればそれはそれで完了する。しかし経済学においては事情はまったく異なる。モデルを数量的な公式に転換してしまうと、考えるための道具としての理論モデルの有用性がかえって失われてしまうことになるのだ。

ケインズはマクロ計量モデルが抱える構造問題を鋭く突いている。マクロの経済理論を支え、実証するために誕生したはずの計量経済学は、その後、起伏の激しい道をたどることになる。

草創期のノーベル経済学賞を語るのに欠かせない存在が、ロシア出身のサイモン・クズネッツ（1901〜85）とワシリー・レオンチェフ（1906〜99）である。クズネッツは1971年、レオンチェフは1973年に受賞した。

2人は計量経済学とは距離を置き、ひたすらデータと向き合い、経済の実態をつかむ努力を続けた。現代経済学では、計量経済学がデータ分析の前提であり、計量経済学のフィルターを通さないデータ分析は信頼できないと排除する傾向が強い。本当にそうだろうか。2人の足跡を追いながら、「データ分析とは何か」という原点に戻って考えてみたい。

クズネッツの両親はユダヤ人で、父親は毛皮商人として成功していた。1917年の革命で帝政が崩壊すると、通っていたウクライナのハルキウ大学が閉鎖されてしまう。1922年、アメリカに渡り、コロンビア大学で学位を得る。

そのときに出会ったのが、全米経済研究所（ＮＢＥＲ）教授のウェスリー・クレア・ミッチェル（１８７４～１９４８）だ。ＮＢＥＲは当時、アメリカの実証研究の中心地であり、アメリカ経済の様々なデータを収集していた。

ミッチェルは、アメリカで１９２０年ころまで強い影響力を持っていた「制度学派」と呼ばれる学派を代表する経済学者。制度を重視し、経済現象を社会の制度や構造と関係させながら論じる。事実と密着し、抽象的な議論を退ける傾向が強かった。イギリス生まれの古典派や新古典派経済学に反発し、アメリカで急速に広がっていた独占や金権主義を批判した。フリッシュが経済学の歴史を振り返った１９７０年の講演で「理論から自由な観察」というナイーブな信念を持つ学派と揶揄した学派である。

１９１３年以来、包括的な景気循環の研究に熱中していたミッチェルは、クズネッツのデータ収集力を高く評価し、１９２７年、研究スタッフに採用した。

１９２９年から始まった大恐慌はクズネッツの運命を変える。アメリカを大恐慌から立ち直らせるためにまず、経済の現状を正確に把握する必要があった。アメリカ議会は１９３２年、１９２９年から31年までの3年間分の国民所得の概算を、商務長官に命じた。商務長官はミッチェルに相談し、ミッチェルはクズネッツを推薦した。

クズネッツは教え子2人とともに作業に取りかかり、１９３０年代に国民所得勘定の集計を完了した後、20年間、修正を続けた。

国民所得は各部門の売り上げの合計ではなく、売り上げから中間投入（仕入れ）にかかった費用を差し引いた金額（付加価値）の合計だとする国民所得勘定の枠組みを考案し、データを集めた。現在は国際連合が中心となって定める国際基準に基づいて、各国が国内総生産（GDP）を計算しているが、基本的な考え方や仕組みは変わらない。GDP統計をめぐっては、様々な議論や批判もあるが、経済成長を目指す各国が念頭に置いているのはGDP統計である。マクロ経済学の研究者にとっても、GDP統計はなお研究の根幹をなす大切な指標となっている。

クズネッツは国民所得勘定の計測を続けながら、データから読み取れる経済現象の分析にも力を入れた。景気循環理論はその一つで、20年周期の景気循環の波（クズネッツサイクルと呼ばれるようになった）を発見した。

国民所得計算を開発、クズネッツの狙い

さらにクズネッツは経済成長の主な原動力は設備投資と労働力の増加だとする通説に疑いの目を向け、技術の進歩と、それを支える教育程度が高い労働力の増加に注目した。技術をきちんと生かせる制度を整えているかどうかで、国家間に経済格差が生まれると説いた。制度を重視する姿勢はミッチェルに通じている。

1国内の所得格差の問題にも着目した。ある国が経済発展を始めると、当初は国民の所得分布が不

平等になる。ところが、ある程度、経済成長が続くと低所得者や中所得者のシェアが上昇し、不平等の度合いが緩やかになると主張した。この問題では、フランスの経済学者、トマ・ピケティ（1971〜）とエマニュエル・サエズ（1972〜）らが、1970年以降、アメリカでは所得の不平等が拡大していると反論して議論を呼ぶ。アメリカで所得格差が縮小したのは、ごく限られた期間であり、クズネッツはたまたまそれを目にしていたのだと指摘した。どちらの見方が正しいのかはともかく、国民所得勘定は今でも議論の出発点になっている。

クズネッツは国民所得勘定には欠点があると自覚していた。18世紀の産業革命以後、生産量が急増する一方で起きている、環境汚染、天然資源の枯渇、公衆衛生の問題、都市への一極集中といったネガティブな現象は、国民所得勘定には反映されていない。経済の全体像を把握するためには、こうした要素にも目を配らなければならないと訴えた。そもそもクズネッツが国民所得計算を開発したのは、経済活動の量的な拡大を促すためではなく、社会にとって有用な生産活動を選ぶためだった。恐慌からの脱出を目指すアメリカ政府は、もっぱら量的な拡大の指標として利用したのだ。

レオンチェフは1921年、レニングラード大学に入学した。共産党を非難する印刷物を配って逮捕された経験が何度かある、反骨精神にあふれる若者だった。

1925年、ドイツに移住してベルリンのフンボルト大学で研究を続け、29年、経済学博士号を取得した。1931年にはNBERに就職する。分析能力の高さを評価され、1932年にはハーバード大学に移籍した。

ハーバード大学が期待したのは、現代経済の生産の仕組みについての研究で、潤沢な研究費用を提供した。恵まれた研究環境の下で1936年、産業連関表の構想を発表する(Leontief 1936)。1941年にはアメリカ政府が公式な統計として認め、レオンチェフは改良を続けた。

GDP統計は国全体の付加価値の総額を表し、国全体の経済規模や成長を計測できる。経済を構成する様々な産業がどのように結びつきながら付加価値を生み出しているのかを示すのが、「産業連関表」である。ある産業からの産出(=生産)が、別の産業への投入(=生産)になるという関係式が基本だ。例えば、A産業がアルミニウムを産出するためには、鉱物のボーキサイトと電気が必要である。ボーキサイトと電気は、B産業が産出し、A産業に投入するとアルミニウムの原材料となる。A産業は産出したアルミニウムを、アルミ缶、自動車、電線といった他の産業の原材料として投入する。こうした連鎖が、様々な産業を結びつける。その結果、家計の消費と、企業の設備投資からなる国の最終需要が決まる。

産業連関表の構想を打ち出したレオンチェフの念頭にあったのは、祖国の旧ソ連である。経済の立て直しを目指すネップ(新経済政策)を推進していた旧ソ連では、経済の変動と発展をいかに予測するかが課題となっていた。そのため、経済統計を整備し、産業部門別の成長予測を盛り込んだ「国民経済バランス表」を作成し始めていた。

このときすでにドイツに移住していたレオンチェフは、あらゆる産業部門の生産過程を総括する試みとして評価したが、不満も抱いていた。バランス表では各部門の動きを具体的に把握できないからである。そこで、各部門のデータを集め、計算できる装置として産業連関分析を生み出したのだ。

膨れ上がった産業連関表

産業連関表を作成するためには大量のデータを集め、計算をしなければならない。レオンチェフは当初、アメリカの42の産業に限定して集計を始めたが、産業間の連鎖を把握するための計算項目は1764に達した。コンピューターの計算処理能力も現在に比べるとかなり弱く、多大な労力を要する作業であった。

第2次世界大戦中には、アメリカ労働省のために92部門のモデルを提示した。産業部門別の雇用の予測、希少資源の配分計画のために活用され、アメリカ空軍のプロジェクトの中からは、後に線形計画法と呼ばれる分野が誕生した。計算のために利用できるコンピューターの性能も向上し、1947年の産業連関表は500部門に達していた。

戦後は、雇用問題の解決に役立った。戦争への動員を解除すると大量の失業者が発生し、軍需産業が縮小すると鉄鋼部門は生産過剰になるとみられていたが、産業連関分析はそうした懸念を払しょくした。戦後の住宅建設ブームが各産業にもたらす影響を綿密に計算し、鉄鋼需要の増加を予測した。予測は的中したのである。

その後、世界各国は産業連関表の整備に取り組み、複数の国を結びつける地域連関表も生まれた。

分析の対象も広がり、環境問題や軍縮の効果を分析する手法としても活用されている。レオンチェフがノーベル経済学賞を受賞した1973年の時点で、経済の計画や予測のために産業連関表を活用している国は50にのぼっていた。

レオンチェフは経済学賞を受賞した当時、環境問題への関心を深めていた。環境を汚染しているのはどんな産業なのか。環境規制が厳しくなると、こうした産業はどうなり、ここからの産出に依存する産業にはどんな影響が及ぶのか。先進国で環境規制が厳しくなると、有害物質を排出する生産活動が途上国に移転するのではないか。様々な疑問に応えられる新たな産業連関表を作成した。

レオンチェフは産業連関分析を既存の経済学説とどのように関連づけていたのだろうか。フランスの医師、フランソワ・ケネー（1694～1774）が考案した『経済表』（Quesnay 1758）を現実の経済に当てはめたものと自ら語っている。ケネーは商品の生産を血液の循環にたとえ、経済表を作成した。産業を「生産的な部門」（農業）と「不生産的な部門」（商工業）に分け、支配者階級（地主）の支出によって、社会全体の生産規模が変化する姿を描写している。毎年の生産や消費の循環を示した表として、経済学の歴史にその名を刻んでいる。

ワルラスの一般均衡理論を具体的な数値で示したという説明もしている。ただし、個々の経済主体が最適に行動するというワルラス体系の前提条件をレオンチェフがどのように捉えていたのかは不明だ。レオンチェフはケネーやワルラスを意識していたが、膨大なデータを集め、集計する中で生み出したのは独自の数式と分析の枠組みだった。

クズネッツとレオンチェフの研究手法の特徴をまとめておこう。2人は経済データの収集を研究の起点とし、データの中に意味を見出し、有効な分析ツールを生み出した。クズネッツは数学を駆使した抽象的な経済モデルを批判し、個人の効用といった、目に見えない概念に基づく理論を拒絶した。ケネーやワルラスに言及したレオンチェフは、先人たちの経済理論に無関心だったわけではないが、既存の理論を検証したり、手を加えたりする研究には興味を示さなかった。

ケインズ革命を起こし、マクロ経済学の生みの親となったケインズ。ノーベル経済学賞の草創期に顔をそろえたフリッシュ、ティンバーゲン、クズネッツとレオンチェフ。5人は同時代に生き、ケインズはマクロの経済理論、フリッシュとティンバーゲンはマクロ理論の検証に役立つ計量経済学、クズネッツとレオンチェフはマクロ統計の集計手法を生み出した。5人の貢献でマクロ経済学は理論、実証、計測の基盤が整ったと説明する向きもあるが、5人の足並みは必ずしもそろわず、緊張関係をはらんでいた。

ケインズはティンバーゲンのモデルを批判し、数式を多用する計量経済学に厳しい視線を注いだ。一方、計量経済学の専門家の立場から、フリッシュはティンバーゲンのモデルの信頼性に疑問符を付けた。ケインズはクズネッツのデータを活用して国民所得について論じたが、データの誤用などをめぐってクズネッツと息詰まるような書簡のやり取りを重ねた。ケインズは経済現象を説明するために既存の経済理論の様々な要素を取り入れて体系を作ったが、レオンチェフは、そんなケインズの理論をdouble-jointedness（いろいろな力が支え合い、一貫性がない）と評した。

5人とも経済データの大切さを認識していたものの、データへの向き合い方にはそれぞれ違いがあった。経済学における「理論と実証」の関係は決して生易しいものではなかったのである。

計量経済学に話題を戻そう。純粋理論を支える道具の色合いが濃かった草創期の計量経済学は、初回のノーベル経済学賞授賞対象となる栄誉に輝いたものの、その後はあまり目立たない存在となる。ノーベル経済学賞の受賞者は1969～89年までの累計で27人。そのうち、計量経済学者と呼べるのは、フリッシュ、ティンバーゲンと、ケインズ経済学を奉じるアメリカのロバート・ローレンス・クライン（1920～2013）、フリッシュの教え子だったノルウェーのトリグヴェ・ハーヴェルモ（1911～99）だけである。

「科学とは計測なり」、コウルズ委員会発足

草創期の計量経済学者たちに活動の場を提供したのは、投資情報会社を運営していたアメリカの実業家、アルフレッド・コウルズ（1891～1984）である。1932年、コロラド州コロラドスプリングスに数理経済学と計量経済学の研究所、コウルズ委員会を設立し、「科学とは計測なり」を基本理念とした。大恐慌を経験したコウルズは、経験と感覚に基づく経済予測ではなく、客観的な経済予測の手法を開発したいと考え、計量経済学会に支援を申し出ていた。計量経済学会の幹事会が任命する諮問委員会が、コウルズ委員会の運営にあたった。1939年にはシカゴ大学と提携して同大

学の敷地内に移転し、財政支援を受けるようになった。経済理論と数学、統計学を結びつけるのが組織の目的であり、研究テーマは一般均衡理論、計量経済学と関連分野に集中した。1930年代から40年代にかけて中央ヨーロッパからアメリカに亡命してきた経済学者や数学者、統計学者たちが中核を担った。フリッシュ、クライン、ハーヴェルモも同委員会のメンバーだった。

数理経済学と計量経済学を車の両輪としてスタートした同委員会は第2次世界大戦後に転機を迎えた。オランダのチャリング・クープマンス(1910~85)が1948年に所長に就くと、「計測」の側面は弱くなる。同委員会は数理経済学の研究に傾斜するようになった。クープマンスは、「線形計画法」と呼ばれる、生産計画や輸送計画などを最適にする手法を経済学に導入した業績でノーベル経済学賞を受賞した数理経済学者である。

ノーベル経済学賞の受賞は、クープマンス(1975)、クライン(1980)、ハーヴェルモ(1989)の順だが、コウルズ委員会で活動した期間や、研究者としてピークを迎えた時期の順に従い、本章では以下、ハーヴェルモ、クライン、クープマンスの順に取り上げる。

ノーベル経済学賞の受賞者が、研究者として最前線で活躍した時期と、受賞の時期にズレが生じるのはやむを得ないだろう。選考委員会は選考時の20~30年前の研究業績に目を向け、経済学界での評価が確定している研究者を選ばざるを得ないからだ。

ただ、過去の受賞者の顔ぶれを見ると、「なぜB教授はA教授より受賞が遅かったのか」、「なぜC教授は受賞できなかったのか」といった疑問はつきまとう。選考は毎年の作業であり、選考委員会のメンバーは少しずつ変わる。1回の受賞者は1～3人という制約もある。A教授に授与した後、隣接する分野を研究しているB教授もA教授に匹敵する業績を上げているという声を聞き、しばらくたってからB教授にも授与したといった事例もあるようだ。

20年遅れで評価されたハーヴェルモ

ハーヴェルモがノーベル経済学賞を受賞したのは、師のフリッシュ受賞の20年後である。ノルウェーのオスロ大学で経済学を学んだハーヴェルモはフリッシュの研究所で計量分析の計算を担当する助手となった。研究所でキャリアを積み重ねた後、ナチス・ドイツがノルウェーを占領した影響もあり、アメリカに拠点を移した。

『同時方程式の統計的含意』(Haavelmo 1943)、『計量経済学における確率的接近法』(Haavelmo 1944) が代表作である。計量経済学に確率論を導入する流れを決定づけた研究であり、ティンバーゲンやフリッシュの手法を再検討している。

前者ではティンバーゲンの同時方程式を俎上に載せている。ティンバーゲンは経済モデルを構成する複数の方程式を、それぞれ「最小二乗法」を使って推計した。最小二乗法とは、誤差を伴う測定値を処理するとき、その誤差の二乗の和を最小にすることで、最も確からしい関係式を求める統計手法だ。19世紀初頭に天文学の計測誤差を解析するために生まれた手法である。

ティンバーゲンの手法は、それぞれの方程式に含まれる変数が互いに独立であるという仮定がなければ正当化できない。仮に異なる方程式に含まれる変数が互いに独立していないと、変数同士が影響し合い、それぞれの方程式で設定している係数からは偏った推計量が出てきてしまう。個々の方程式の変数を単純に回帰分析しても、正しい推計ができないと指摘した。この問題は「同時方程式バイアス」と呼ばれるようになる。

後者では、確率論の正当性を強調している。「推測統計学」では、観察データを、母集団から一定の条件で抽出された標本とみなし、確率分布をもとに母集団の特徴を推定する。フリッシュは、経済統計では通常、時系列データを活用するため、一定の条件での標本抽出とはみなせないと主張していた。一方、ハーヴェルモは、経済統計における母集団とは何かを突き詰めて考えた。例えば、ある経済環境の下で個人がなし得る決定を母集団とみなせば、実際の決定を抽出された標本とみなせる。個人の行動パターンを示す法則を適切に反映した計量モデルであれば、母集団と標本の間には安定した確率関係があると指摘した。

そして、仮説検定、推定、予測といった計量経済学の基本概念を厳密に定義した。計量経済学を発展させるためには、確率論を徹底するしかないと唱えたのである。

ハーヴェルモの確率論アプローチは、アメリカのコウルズ委員会の研究者たちを通じて「ハーヴェルモ・コウルズ・アプローチ」として発展していく。1943年の委員会年報では、マクロ統計を活用し、確率変数を含む同時方程式の研究を推進する方針を明言している。

ハーヴェルモ・コウルズ・アプローチではまず、経済行動を解明するための理論を構築する。次に、理論の正しさを検証するためのデータを集める。モデルと統計データの間に矛盾はないかどうか、誤差は5％未満なのかを検証する。基準をクリアした理論を採用し、それ以外は切り捨てる。経済学が「科学」として認知されるうえでも理想的なアプローチのように見えた。

ハーヴェルモはフリッシュやティンバーゲンと同時代の学者だったにもかかわらず、20年遅れの受賞となった理由は不明だが、受賞が決まったときは、経済学者の間でさえ、ほとんど存在を知られていない状態だった。

本人の最初の反応も芳しくなかった。受賞の感想を電話で新聞記者に求められたとき、「こういった賞はどうも気に入らない。電話で話せる気分じゃない。考えたこともなかった。何も書かないで結構」と電話を切ってしまい、その日は連絡がつかなくなった。記者の評判がよくなかったためか、「そもそもなぜ、ハーヴェルモが選ばれたのか」と論評する記事や、「アメリカ人でもイギリス人でもない受賞者を選ぶために、選考委員会はやりすぎてしまった」と論じる記事もあった。

ハーヴェルモがノーベル経済学賞を受賞したときには、計量経済学の研究手法やテーマが草創期とは大きく変わりつつあり、ハーヴェルモ・コウルズ・アプローチを批判する声が高まっていたが、ハーヴェルモは意に介さなかった。記念講演ではこう語っている。

私たちが住んでいる世界の観測から情報を抽出する可能性は、良い経済理論に依存する。計量経済学は、観察された世界が過去にどのように機能してきたか、合理的に正確に解明できる理論に基づかなければならない。今ある経済理論はこの目的にはふさわしくない。現在のほとんどの経済理論は、様々な条件のもとでの個人の行動を分析し、それを集約して経済や社会全体のモデルにしたものだ。人間の行動を支配している、政治や社会の慣習の存在を無視している。人間は政治や社会の「ゲームのルール」に従って行動するのだから、ルールの仕組みを正しく理解し、モデルに組み込むようにすれば、もっと良い理論が生まれるだろう。

計量経済学の歴史に照らせば、ハーヴェルモの貢献は決して小さくないし、「理論か実証か」という根本問題に正面から向き合った学者として評価に値するだろう。しかしながら、ノーベル経済学賞の選考委員会は計量経済学者にはごくわずかな席しか用意せず、ようやく座れたときにも、窮屈な思いをしなければならなかった。

ノーベル経済学賞の歴史の中で、1980年代はケインズ経済学を奉じるケインジアンたちの黄金時代といえる。

ケインズ経済学は、1929年に始まった世界恐慌から脱出するための処方箋を示す体系としてアメリカを中心に世界の経済学界を席巻した。ところが、1973年に第1次石油ショックが発生し、不況とインフレが同時に進行するスタグフレーションが発生すると、ケインズ経済学は有効な手立てを示せず、権威が失墜する。1930～70年代初頭がケインズ経済学の全盛期といえる。

したがって、1980年代には伝統的なケインズ経済学は勢いを失っていたのだが、過去の研究業績を表彰するノーベル経済学賞の特質を反映し、ケインジアンたちが相次いで受賞した。

先頭を切ったのは、理論家ではなく、アメリカの計量経済学者、クラインである。

ネブラスカ州で過ごした少年時代は、大恐慌のさなかであり、後に「私は大恐慌の申し子だ」と語るほど鮮烈な印象を残した。カリフォルニア大学バークレー校を経て、マサチューセッツ工科大学（MIT）大学院プログラムに参加し、サムエルソンの知遇を得る。大恐慌から脱出する政策を提示するケインズ経済学の研究者となった。2年間で博士課程を修了し、1944年、コウルズ委員会の計量経済学チームに加わった。

マクロの経済構造を示す経済理論を「親」とすれば、マクロ計量モデルは「子」にあたる。クラインは「IS－LM分析」と呼ばれるマクロモデルを参照しながら計量モデルを構築した。IS－LM分析はイギリスの経済学者、ジョン・ヒックス（1904～89）がケインズの『一般理論』から抽出したモデルである。利子率の関数である投資（I）と国民所得の関数である貯蓄（S）が均衡するIS曲線と、貨幣の需要量（L）と貨幣の供給量（M）が均衡するLM曲線を描き、両曲線の交点に利子率と国民所得の値が決まるとするモデルだ。クラインがコウルズ委員会に参加した当時、IS－LM分析が普及し始めていた。

確率論とIS－LM分析を活用したクラインは、ティンバーゲンが1930年代に始めたマクロ計量分析の更新に成功したといえる。

クラインは経済予測のモデル作成にも取り組んだ。1955年には教え子のアーサー・ゴールドバーガー（1930～2009）と共同で20の方程式、39の変数からなるモデルを完成させた（Klein and Goldberger 1955）。このモデルに基づいて第2次世界大戦後の好景気を予測する。景気後退や大量の失業者の発生を予測する声が多いなかで、経済予測モデルの力を見せつけた。

コウルズ委員会に在籍していたのは3年間。この間に共産党に入党した経歴が後に問題となり、一時、イギリスのオックスフォード大学に拠点を移して研究を続けた。1958年に帰国してペンシルベニア大学教授となり、キャリアを全うした。

「アメリカのモデル構築界の長老」と呼ばれるようになったクラインは、巨大な経済予測モデルを作成した。アメリカ初のビジネススクール、ウォートンの名にちなんだ「ウォートン・モデル」は、多くの経済予測を生み出した。時間がたつにつれ、400の方程式と170を超える変数からなるモデルに膨れ上がった。

経済予測モデルに目を付けたのは産業界だ。「ウォートン・モデル」を使った非営利事業は多額の会費を集めて成功を収めるが、やがてこのモデルを模倣した民間企業が相次ぎ参入し、競争が激化した。クラインとペンシルベニア大学は「ウォートン・モデル」を売却し、「ウォートン計量経済予測アソシエーツ」という営利事業が生まれた。

最後に手がけたのは、LINKというプロジェクトである。世界各国の経済モデルを結びつけた巨大なモデルを構築した。先進国や途上国、中国や旧ソ連も対象とし、約3000の方程式からなっていた。

ノーベル経済学賞の記念講演では、ウォートン・モデルとＬＩＮＫをもとに、10～20年の長期経済予測を提示した。石油の実質価格は上昇を続けるという前提条件のもとで、アメリカ政府は高い税率を維持し、予算は均衡状態に落ち着く、インフレは収束しない、アメリカの貿易収支は均衡する、といった予測を立てたのである。

その後のアメリカ経済の動きをたどると、クラインの予測はほとんどはずれたといってよい。計量経済学に裏打ちされた、精巧で大規模な経済予測モデルは、１９８０年代以降の予測にはあまり役立たなかったのである。

クラインは経済理論と計量経済学の関係をどのように理解していたのか。１９４６年に発表した論文では、個人や企業が「最適化」を目指して行動するときのミクロの変数間の関係と、それを集計したマクロの変数間の関係について論じた（Klein 1946）。マクロ集計量はミクロ理論と整合性がとれないため、ミクロ理論の最適化がマクロ変数間でも成立するような集計の方法が必要だと唱えたのである。これが「マクロの集計問題」であり、マクロ計量経済学ひいてはマクロ経済学の根幹を左右する問題といえる。

ケインズ理論を土台に巨大なマクロ計量モデルの創始者となったクラインは、マクロの集計とミクロ理論の整合性を希求したものの、自ら実現するには至らなかった。マクロ計量経済学はミクロ理論とは別々の道を歩んだのである。

転換期を迎えたコウルズ委員会

計量経済学の発展に貢献してきたコウルズ委員会は転換期を迎える。1948年に所長に就任したクープマンスは翌年、アメリカのランド研究所と研究協力の協約を結んだ。同研究所の設立は1946年。アメリカ陸軍航空軍が、第2次世界大戦後の軍の戦略立案と研究を目的に「ランド計画」として設立を支援し、民間航空会社、ダグラス・エアクラフトの研究部門として発足した。1948年にダグラスから分離し、独立の非営利組織となった。軍事関連の戦略研究を中心にしながら公共政策、経済予測へと研究分野を広げていく。

コウルズ委員会とランド研究所が協約を結んだテーマは「資源配分の理論」。クープマンスをはじめとする数理経済学者の関心に沿う内容で、伝統的な一般均衡理論と最先端の数理経済学の手法を結びつける狙いがあった。コウルズ委員会は実証・計測から理論へと軸足を移したのである。

クープマンスの足跡を簡単に紹介しよう。オランダのユトレヒト大学で数学と物理学を学んだクープマンスが最初に発表した論文のテーマは量子力学で、物理学者との共同研究だった。オランダのライデン大学の大学院に進むと大恐慌やマルクスの経済理論への関心を深めるが、マルクス経済学に傾倒はしなかった。特定の経済制度を指定せずに異なる経済システムの説明や比較ができる、経済理論の基本部分の定式化に興味を持ち、生涯を通じての研究テーマとしたのである。

1936年、物理学と数学の博士号を取得する。このころティンバーゲンと知り合い、数理経済学と計量経済学の研究に取り組んだ。

第2次世界大戦中にアメリカに移住し、アメリカに本拠を置くイギリス政府の船荷調整局の統計学者として過ごした。この間に、アメリカとイギリスの間の物資の大量輸送に関する研究を委託される。輸送の日程、ルート、積み荷の計画の効率を高めるためだ。クープマンスは輸送活動を線形方程式で表現し、数学を駆使して解決策を探る。1940年代初めに完成した公式を後に線形計画法と命名した。40年代後半になると、コウルズ委員会に所属しながら線形計画法に磨きをかけた。

コウルズ委員会は数理経済学と計量経済学を車の両輪として活動を始めたとすでに述べたが、クープマンスの関心は当初から明らかに数理経済学にあった。学生のときにマルクス経済学に接し、社会主義に共感を抱きつつも、研究対象として選んだのは純粋理論だった。線形計画法の発想には、計画経済と通じる部分があるが、マッカーシズムと呼ばれる反共運動が吹き荒れる戦後のアメリカでは、社会主義を連想させる研究は危険でもあった。数理経済学を前面に出す線形計画法は、社会主義の色合いを薄めるうえでも有効だった。

コウルズ委員会は1949年、線形計画法やオペレーションズリサーチといった「最適化」の方法を数理的に議論する大会を開いた。コウルズ委員会は1955年、シカゴ大学からイェール大学に移り、数理経済学の技法を広める場として経済学の発展には寄与したが、「実証」の側面は弱まったのである。

コウルズ委員会は徐々に変質していったが、マクロ計量経済学は経済学界に根を下ろし、地歩を固めた。マクロ経済を分析するケインズ経済学の理論を支える道具となり、各国政府はマクロ政策の判断材料として利用するようになった。IS－LM分析は経済構造を示すものの、現実の政策評価に活用するには単純だ。金利だけをみても、預金や債券、貸し出しなど様々な金利が存在する。現実の様々な要素をモデルに取り込もうとすると、方程式の数を増やさざるを得ない。マクロ計量モデルはどんどん大型になっていった。

「ルーカス批判」の衝撃

そんなとき、反ケインズ経済学の旗手として登場したのが、アメリカの経済学者、ロバート・ルーカス（1937～2023）だ。

ルーカスは、自由主義の立場からケインズ経済学を批判するミルトン・フリードマン（1912～2006）の弟子であり、恩師と多くの信条を共有している。フリードマンが所属していたシカゴ大学を中心とする「シカゴ学派」の中心メンバーの一人だ。フリードマンは1976年、ルーカスは1995年にノーベル経済学賞を受賞している。

ルーカスが唱えたのは「合理的期待形成仮説」。アメリカの経済学者、ジョン・ミュース（1930～2005）が農産物の価格変動の仕組みを分析するために1961年に初めて提唱した仮説であり、ルーカスは金融政策の効果を問うためにこの仮説を応用した。1972年に発表した「期待と貨幣の中立性」と題する論文で、「合理的期待」の仮定を置くとケインズ流の財政・金融政策は効果がないと数学を使って厳密に証明した（Lucas 1972）。

「合理的期待」の概念はケインズ経済学の体系に鋭い刃を突き付けた。ルーカスは1976年に発表した論文で、ケインズ経済学を基礎に置く、同時方程式からなるマクロ経済の体系に疑問を投げかけたのである（Lucas 1976）。

伝統的なケインズ経済学では、国全体の消費、投資、政府支出といった集計量は相互に作用を及ぼし、経済を構成している。例えば、政府が財政支出を増やせば、国内総生産（GDP）は増える。不況で企業の設備投資が落ち込めば、GDPは減る。集計量同士の関係式（方程式）を見れば、相互の関係は一目瞭然だ。

ルーカスは、個人や企業が経済の将来を合理的に予想できるなら、集計量の関係式を見ても経済の動きは分からないと主張したのである。例えば、政府が国民に特別な給付金を支給し、将来の増税で財源を賄おうとすると、個人は将来の増税を合理的に予想し（これが「合理的期待」である）、給付金を消費には回さない。政府の財政・金融政策を個人や企業が正確に予想すると、政策効果は消滅する。

同時方程式による推定は、企業や個人が期待を変化させない短期では成り立つかもしれないが、政府が基本ルールを変えるような大きな政策変更をするときには適切な推定ができない恐れがある。

この指摘は「ルーカス批判」と呼ばれ、マクロ計量モデルひいてはケインズ経済学の存在意義を揺さぶった。

ケインズ経済学は、個人や企業の行動原理を表すミクロ経済学の裏付け（基礎づけと呼ぶ）がないと批判され、一気に旗色が悪くなった。後述するが、市場で需要と供給が均衡する状態が変動すると景気変動が起きると考える実物的景気循環（リアル・ビジネス・サイクル＝ＲＢＣ）理論といった現代の主流派マクロ経済学が誕生する契機となった。

ルーカスは１９８７年に刊行した著書で「近年の最も興味深いマクロ経済学の進展は、インフレや景気循環のようなマクロの問題が、ミクロ経済理論の一般的なフレームワークの中で扱われるようになったことであり、この進展が進めば、マクロという言葉自体も使われなくなるだろう」と述べ、ケインズ経済学について「理論にそぐわない、理解し難い現象が現れた時に、それは何か全く別の経済理論の証左だと言いたくなる誘惑に屈服したものである」と明言した（Lucas 1987）。

マクロ計量経済学に逆風

１９７０年代以降、マクロ計量経済学はルーカス以外からも攻撃を受けるようになった。オーストリア出身の哲学者、カール・ポパー（１９０２〜94）が唱えた「反証可能性」という概念に基づく批判はその一つだ。

ポパーは科学と「非科学」を見極めるために、経験や実験によって否定される可能性（これを反証可能性と呼ぶ）の有無を基準として示した。ある理論、仮説や命題が反証可能性を備えていれば科学とみなし、そうでなければ非科学だと主張した。ある理論が、経験や実験によって反証されない限りは、暫定的に真であるとみなす。最初から反証しようがない理論、仮説や命題は科学ではない。

ポパーの方法論を支持するイギリスの経済学者、マーク・ブローグ（１９２７〜２０１１）らは、計量経済学の手法に厳しい視線を注いだ。

計量経済学者たちは、理論の反証ではなく、「確証」を得るためにデータを集めてきた。データを当てはめるのは、あらかじめ立てた方程式をテストするためではなく、推定するためである。正しい方程式を導き出すために関数の形や説明変数、推定方法を変える。最後まで残った方程式が日の目を見るまで、数多くの方程式が捨て去られ、忘れられたはずだ。方程式の正しさを示すデータがどこかにあるはずだという前提に立っている。

経済学者は反証可能な理論を作り出そうとはしない。データを使って理論を反証しようとせず、理論を確証するためにデータを集めているのだ。

ジャーナルには、あらゆる経済問題に回帰分析を応用した論文が載っている。回帰分析は計量経済学の「料理本」に依存している。料理本には、論文を仕上げる方法が細かく書いてある。仮説を方程式によって表現し、その方程式の様々な型を推定し、最も当てはまりのよい式を選び、それ以外は捨てる。そして、検定している仮説を正当化するために理論に修正を加えれば、料理は完成する。

大規模なマクロ計量モデルによる経済予測の精度の低さを指摘する報告が出始めたのも１９７０年

代に入ってからである。

ルーカスとブローグらはともに同時方程式による推定を批判したが、力点はやや異なっている。「合理的期待形成仮説」という武器をひっさげ、ケインズ経済学の体系そのものを批判するのがルーカスの狙いであり、同時方程式を使ったマクロ計量モデルを攻撃したのはケインズ体系の一部だからにすぎない。ケインズのマクロ理論を支えている道具の不備を指摘すれば、ケインズ経済学の体系そのものが崩壊し、政府の財政・金融政策は無効だと主張するシカゴ学派の正しさが際立つからだ。

一方、ポパーの反証可能性を論拠とするブローグらの批判は「計量経済学」に対する問題提起になっている。やり玉に挙げたのは、その当時の主流だったマクロ計量経済学だが、批判の中身をみると、計量経済学全般に通じる内容を伴っているのではなかろうか。

ここまで、計量経済学が生まれた1920年代から、70年代までの推移をたどってきた。全体の流れを改めて要約しておこう。計量経済学が市民権を得るのに大きく貢献したラグナル・フリッシュが意図したように、計量経済学は経済理論の正しさを証明するための便利な道具として普及し、経済学界を支えてきた。フリッシュはミクロ経済学、マクロ経済学を区別し、理論の検証に役立つ方程式をそれぞれ考案したが、普及したのはマクロの方程式だった。ジョン・メイナード・ケインズが『一般理論』を著して経済学界に革命を起こし、マクロ経済学が台頭した時期と重なっている。

以来、計量経済学は、集計量を扱うマクロ経済学の裏方として堅実な道を歩んだ。同時方程式でケインズ体系を裏付けようとしたヤン・ティンバーゲン、計量経済学に確率論の考え方を導入したトリグヴェ・ハーヴェルモ、巨大な同時方程式を作って経済予測に取り組んだローレンス・クラインは、マクロ計量経済学の聖火リレーをつなぎ、いずれもノーベル経済学賞を受賞した。

同時方程式による推定、仮説検定といった手法の開発、政策の効果を判定できる大規模なマクロ計量モデルの構築が進み、計量経済学の未来は明るいように見えた。

ところが、1970年代に入ると様相が変わる。マクロ計量経済学は各方面から批判を浴び、混乱期に入る。最も影響が大きかったのはロバート・ルーカスによる批判（いわゆるルーカス批判）であり、マクロ計量経済学だけではなく、ケインズ経済学の体系の存在意義が問われる事態となった。

ノーベル経済学者の3つの罪

ルーカス批判後、計量経済学はどんな道をたどったのか。

計量経済学の軌跡をさらに追う前に、ここで1冊の本を取り上げたい。ディアドラ・N・マクロスキー『増補 ノーベル賞経済学者の大罪』（マクロフスキー 2009）——『経済学者の悪徳——ブルジョアの美徳』（McCloskey 1996）と『経済学の秘められた罪』（McCloskey 2002）いずれも英文の原著を邦訳して収録——は、経済学者たちは3つの罪を犯していると告発する書だ。

マクロスキー（1942〜）は、自分はシカゴ学派に属する研究者だと同書の中で述べている。告発の主な対象はシカゴ学派のライバルだったケインジアンたちだ。この構図を見ると、告発の内容はだいたい想像がつくし、実際にそうした色合いも濃い。

そんな同書を紹介するのは、学派間の争いの次元を超え、経済理論や計量経済学が抱える構造問題をあぶり出しているためだ。同書の告発は、ケインジアンのみならず、マクロスキーが属するシカゴ学派を含むすべての経済学者に向けられるべきだろう。

同書によると、経済学者たちの3つの罪（悪徳）とは、「統計的有意性」、「黒板経済学」、「社会工学」。3つの悪徳の核心は「経済学の機械化」である。現代経済学は、計測に対する見かけ上の傾倒にもかかわらず、科学としては真っ先に問われなければならないHow Big Is Big?（どれだけ大きければ大きいとみてよいか？）という設問に答えていないというのである。

原題で「悪徳」という言葉を使ったのは、かつてオーストリア・ハンガリー帝国出身の経済学者、ヨーゼフ・シュンペーター（1883～1950）が、経済現象を理論で分析する伝統を作ったイギリスの経済学者、デヴィッド・リカードにちなみ、理論を偏重する姿勢を「リカード的悪徳」と表現したのにならっている。

そして、3つの悪徳を主導してきた人物はそれぞれ、ローレンス・クライン、ポール・サムエルソン、ヤン・ティンバーゲンだと断言する。

「統計的有意性」という言葉を、技術の用語だと知りながら使い、「科学的重要性」と同一視したクライン。黒板上で「存在証明」ができれば、科学の真理だと唱えたサムエルソン。統計的有意性、黒板上の証明という2つの疑似科学を、経済政策の策定に応用できると主張したティンバーゲン。ティンバーゲンが生み出したのは一種の「社会工学」である。

3人の偉大な指導者の中で最も偉大なのはティンバーゲンであり、最大の悪徳は社会工学である。実践の視点から見ると最も重大であり、それ以外の2つの悪徳を正当化するからだ。

1940年代に3人は経済学の歴史の舞台で共演している。クラインはサムエルソンの学生であり、ケインズのマクロ経済モデルにデータを当てはめるときにはティンバーゲンの手法から着想を得た。この研究プロジェクトを示唆したのはサムエルソンだった。

「統計的有意性」の持つ意味

『増補 ノーベル賞経済学者の大罪』に従って3つの悪徳の内容をさらにみていこう。

1940年代から50年代にかけ、数理統計学の知識が豊かな人々は「統計的有意性」の概念を経済学に導入した。指導者の一人がクラインである。

統計的有意性とは、母集団に関わる1つの仮説が正しいかどうかを判定する（統計学では検定と呼ぶ）ときに使う概念だ。仮説を設定する → 有意水準を決める → 検定する → 背理法を使って結論を導く、という流れとなる。

例えば、「最低賃金を引き上げると失業率が上昇する」というA仮説を検定するとき、まず、導きたい結論とは反対のB仮説（帰無仮説と呼ぶ）「最低賃金と失業率には関係がない」を立てる。

次に、「最低賃金と失業率には関係がない」にもかかわらず、データを観察した結果、「最低賃金を引き上げると失業率が上昇する」というデータを偶然、得られる確率（この確率をp値と呼ぶ）を計算する。この値が0・04だとすると、実際にはB仮説が正しいのに、4％の確率でA仮説を裏付けるデータを得られることを意味している。

有意水準とは、設定した仮説が間違っていると判断する（仮説を棄却する）確率のこと。5％以下の確率で生じる現象は、非常にまれであると判断するときは、有意水準を0・05に設定する。この事例の場合、B仮説が正しいのにA仮説の正しさを裏付けるデータが得られる確率は4％と非常にまれなので、B仮説を棄却する。

最低賃金と失業率は実際には無関係なのに、関係があるように見える確率は5％未満だから、関係があると判断するのが、統計的有意性の考え方である。有意水準を5％とする検定が多いが、1％やさらに低い水準に設定する検定もある。

統計的有意性は「回帰分析」と結びついている。同書によると、回帰分析は百年ほど前に数理統計学（約2世紀前に誕生）を土台として生まれた。回帰という奇妙な言葉は、分析手法を初めて適用した事例に由来する。知能が高い両親から生まれた子供たちの知能は「回帰する」、すなわち社会の平均値に近づいていく傾向があるという仮説を検証するときに使った言葉なのだ。

回帰分析の結果をみれば、1つの変数が他の変数にどの程度、影響を及ぼすのかが、分かる。例えば最低賃金の2ドル10セントの引き上げが原因となり、失業率が1パーセント・ポイント上昇すると判明すると、最低賃金を5ドル15セントから7ドル25セントに引き上げれば、失業率が労働力人口の6%から7%に上昇するといったデータを導き出せる。

本来はここからが問題のはずだ。1パーセント・ポイントの変化は重要なのか。そもそも最低賃金制度が雇用に与える影響を重視すべきかを問わなければならない。

クラインの誤りは「最低賃金の2ドル余りの引き上げが失業率を1パーセント・ポイント上昇させる」という結果が大きいのか小さいのかという疑問を「有意か否か」という統計の疑問にすり替えて答えようとした点にある。科学研究の初めから終わりまで、前菜からデザートまで、全部を機械的な統計処理で済ませるようになったのである。

計算に焦点を当てると、人間が判断を下すという当たり前の課題を忘却させる。私たちがいま何のために作業しているかという肝心な点を忘れさせる、と訴える。

マクロスキーはクラインを手厳しく批判するが、「計量経済学」を全否定しているわけではない。むしろ、経済分析には「定量化」は不可欠だと強調する。計量経済学では、経済データから興味ある数字を入手するために統計理論を活用する。誠に素晴らしいアイデアであり、数字を入手するのに役立ってきた。計量経済学を破壊したのは、「統計的有意性」の使用である。問題が生じたのは「推定」からではなく「検定」からであると説く。

それでは、どうすればよいのか。マクロスキーは「シミュレーション」は最も古くかつ科学的にも一番有効な用具だとして活用を勧める。計量経済学の高度な手法をすべて駆使してシミュレーションを実施し、その結果を踏まえて「測定値がどのくらいの大きさならば、効果が大きいと言ってよいのか」を、経済学者の同僚たちと徹底的に議論するよう求めている。

新世代の経済学者たちは、回帰・有意性検定、発表、忘却という方程式でなく、もっと真剣に数量的評価をしなければならない。何が大きい効果なのかを率直に討議し、もっと数多くのシミュレーションを実行すべきだ。シミュレーションこそが、経済学者の最も古くからの数量評価の手法なのだから。

同書にはシミュレーションの手法を具体的に説明する記述がなく、執拗に批判している回帰分析と、高く評価するシミュレーションをどう関連づけているのか、同書から読み取るのは難しい。例えば、ある経済政策の効果を見極める目的でシミュレーション分析をするとき、経済のパラメータ値を見出すうえで計量経済学による推定は良い方法であるとも述べており、政策評価のための回帰式の策定や、経済モデルの構築には賛成している。

「黒板経済学」の誘惑

第2の悪徳は「黒板経済学」である。サムエルソンをその指導者としてやり玉に挙げるのだが、黒板経済学を信奉する経済学者はほかにも数多く存在する。同書によると、1969~2001年までのノーベル経済学賞の受賞者49人のうちHow Big?という設問に答えてきた科学者は全体の約40%にすぎない。

残りは経済の非科学者たち（罪人たち）であり、彼らは経済哲学の実践者か純粋経済数学の実践者にほかならない。彼らにとって特に経済数学は上手な碁か手際のよいチェスのように、楽しく、興味深く、とても面白い代物だ。チェス問題への解答か、自分で考案したチェス問題に解答して賞を受賞したのである。

60％の非科学者の中にはサムエルソンのほか、アメリカのケネス・アロー（1921～2017）、フランスのジェラール・ドブリュー（1921～2004）、アメリカのジョン・ナッシュ（1928～2015）、イギリスのジェイムズ・ミード（1907～95）、カナダ出身のロバート・マンデル（1932～2021）らの「卓越した男たち」がいると実名を挙げる。彼らの業績のどのページにも、現実世界の数字は全く出てこない。数字なき数学だと断罪している。

ここにシカゴ学派の学者が顔を出さないのは、マクロスキーの立場の反映であり、ややバランスを欠いた人選ではある。ただ、経済学者の多くが黒板経済学に精を出し、チェス問題の解答に熱中しているという批判は経済学の泣き所をついており、学派を問わずに受け止めるべきであろう。

同書によると、今日では、サムエルソンと同様に、居心地のよい研究室の中だけで学者人生を過ごそうと願う経済学者たちの割合は日増しに高まっている。マクロスキーの先生にあたる、ある学者はこんな冗談を言った。最初は応用経済学者になろうと考えたが、企業や統計と付き合わなければならないのでなかなか厄介だと気付いた。そこで専攻を経済史に変えてみたが、図書館通いにうんざりした。最後には、必要なものは紙と鉛筆だけで現実の世の中とは一切、関わらなくても済む理論家を目指すことにした。

こんな風潮を反映し、経済学のいずれの領域も次々と「理論的」になった。現実世界の事実によって理論をテストしようとしない、サムエルソン流であるか、あるいは不満ながらもテストをする場合は、クライン流の悪徳に浸りきるかである。

例えば、国際貿易論という経済学の古い領域は、リカードが初めて「リカード的悪徳」を実践して以来、長年にわたり、このやり方を踏襲してきた。今日でも貿易に関する典型的な「科学的」業績は、黒板上の図表から政策上の結論を引き出している。1980年代までは「産業組織論」という下部分野の経済学、現在では「ゲーム理論」など経済学の諸分野は次から次へとこの道を進んだ。今や経済学の業績の約半分は黒板上である。

黒板経済学は男の子たちの砂場遊びを連想させる。経済学者の多くは男性であるからだ。男の子たちは遊びに夢中で、自信と活力に満ち、遊びが現実であると思い込んでいる。そんな彼らに「坊やたちがいま作っているお城は本物ではない」とは誰も言えない。

これは同書を刊行した1990年代後半時点の認識に基づく記述だ。現時点では「黒板経済学」に没頭する学者はそれほど多くないという意見もあるだろう。ただ、経済学が「リカード的悪徳」なくしては成立しなかった学問であるのは確かである。「経済学の中心は経済理論（黒板経済学）であり、計量経済学（統計的有意性）はそれを補助する道具だ」という見立ては、計量経済学の歴史をたどってきた本章の記述ともぴったりと重なる。

それでは黒板経済学を捨て去るしかないのか。答えを期待して同書を読み進めると、歯切れはやや悪くなる。

黒板上の証明が経済学を支配する現状に反対する＝数学の使用に反対する、ではない。経済学は数学なしにも進歩してきたが、数学なしにはこんなに速くは進歩しなかった。数学は何百という経済問題をより明確にした。生産関数の隠喩、経済成長の物語、競争の論理、失業の事実といった経済学者の諸観念は、数学なしではもっと混乱しただろう。経済学への数学の導入を完全に望ましい形で実行したのが主としてサムエルソンである。

問題にしているのは、数学の分析手法としての側面ではなく、価値観の側面だ。$Q=F(L, K)$ という関数を使用するのはよいが、「したがって証明終わり」とか「この図から導出される結論は」という言い方がよくない。数学が黒板上の証明の権威を高め、サムエルソンやその追随者たちは政府の行動を正当化している。経済理論を、数学を使って表現するのはよい。悪徳が暴飲暴食の域に達していることが問題なのだ。

こうした主張は理解できるが、どこまでが数学の正しい使い方で、どこからが「暴飲暴食」の域なのか、同書の記述はあいまいだ。

「社会工学」対「人間の自由」

第3の悪徳に対する批判は、シカゴ学派としての価値観に由来する。ティンバーゲンの考えは、橋梁を設計するのと同じような手法で社会を設計できるとする観念である。このような観念は機能しないし、機能させるべきでない。ティンバーゲンが勧告し、オランダ政府が実施し、その後世界中に広まった社会工学は、機能しなかった。

私たちはあれかこれかの試みが機能するかどうかを知り得なくても、ともかくも試みなければならない。実用知に発する実験は好ましい。しかし、そのような実用主義を超えて、予測と管理をするのは誤りだ。実りのある予測は不可能なのだ。

社会工学は人間の自由に対して敵対的だ。社会工学は人間の血の通わない「社会」とか「経済」という抽象物に関連しているわけではない。社会の設計を目指す「社会工学」ではなく、本当は人間を操作しようとする「人間工学」であることが問題なのだ。

主にケインジアンを念頭に置いて経済学の3つの悪徳を糾弾するが、3つの悪徳に浸っているのはケインジアンだけではない。理論経済学と計量経済学の「行き過ぎ」を懸念するマクロスキー自身も、両者の存在意義を疑ってはいない。「社会工学」には厳しい姿勢を示す一方、経済学者はシミュレーション分析をもとに政策効果を議論せよと主張している。

経済学の歴史の中で、理論経済学、計量経済学、応用経済学の３本柱はどのような位置を占め、経済学者たちは、そのときどきの勢力図に左右されながら、どんな振る舞いをしてきたのか。次章では、計量経済学に引き続き焦点を当てながら、ルーカス批判後の経済学界の動きを描写する。

第2章

主役に躍り出た実証分析

シカゴ学派の経済学者、ロバート・ルーカスによるマクロ計量経済学への批判（いわゆるルーカス批判）は、計量経済学だけでなく、経済学全体に多大な影響を及ぼした。伝統的なケインズ経済学はやがて学界の中心から退場を迫られ、それに伴ってマクロ計量経済学の影も薄くなった。

一方、ルーカス批判とは全く別の角度から、経済学の実証分析に新たな息吹が生まれた。「統計的因果推論」や「ランダム化比較試験」（ＲＣＴ）、機械学習といった新たな手法が登場し、ＩＴ（情報技術）の進展とも相まってデータ分析が花盛りとなった経済学界の主役に躍り出たのである。

本章の前半では、ルーカス批判後のマクロ経済学で「理論と実証」の関係はどのように変化したのかをたどる。後半では、ミクロ分野を中心に広がる「実証分析革命」の実態に迫り、「理論と実証」の行方を追う。

台頭する時系列学派

ケインズ経済学に依拠する伝統的なマクロ計量経済学への風当たりが強くなるなか、マクロ計量経済学の内側から変化の芽が出てきた。１９７０年代に入ると、時系列分析と呼ばれるデータ分析の手法が脚光を浴び、「時系列学派」が台頭したのである。

時系列分析とは、時間の経過に伴って変化するデータ（時系列データ）を観察し、何らかの傾向を読み取る研究の方法を指す。

株価や為替相場、モノの値段、二酸化炭素の排出量など、私たちの身の回りは時系列データであふれており、分析の手法にも様々な種類がある。

経済学の時系列分析を進化させた立役者の一人は、イギリス出身のクライヴ・グレンジャー（1934～2009）である。

経済現象を分析するときには、年に1回、4回、毎月1回といった具合に一定の期間を置いてデータを集める。例えば、人口を時系列分析の対象とするとき、人口を変数とみなし、変数の増減を観察する。ところが、人口が長期的に増加傾向にある場合、人口の変化と他の変数の増減との関係を類推するのは難しい。人口が他の要因とは関係なく増え続けているとすれば、「人口が増えると○○が○○になる」といった仮説は誤りである可能性が高いからだ。

消費や国民所得などのマクロ経済の時系列データ、株価や為替相場などの金融に関わる時系列データは一定の水準の近辺を変動するのではなく、時間の経過とともに水準が上昇したり、下降したりする。変動の幅が大きくなったり、小さくなったりもする。このように、長期的にデータが増減する現象を「非定常性」と呼ぶ。データに非定常性があるときは、データの平均や分布を特定できない。時系列分析に注力する経済学者にとって、非定常性をどのように回避し、データ間の正しい関係を見出すかが課題となった。

伝統的な計量経済学でも、時系列データを使って経済現象を分析していた点は変わらない。ただ、1960年代までは、データの特質には目を向けず、そのまま最小二乗法などを適用する研究が目立った。とりわけマクロの計量分析では、説明変数Xと被説明変数Yが強い相関関係を示し、設定した回帰式は正しいと判断する事例が多かった。

時系列分析が注目を浴びるにつれて浮上したデータの「非定常性」の問題は、伝統的なマクロ経済学に冷や水を浴びせた。様々な経済モデルは、実は正しいデータの裏付けを伴っていなかった可能性が出てきたのである。

時系列データの特性を踏まえた分析手法の中核をなす概念は「単位根系列」、「共和分」と「見せかけの回帰」。グレンジャーは中核概念を普及させ、計量経済学の手法を大きく変えた。

単位根系列とは、観察データには「非定常性」があるが、その「差分」を取ったデータには「定常性」がある時系列データを指す。長期にわたるデータの変動を差分として捉え、観察データから差し引いてしまえば、正しい時系列分析ができるという考え方だ。

時系列データを観察するとき、陥りやすい誤りが「見せかけの回帰」だ。例えば、地球上の二酸化炭素の排出量は増え続けている。その間に、火星は着実に地球に近づいている。2種類の時系列データを単純に観察すると、「火星が地球に近づくと二酸化炭素の排出量が増える」あるいは「二酸化炭素の排出量が増えると火星が地球に近づく」といった仮説が成り立つかのように見える。見せかけの回帰を回避するにはどうすればよいのか。時系列分析の根幹に関わる難題といえる。

論文を発表した当初、計量経済学者や統計学者の評判はあまりよくなかったが、実際に検証してみると同様な結果が出る場合が多く、データそのものの特質に目を向ける必要があるとの認識が一層広がっていく。

グレンジャーは1981年、非定常性の問題を回避する手法を提案した（Granger 1981）。この手法のカギとなるのは「共和分」と呼ばれる概念である。共和分は、単位根系列であると判断できる複数の時系列データの間で成立する概念である。

通行人の中からXとYの2人を選ぶとしよう。XとYが無関係なら、これからXが進む方向と、Yが進む方向は偶然、ある地点まで一緒になる可能性はあるにしても、Xはそのまま直進し、Yは途中で左折するといった具合に分かれるだろう。XとYの進路の間には、安定した関係は存在しない。

仮にXとYが知り合いならどうだろうか。XとYがもめごとを起こしている最中で、通常とは異なる動き方をする可能性は否定できないが、XとYが同じ方向に進む可能性は高いだろう。

グレンジャーは「Xの進路とYの進路が同じになる頻度が高まること」を「Xの進路とYの進路の間には共和分が成立する」と定義したのである。

グレンジャーは、アメリカのロバート・エンゲル（1942～）とともに、共和分が成立するかどうかを検定する方法を考案した（Engle and Granger 1987）。「XとYには共和分の関係がない」という帰無仮説を立て、「XとYには共和分の関係がある」という対立仮説が正しいかどうかを検定する方法である。そしてXとYの間に共和分が成立すると分かっていれば、両者の関係を的確に判断できると主張した。

2人は2003年、ノーベル経済学賞を共同で受賞した。

時系列分析を批判したクライン

時系列分析の新たな手法を歓迎しない学者も多かった。ローレンス・クラインは新しい手法は誤解を招きやすいと考えた。時系列分析は、経済理論の裏付けがなくても可能なため、伝統的な経済理論が想定していないデータ同士の関係を「検定」できるからだ。

クラインらが検定してきたのは、ケインズ経済学の理論体系に含まれる変数同士の関係だ。時系列分析にはそうした制約がない。

クラインは「共和分のテクニックはかえってダメージをもたらすのではないか。共和分の検定手法は、思いもよらない関係を導き出すかもしれないが、かえって分析の妨げになるかもしれない。共和分の検定で解明できるほど世界は単純ではない」と指摘した。伝統的な計量経済学の手法に慣れ親しんできたクラインは、時系列分析は自らの足元を揺るがしかねない危険な存在だと感じたのかもしれない。

ただ、見方を変えれば、共和分の概念は、経済理論から導き出した回帰式を検定するのにも有効であり、同時方程式が抱え込んできた問題の解決につながる可能性もある。

同時方程式モデルとは別のモデルも登場する。アメリカのクリストファー・シムズ（1942〜）は1980年の論文で、マクロ計量経済モデルをルーカスらとは別の視点から批判し、問題点を克服するための新たなモデルを提唱した（Sims 1980）。ベクトル自己回帰モデル（Vector Autoregression＝VARモデル）である。時系列分析の代表となった統計モデルであり、多変量自己回帰モデルとも呼ばれる。

ある変数を過去の自身の値の加重平均で表現する自己回帰モデル（Autoregressive＝ARモデル）を、2つ以上の変数（多変量）に拡張したモデルだ。通常の回帰分析とは異なり、変数間の時間を通じた関係を捉える際に具体的な因果関係を仮定しない。特定の経済理論を前提とせず、もっぱら時系列データから変数間の関係を分析する。

VARモデルは理論分析を補完する手法となり、マクロ経済学の研究や実務で応用が進んだ。シムズは2011年、経済学にVARモデルを導入し実用性のある手法として発展させた功績が認められ、ノーベル経済学賞を受賞した。

シムズによると、計量経済モデルを構成する方程式の説明変数の決め方は恣意的である。例えば、ある食料品に対する需要の大きさは、その食料品の値段だけではなく他の商品の値段にも左右されるはずだ。ところが、食料品の需要関数を作るとき、食料品以外の値段は除外する。そうした方程式を集めても、良いモデルにはならない。ある関数の右辺に登場する説明変数は他のすべての方程式の中にも登場しなければならないはずだ。

現実にそうなっていないのは、モデルを作る人が、直観に基づいて説明変数を取捨選択しているからにほかならない。

伝統的なアプローチでは、変数間の相互依存の関係に注目し、同時方程式を採用したが、時系列データの構造に十分な注意を払わなかった。

先験的な理論を持っていないVARモデルでは、すべてのモデル変数の「ラグ変数」（結果が遅れて出てくる変数）が各推計式の説明変数となる。計量経済モデルのように外生変数（モデルの外部で値が決まる変数）と内生変数（モデルの内部で値が決まる変数）を区別する必要はなく、すべての変数はモデル内部で決まる内生変数となる。

したがって、データに先験的な制約を課し、怪しげな外生変数を使う理論モデルを推定するよりも、VARモデルの方が優れている。予測や政策分析に、数百本の方程式体系からなる大規模なマクロ計量モデルを使う必要はない。

一方、VARモデルは既存の経済理論を前提としないだけに、以下のような批判を受けてきた。従来の計量経済モデルでは、変数間の同じ時点の関係が何らかの理論に従って決まっており、モデルの構造が明らかだ。VARモデルには理論の根拠がないために、モデルの構造を把握しづらく、係数の解釈が難しい。

伝統的な計量経済学は経済理論を支える役割を果たしてきた、とこれまで説明してきた。VARモデルは経済理論から離れて独り歩きを始めようとしている。理論家の側から「理論なき計測だ」との批判が出るのは当然ともいえる。

さらに、実務家の側からも「経済予測を使って意思決定をする人は、企業や個人がどのように行動するのかという物語が観察データに表れているかどうかを知りたい。そうした物語を提供しないVARモデルはブラックボックスであり、使いづらい」との不満が漏れた。

経済理論と経済政策の関係はどうあるべきなのか。VARモデルをめぐる議論は、重要な論点を示している。そもそも、既存の経済理論を全く度外視し、データ分析だけで政策の是非を論じたり、判断を下したりすることはできるのだろうか。

マクロ経済学の新潮流

ルーカス批判は伝統的なマクロ計量経済学だけでなく、ケインズ経済学全体に打撃を与え、マクロ経済学の地図を大きく塗り替えてきた。

ポイントを先取りしよう。ケインズ体系の下で完成したマクロ経済理論とマクロ計量経済学の組み合わせにはひびが入り、学界ではケインズ体系に依拠するマクロ計量経済学の居場所が減っていった。

1980年代に入ると、理論を介在させなくてもよい時系列分析が活発になるとともに、「合理的期待」を基盤とする新たなマクロ経済学を構築する動きが広がる。「理論離れ」と「新理論の追究」

が同時に起きたのである。

そして、「カリブレーション」と呼ばれる計測手法が新理論のパートナーとなった。新理論に付随する形で生まれたデータ分析の手法であり、新たなマクロ経済学を奉じる学者たちは「理論と実証」のバランスを保ちながら勢力を維持・拡大している。マクロ経済学の勢力図は大きく変わったものの、理論を支えるためのデータ分析は従来以上に活発になっている。

ルーカスは「人々の将来に対する予想（合理的期待）を考慮しない伝統的なマクロ経済学は個人や企業の行動原理と合わないばかりではなく、誤った政策判断をもたらす」と批判した。ルーカス批判後、マクロ経済学を、個人や企業の合理的な行動をモデルに取り込んだ理論（ミクロ的基礎づけと呼ぶ）として再構築する動きが広がった。人々の期待を考慮し、パラメータの値が政策変更によって変化しないモデルが主流となっていく。

新しいマクロ経済学の旗手は、ルーカスの後継者であるアメリカのエドワード・プレスコット（1940〜2022）とノルウエーのフィン・キドランド（1943〜）だ。2人は2004年にノーベル経済学賞を受賞している。

プレスコットとキドランドは、マクロ経済政策には「時間的非整合」の問題があると指摘した。政府が裁量に基づいて政策を実行していると、明確な基準がなくなり、国民から信頼されなくなる恐れがある、という仮説である。

例えば、自然災害の危険性が高い場所に住宅を建設したい人がいるとき、政府には、あらかじめ規制をかける、あるいは自由に建設させるが、仮に災害が起きても救済措置は一切講じない、という選択肢がある。自由市場の原則に従うなら後者の方が望ましいが、実際に自然災害が起きると、救済を求める声を無視できなくなる。政府が救済の前例を作ると、その後いくら救済措置は講じないと主張しても国民は信用しなくなり、救済を見越して危険区域で住宅建設を進める業者も出てくる。

同様な仮説はインフレーションを抑制する政策にも当てはまると2人は説く。政府はインフレを抑制する方法を知っていても、本気で取り組む姿勢を示さないと、国民は信用しなくなる。国民のインフレ期待が高まり、現実にインフレが進行してしまう。そこで、貨幣供給量の増加率を一定にするルールを設け、政府はルールを厳守すべきだという。この主張の源流はフリードマンのマネタリズムである。

「失業」の概念がないマクロ理論が登場

プレスコットとキドランドが1980年代初頭に打ち出したマクロ理論が、実物的景気循環（リアル・ビジネス・サイクル＝RBC）理論である。

モデルに登場する家計（個人）は多くの期間にわたって消費し、企業は多くの期間にわたって生産する。家計は自分の時間を労働と余暇に振り分け、働いて得た所得を貯蓄と消費に振り分ける。

企業は個人が提供した労働と資本を使って生産し、賃金と利子を支払う。設備投資は複数の期間にまたがる。生産財、資本、労働の各市場に家計と個人が参加するモデルであり、各市場ではすべての期間にわたり、需給のバランスが取れた一般均衡が成立する。

ＲＢＣには「失業」という概念は登場しない。不況とは、「個人が働いて得る所得によって可能になる消費よりも、余暇の方を選ぶために働く時間を減らし、その結果として雇用と生産が減る」現象である。失業は、個人の選択の結果であり、ケインズの言う「非自発的失業」は存在しない。

個人や企業の現実の行動や、マクロ経済の動向と照らし合わせると、ＲＢＣの「非現実性」は際立つが、２人は意に介さない。

キドランドはノーベル賞記念講演で、ルーカスの主張を全肯定しつつ、引用した。「経済理論の役割の一つは、整えられた人工的な経済システムを提供することである。実際の経済を対象とした実験がかなり大きな費用を伴うのに対して、実験の代わりに経済理論を使えば、その費用をかなり抑えられるのである」。

ＲＢＣを自画自賛する発言として捉えると、反発する人もいるだろうが、この発言は「経済理論を構築する目的は」という問いへの答えであり、経済理論の本質をうまく表現しているといえる。「整えられた人工的な経済システムの提供」という視点に立てば、ＲＢＣはもちろん、ルーカスが批判したケインズのマクロ体系から、レオン・ワルラスの一般均衡理論、カール・マルクス（１８１８～83）の搾取理論に至るまで、あらゆる経済理論は、その役割を果たしてきたのではないか。

「カリブレーション」で新理論を計測

様々な経済理論はどの程度、現実をうまく描写しているのか。理論を参照すると正しい政策判断ができるのか。そうした判断を下すのに役立つ有力な手段が実証、計測である。

プレスコットとキドランドは「マクロ経済政策を評価するための新たな枠組み」を提供し、それがノーベル経済学賞の2つ目の授賞理由となった。新たな枠組みをカリブレーションと呼ぶ。

カリブレーションとは、もともと測定機器にメモリを付ける作業を意味する言葉だ。測定機器にメモリがあるからこそ、様々な現象の比較や、特定の主体の変化の観察が可能になる。

経済学では、経済現象のシミュレーション分析をする際に、経済モデルに含まれるパラメータの値を設定していく行為を指す。経済モデルを経済現象の動きを捉え、測定する機器だと考えるなら、モデルにはメモリを付けなければならない。

生産性や政府支出にショックが起きたとき、国内総生産（GDP）や雇用、資本ストックといった経済変数がどのように変化するのかを理論モデルから推測できる。推測した結果と現実の観察データを比べ、政策の効果などを分析する。

経済モデルを「カリブレート」し、コンピューターを使って分析する手法がマクロ経済学者の間で急速に普及していく。

カリブレーションの手法を駆使したマクロ経済分析は、よくテストされた理論を構築し、その理論を使って定量的な政策評価や実験をするのが目的だと2人は強調する。1990年代までは、研究者の間にカリブレーションの是非を問う声があったが、近年では、そうした声はほとんどなくなり、研究手法としてすっかり定着したという。

マクロ経済学では、シムズらによるマクロ時系列分析が活発になったものの、「理論なき計測だ」との根強い批判があるとすでに述べた。RBCは、マクロ時系列分析に基づく成果であり、マクロ経済学が「理論主導の計測」を取り戻す契機ともなった。

伝統的なケインズ経済学の総需要・総供給分析では、GDPは一時的に変動すると考える。したがって、短期ではトレンド（長期的な傾向）から乖離しても、長期にはトレンドに戻る。

一方、RBCでは、経済は常に均衡状態にあるため、GDPを変化させるショックは持続的な影響を及ぼす。マクロの時系列データを分析する意味が出てくる。

経済学界の勢力図をみると、マクロ経済学の分野では、RBCとカリブレーションという理論と実証の手法を手に入れた新古典派経済学を基盤にする経済学者が圧倒的な優位に立ったのである。

RBCはその後、「動学的確率的一般均衡」（Dynamic Stochastic General Equilibrium：DSGE）モデルへと発展する。個人や企業の「最適化」を基礎とするミクロ経済学に基づくモデルだ。個人の効用関数や企業の生産関数のパラメータといった、政策変更の影響を受けないパラメータを推定し、ルーカス批判に対応している。

理論の面では盤石となったが、DSGEには現実のマクロデータの動きをうまく捉えられない難点があった。

しかも、80年代以降も世界経済の景気循環は続き、各国は旧来の財政・金融政策に頼りながら経済を安定させようとした。合理的期待や一般均衡を理論の前提に置くRBCやDSGEから「政府の介入は不要だ」という結論が出てくるのは当然であり、政府や中央銀行の側からは「あまり実用性がない理論」に見えたのである。

脚光を浴びるニュー・ケインジアンモデル

そんな評価を受けつつ、1980年代後半ころから登場してきたのがニュー・ケインジアンのモデルだ。経済学界では、ニュー・ケインジアンという呼び名は普及しているが、厳密な定義はない。どの経済学者がニュー・ケインジアンなのかも、必ずしも明確ではないが、現代マクロ経済学の主流派と位置づけられている。

ケインジアンの名称がついているが、従来のケインジアン（オールド・ケインジアンとも呼ぶ）が伝統的なケインズ経済学に依拠していたのに対し、ニュー・ケインジアンが依拠するのはRBCやDSGEであり、伝統的なケインズ経済学が対峙してきた新古典派経済学の系譜に連なる学派である。

ニュー・ケインジアンたちはDSGEに「価格の硬直性」や「調整の失敗」といった「市場の摩

擦」や「市場の歪み」を惹起する要素を取り入れ、モデルをより現実に近づけようとする。ニュー・ケインジアンは市場の摩擦や歪みを引き起こす要素を増やし、モデルを拡充している。そうすればモデルが現実に近づき、「データへの当てはまりがよい」からだという。

2008年、リーマン・ショックが発生すると、主流派の地位を確立していたDSGEモデルに強い逆風が吹いた。一般均衡理論を基礎に置くDSGEは危機を予見できなかっただけではなく、有効な対策を提言できなかったためだ。RBCやDSGEにはカリブレーションという強い味方があり、モデルの正しさを、コンピューターを駆使してデータで裏付けていたはずだった。カリブレーションによるパラメータ設定にはどんな意味があるのか。モデルにお墨付きを与えるために、適当なデータをそろえているのではないか、といった疑問の声が湧きあがった。

ポール・クルーグマン（1953〜）はこの当時、DSGEが主流となった過去30年間のマクロ経済学の潮流を「マクロ経済学の暗黒時代」と命名し、「その期間のほとんどの研究はよく言っても驚くほど無益、下手をすれば明らかに有害だ。ルーカス批判後のマクロ経済学はケインズ経済学を旧時代の遺物として捨て去り、貴重な教訓を忘れ去ってしまった」と断言した。クルーグマンは、リーマン・ショックが起きた2008年にノーベル経済学賞を受賞した。授賞分野はマクロ経済政策ではなく、貿易理論だったが、何らかの政治判断が働いたのではないかとの声も出た。

リーマン・ショックに直面した主要各国は、巨額の財政支出や金融緩和策を実行して何とか危機を乗り切った。「政府の介入は不要」と唱えるDSGEを批判する論者が後を絶たなかったのである。

伝統的なマクロ計量モデルはなお有効だと説く経済学者も一部に現れた。マクロ計量モデルは変数が多く、DSGEでは扱えないような経済の細かい項目を取り扱える。DSGEは経済変数の定常状態からの「乖離」を説明するが、計量モデルは「水準」を説明の対象にするので、意味を読み取りやすいと指摘した。

現に、マクロ計量モデルは経済学界からは駆逐されたものの、各国の政府や中央銀行、国際機関や民間シンクタンクなどは利用を続けている。ニュー・ケインジアンモデルを取り込んでいる政府や中央銀行も多いが、伝統的な計量モデルを捨て去ったわけではなく、両者の折衷を目指す動きもある。マクロ計量モデルは現在も、現実の世界で生き残っているのだ。

リーマン・ショックから時間が経過するにつれ、DSGEを非難する声は少しずつ弱まった。DSGEはルーカス批判に耐えられるマクロ経済モデルとして改良を加えられながら、経済学界の主流モデルとして生き残ってきた。

改良を重ねるマクロモデルは「プトレマイオスの天体論」

この様子を東京大学名誉教授の岩井克人(1947〜)は「まさに、プトレマイオスの天体論のようだ」と表現する(岩井 2021)。古代ローマの学者、クラウディオス・プトレマイオス(83〜168年ころ)は地球を宇宙の不動の中心とみなす天動説の枠組みの中で、地球を中心とする円軌道から大きくはずれているように見える5つの惑星の動きを説明するために、最初の円軌道の上に周転円という小さな円軌道を付け加えていった。

DSGEを奉じるマクロ経済学者たちは、一般均衡理論という天動説を守るために「市場の歪み」という形で小さな円軌道を付け加える作業に余念がない。この枠組みにとどまっている限りは、再び、リーマン・ショックのような事態が発生したときはもちろん、通常の景気循環を説明するモデルとしても役には立たないというのが、岩井の認識である。

DSGEがこれからもマクロ経済学の主流モデルとして鎮座し続けるかどうかは不明だ。ただし、DSGEを支えているカリブレーションの方はDSGE以外の理論を裏付けるデータ分析にも幅広く使えるという触れ込みである。

また、マクロ経済学のデータ分析では依然、マクロの集計データを使う研究が多いものの、集計前のデータ（ミクロデータと呼ぶ）を活用してマクロの経済現象を分析する研究事例も増えている。マクロ経済学の「数量化とミクロ化」の流れはこれからも変わらないとみる向きは多い。

第1章から、草創期以来の計量経済学の動きを追ってきた。計量経済学の中心はケインズ経済学を支えるマクロ計量経済学だったが、ルーカス批判を受けて権威が失墜し、マクロ時系列分析という新たな手法が台頭した。一方、ケインズ経済学を凌駕する形で勃興した新たなマクロ経済学はカリブレーションという計測手法を身にまとい、理論構築とデータ分析に邁進している。

これまでの記述の主人公はマクロの実証分析であり、マクロ経済学の足跡と重ね合わせながら物語を展開してきた。

本章の後半では、もう一人の主人公であるミクロ実証分析の動きを追う。1990年代に入ると計量経済学やデータ分析の世界に大きな変化の波が押し寄せ、風景が一変する。21世紀の経済学界を席巻し、データ分析一色の状況を作り出しているのは、ミクロ実証分析である。

100年後の経済学を予測

話を先に進める前に、1冊の本に触れたい。ジョン・D・ヘイ編『フューチャー・オブ・エコノミックス』(ヘイ編 1992)である。第1章で紹介した、1891年に創刊した学会機関誌『エコノミック・ジャーナル』の創刊100周年を記念した本で、「次の100年の間に経済学はどうなるのか」を共通のテーマとし、経済学者22人の寄稿を収録している。

22人の経済学者たちは1990年時点で経済学の現状をどのように捉え、未来をどのようにみていたのか。「理論と実証」の関係やデータ分析の持つ意味に関しても、同書は非常に興味深い視点を提供している。データ分析一色となっている現在の経済学界の姿を予想している学者もいる。本書のこれまでの論点とも重ねながら、5人に絞って寄稿を紹介したい。

22人のトップバッターはミルトン・フリードマンだ。寄稿のタイトルは「新しき革袋に古き酒を」

（フリードマン　1992）。創刊号から最近号までの100年分に目を通し、傾向を探っている。創刊号の論文のテーマの一つは「同一労働における男女間の賃金格差」で、第98巻（1988）には「女性の雇用と相対賃金」が載っているが、両者の結論は似通っている。

創刊号のオリジナル論文リストをテーマ別に分類すると、労働問題が8、貨幣が4、学説史が4、社会主義の関連が3、関税が1。第99巻（1989）では、労働問題が8、学説史が4、貨幣が3、社会主義の関連が1、関税が1である。創刊号と直近号の論文のテーマはあまり変わらない。フリードマンは「驚くべきことに、経済学の専門的な議論の実質的内容は、19世紀から今日までほとんど変わっていない」と記している。

日本語版の監修に当たった鳥居泰彦（1936〜2019）は日本語版序文で22人の見方には共通点が多いと指摘し、「われわれの経済社会が抱えている問題は、100年前と今とほとんど変わってはいないし、人間社会の経済問題の本質は、100年後も変わらないのではないか」との見方を共通認識の筆頭に挙げている（鳥居　1992）。

100年変わらぬ経済問題

フリードマンは、100年間で経済問題は変わっていないとする一方、「経済分析に使用される言語は、この間に著しく変化した」と指摘する。創刊号には数学的な記号は一つも見当たらない。状況が一変したのは第2次世界大戦後。数学と計量経済学の用語が台頭し、論文、解説の半分を数学が占め、数表では複雑な計量経済学の計算結果を示している。英語は単に補助的な役割を果たす第2の言語にすぎなくなっている。

学問の分野として、経済学の専門化が進んだためと、フリードマンは変化の背景を分析する。英語を理解できれば一般の読者にも楽しめた初期のころとは異なり、数学と計量経済学の学識がなければ読みこなせなくなっている。自分も数学と計量経済学を幅広く活用してきたというフリードマンは、論文の専門化は、経済学が円熟し、洗練され、活力に溢れてきたことの反映であり、全体としては良いことだ、と評価している。

フリードマンによると、変化の原因はもう一つある。経済分析へのコンピューターの導入である。コンピューターは、現代の経済学にとって極めて生産的な用具であるが、限界を超えて使うと危険を伴う。コンピューター革命は、経済学者に数学と計量経済学に対する信頼をもたらしたが、初期の勢いが臨界点を超え、経済学の効率を低下させ始めたという。

例えば、多重回帰式を計算するのに、45年前なら3カ月はかかったが、コンピューターの導入で40時間程度に減り、パソコンの導入で30秒もかからなくなった。この恩恵は計量経済学研究の質の低下をもたらしている。「信頼できないデータから導かれた結論は、信頼できない」現象が起きている。

一方、コンピューターと同様に現代の経済学の広範な分野で使用されている数学は、経済分析の能力を飛躍的に増大させたが、数学は理論を表現したり、情報を伝達したりするためではなく、情報や理論を印象づけるために使われている傾向があると警鐘を鳴らしている。

寄稿の最後に、100年後も純粋理論や記述的統計学、計量経済学は分析の手段として使われると予測。「過去一世紀にわたって行われてきた経済学の教育や著述を振り返ってみたとき、第一に学ぶべき教訓は、注意深いことと、慎み深いことであると思う。過去にわれわれが熱中し、いったんは捨て去った問題に再度アプローチするときは、なおさらそうであるべきである。われわれ経済学者は、しばしば間違っていたのだから」と、ある経済学者が1907年に出した結論を引用しつつ、経済学者たちに自制を呼びかけている。

フリードマンにとって数学と計量経済学は経済問題を論じるために欠かせない手段である。数学の多用や、コンピューターの導入で計量経済学の高度化が進んでいる現状を見て、行き過ぎではないかと心配しているが、高度化の流れにストップをかけるべきだ、とまでは言っていない。

また、数理経済学（理論）と計量経済学（実証）の関係を問うような記述はなく、「理論分析を補助するための実証分析」という円満な関係を前提に議論を展開している。

ジョセフ・スティグリッツ（1943〜）は「経済を描写する基礎的な理論モデルに関しては、意見が分かれる」と指摘し、経済理論の現状と今後の展開を記している（スティグリッツ 1992）。スティグリッツは2001年にノーベル経済学賞を受賞したが、その10年前のエッセイである。

スティグリッツによると、ある種の経済学者たちは、経済主体は完全な情報を持っていると想定し、合理的な行動をする消費者と利潤を最大にする企業が構成する競争市場の理論モデルを構築してきた。

そして、この理論モデルが経済の構成要素の行動と、集計量としての経済行動の双方を説明する基本モデルだと考えている。これに対して他の経済学者たちは、この競争市場モデルの使用には慎重だ。

スティグリッツは実名を挙げていないが、前者の代表はフリードマンやルーカスらであり、自身は後者に該当する学者の一人であろう。スティグリッツはこの記述に続き、これからどんな経済理論が登場するのかを見通している。

スティグリッツは様々な経済理論の「本質的な違い」に目を向ける一方、「実証」の側面には問題がないとみているようだ。経済学は、経済データを分析し、予測し、代替的な仮説をテストするための強力な分析ツールを開発した。多くの経済学者は分析に使うツールに関しては意見が一致する、と簡単に言及するだけだ。フリードマンと比べても、理論志向の強さがにじみ出ている。

経済学と経営学の橋渡しに力を入れたアメリカのウィリアム・ジャック・ボウモル（1922〜2017）は「経済学が数学偏重になってしまった」と現状を憂慮し、実証分析の大切さを訴えている（ボウモル 1992）。

経済学はできるだけ多くの花を咲かせる方がよい。多くの花の中でも最も抽象性の高い、数理経済学者の仕事も必要だ。ただ、多くの学生が数学的手法の修得にかなりの時間をつぎ込まなければ学位を取得できないのは危険だ。有力な研究結果をもたらす可能性がある他の研究方法の導入を妨げ、数学以外の研究方法に優れた才能を持つ学生の能力を開花させるのを妨げているという。

ボウモルによれば、数学的手法の経済分析への応用によって、すべての経済問題が解決するわけではない。統計学的分析、実証分析、歴史分析などの研究方法によって多くの経済問題の解決はより容易になる。財政学、産業組織論、労働経済学では、数学以外の様々な分析手法を動員する余地が大きい。

そこで、大学では、計量経済学の方法論に関する教育をもっと重視するべきだと主張する。学生には計量経済学のテクニックをしっかりと学ばせ、使い方に習熟させ、様々な落とし穴に陥ることを避けるような訓練をする必要がある。ほとんどの学生は、学部レベルの教育を受けた後も実証分析の必要性に直面したり、実証分析が登場する文献や書物を読む必要に直面したりする。ほんのわずかの実証分析の方法を教えるだけで、学生が将来、ナイーブで見かけ倒しの論理に対抗するのを助けられる。

ボウモルは、数理経済学が経済学のヒエラルキーの頂点に君臨する現在の状況が変わるように期待するだけで、数理経済学が消滅したり、少数派になったりすることを望んでいるわけではないという。経済学界のその後の動きをみると、まさにボウモルが期待した通りの展開になっているようにも見えるが、現在が「多くの花が咲いている」状態だといえるかどうかは、見方が分かれるだろう。

イギリス出身のジャック・ジョンストン（1923～2003）は自身が専門とする計量経済学に焦点を当て、未来を占っている（ジョンストン 1992）。

ジョンストンによると、計量経済学には、経済領域の謎を少なくともいくつかの部分で量的に解決するという望みがあった。例えば、抽象的な需要曲線と費用曲線にとって代わる経験主義的な分析方法を確立し、理論経済学者が数学的概念の表現に好んで使うギリシャ文字をデータに置き換えようとした。経済システムの中に法則性を発見しようとしたのである。しかし、計量経済学が最後にたどり着いた野望は、似たり寄ったりの2つの理論を「識別」するといった程度のレベルだった。

ジョンストンは1950年代から1975年までを「計量経済学の黄金時代」と位置づける。「ルーカス批判」前の時代であり、マクロ計量経済学の全盛期を指すとみてよいだろう。

この当時、主流派の計量経済学者は様々な経済理論から、自分の分析目的に関連がある数学的表現を抽出したが、応用には耐えられなかったという。

この部分の説明はやや抽象的で、当時の計量経済学者たちが実際に何をしていたのかは分かりづらいが、計量経済学者たちは、経済学の頂点に君臨する経済理論を実証分析で凌駕しようとしたものの、成功しなかったとジョンストンは認識している。

計量経済学が既存の経済理論を乗り越えられなかった理由はいくつかある。第1に、計量経済学者たちが作り出した方程式（モデル）は均衡状態への調整経路を説明できなければならないが、現実のデータは不均衡から不均衡への移動を反映しており、データとうまく合わなかった。

第2に、計量経済学者たちが利用できるデータは公表されている統計データに限られ、経済学の研究に必要な要件を満たすように工夫されたデータはほとんどなかった。学者が入手できるデータのほとんどは、政府や企業が管理上、必要とする情報のデータベースから取り出した副次的なデータであり、データと理論上の概念との間には常に本質的なギャップが存在する。しかも、より重要なデータは公表されない。

第3に、計量経済学者は、古典的な統計学の推測の方法を使っていた。統計的推論の手法は実験的な科学にとっては妥当性があるが、実験によらない経済データへの応用には、かなりの修正を必要とした。計量経済学で活用している統計学的方法論の妥当性については依然、多くの議論がある。

計量経済学の3学派

ジョンストンは、計量経済学には主に3つのセクトが存在すると説明している。古典派、ベイジアン、ミネソタ不可知論派である。古典派はかつて圧倒的な勢力を誇っていた時期があり、経済理論の基礎をなす仮説を作り上げ、変数を測定し、様々なテストを実施した。仮説検定の方法を、理論の妥当性を判定する唯一の基準とした。

ミネソタ不可知論派の代表はクリストファー・シムズである。経済理論によって経済関係を定式化することはできないと考える立場だ。ベクトル自己回帰の手法を主に使う。理論の制約が最小限度で済む利点がある。不可知論派の計量経済学者は、自らの分析手法にベイジアン統計を取り入れようとしている。

説明を補足しておこう。経済学に統計学の手法を取り込んで誕生した計量経済学の流派は、統計学の流派に対応している。

ジョンストンの説明に合わせる形で統計学を分類してみよう。統計学は「記述統計学」と「推測統

図2－1　統計学の分類

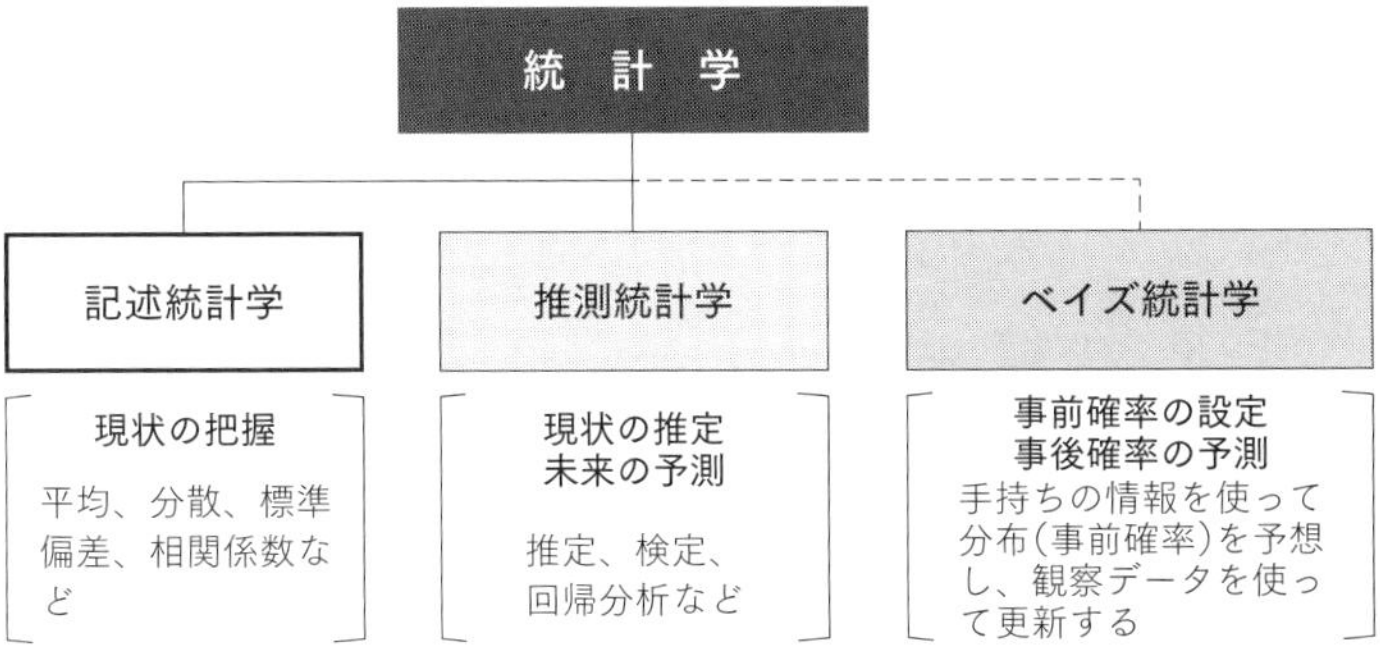

筆者作成

計学」に大別できる。

記述統計学とは、収集したデータが持つ情報を要約したり、整理したりするための手法である。例えば、学校のクラス全員の身長や体重のデータを集めても、それを漠然と眺めているだけでは傾向や特徴をつかみづらい。そこで、平均値を出したり、グラフを書いたりしながら、データの背後にある構造や本質を理解しようとする。

推測統計学は「頻度論的統計学」と「ベイズ統計学」からなる。ベイズ統計学を推測統計学には含めず、独立した分野とみなす分類の方法もある（図2－1参照）。頻度論的統計学とは、集めたデータ（標本）から母集団の特徴を推測しようとするアプローチだ。ある集団の特徴や構造を把握するために、その集団に属するすべてのメンバーのデータを集められればよいが、現実には難しい場合がほとんどだ。日本人の○○を調べようとしても、データは一部しか集まらない。そこで、確率の考え方を導入し、集まったデータ（標本）から日本人（母集団）の特徴を推測する。推測の確かさを検定によって確かめる手順を踏むのが、このアプローチの大きな特徴だ。古くから存在し、多数派を占めてきた手法であり、記述統計学と合わせて「古典統計学」とも呼ぶ。

ジョンストンのいう古典派は、この手法を活用する流派を指す。

古典派に比べると「新しい」流派とされるのが、ベイズ統計学である。ベイズ統計学の核となるのは「事前確率」と「事後確率」だ。事前確率とは、データを観察する前に、自分が持つ知識や経験、情報を使って予想した確率を指し、主観的な確率である。事後確率とは、実際に観察したデータをもとに更新した確率を指す。自分の仮説が正しい確率は何パーセントなのか、データを集めながら、確率を更新していく。仮説の「検定」は不要だ。

ジョンストンは、3学派のうちどれが生き残るかは、知的ダーウィニズム（自然淘汰と進化）によると明言を避けている。1990年代以降、経済学の実証分析は大きく変わり、計量経済学にも変革の波が押し寄せるのだが、ジョンストンの視野にはまだ入っていない。

理論と実証の話題に戻そう。経済学界では理論研究が過剰な一方、応用（実証）研究の比重が少なすぎるとの基本認識がジョンストンにはあり、実証研究のプレゼンス向上を願ってきたものの、期待外れの結果に終わっている。「実証」は「理論」を超えられなかったのだ。

ジョンストン自身が応用研究に取り組むときも、推計された経済学的な関係の脆弱さがぬぐいがたい印象として脳裏をよぎるという。時間やデータ、国あるいは地域の違いを超えた普遍的な法則性をなかなか見出せない。計量モデルの不安定さは、経済の諸関係の定式化が不正確なためである。計量モデルは構造変化や緩慢な進化、ランダムな不安定性の影響を受けやすい。計量経済学者は常に構造変化の影響をテストし、モデルに組み込まれていない他の要因をモデルに組み込むために懸命の努力をする必要がある。

中年の域に達した計量経済学

少年時代を過ごしていた計量経済学は今や中年の域にさしかかろうとしている。すでに「中年の危機」に遭遇していると評する者もいる。ジョンストンは計量経済学の足跡をこう総括したうえで、現在（1990年時点）の計量経済学には、コンピューターの目覚ましい発達、膨大なコンピューター・データベースの存在、様々な統計手法の確立の3つの特徴があると指摘する。

推定、検定、診断の手続きに関するおびただしい数の手法が開発され、あまりの急増ぶりに経済学者でさえ、それぞれの手法の性質、長所、短所などを把握しきれていない。平均的な応用計量経済学者でも、どの研究手続きを採用すべきか、判断できなくなっている。

半面、内容をよく理解していない人でも、計量経済学のソフトウエア汎用プログラムを作動できる。どこで入手したか分からないデータをそのままコンピューターで分析することも可能だ。一つの経済状況について、その背景となる歴史や制度を学んでいない人でも何らかの結論を引き出せる。多くの研究論文には、編集の過程で削られることなく、計量経済学の墓場に葬られずに生き残った無意味な回帰方程式がかなり含まれている。

計量経済学者がデータから独自の法則性を見出す努力は実を結ばず、黄金時代は過ぎ去った。半面、コンピューターの発達と統計ソフトの普及に伴い、内容をよく理解しなくても計量分析から何らかの結論を出せるようになっている。

ジョンストンは、将来はさらにこの傾向が強まり、経済学者がコンピューターの虜と化し、経済発展の予測や研究上の意思決定過程の推測に役立てようと、データ分析に明け暮れている姿を想像している。

1990年代から加速した、経済学の「理論と実証」をめぐる激変は予測できなかったものの、コンピューターの普及による研究スタイルの変化を見事に的中させている。

ミクロデータ活用は経済学の切り札

最後にイギリスのアンドリュー・オズワルド（1953〜）のエッセイを紹介する（オズワルド 1992）。

「わたしの若いころの経済学の雑誌は、社会性、現代性に富んでいて、企業、労働者、消費者に関する情報を満載していた。ところが、いまでは難解な代数がただ並ぶばかり。100年後にはどうなっていることやら……」。これはよく聞く典型的な批判であると冒頭に記し、この批判に根拠はあるのだろうか、この小論でそれを確かめようと思う、と続ける。そこで、経済学の研究論文とデータの関係を調べたという。

調査の対象は『エコノミック・ジャーナル』の1959〜90年までの付録を除く全号の論文。集計データではない、ミクロデータを使用している論文かどうかが、調査のポイントである。理論経済学者も応用経済学者も、研究で扱うデータはできるだけ集計データではないほどよいという点にはたぶん同意するだろうとオズワルド。ミクロレベルの実証研究の基盤はミクロの理論モデルである。ミクロ理論は経済学の主流であり、ミクロ経済学の基礎であると同時に、マクロ経済学にとっても基本となっている。オズワルドはこう説明したうえで、「労働経済学の分野ではミクロデータを使用した研究が増えているという調査結果があり、この種の変化によって科学的経済学は絶滅を免れるだろう」という経済学者の発言に言及している。

オズワルドの記述は、ルーカス批判後の経済学の潮流を反映している。ミクロ経済学は経済学の主流であり、マクロ経済学にとっても基本だとの見方は、主流派の経済学者の見方であり、現在も基本的に変わらない。

伝統的なマクロ計量経済学は主に集計データを扱ってきた。集計データとは、調査で得られた個々のデータを足し合わせたデータである。研究者の手元にデータが届く前に行政や調査機関などの手が加わっているため、必ずしも研究者のニーズに合わない。ミクロデータであれば、研究者の思いのままにデータを分析できるというわけだ。

オズワルドはミクロデータを、「ケーススタディ（事例研究）のデータを活用」、「論文の著者が実施した小規模な標本調査または実験のデータを活用」、「論文の著者が自ら直接集めたのではなく、コンピューターで処理されたデータを活用」、の3種類に分類した。マクロ経済学や国際貿易の分野で集計データを使った論文は除外した。個人の消費者調査データとマクロのデータをともに使っている論文や、詳細なアンケート調査も実施しているマクロの時系列研究など分類が難しい事例もあるが、「疑わしきは罰せず」の原則に従って対象に含めた。

ミクロデータを活用した論文は1960〜69年は5％、1970〜79年は15％、1980〜89年は17％という結果が出た。『エコノミック・ジャーナル』の寄稿者たちは30年前に比べると3倍の割合で、ミクロデータを活用した論文を書いている。急増したのは70年代中ごろで、80年代は頭打ちになっている。この結果をみる限りでは、冒頭の批判を支持する証拠は全く見つからないと結論づけている。

オズワルドの議論はここでは終わらない。『エコノミック・ジャーナル』と経済学を代表する専門誌『アメリカン・エコノミック・レビュー（*The American Economic Review*）』の論文のうち半分は全くデータを使っていないという調査結果（1988）にも触れている。

オズワルドの調査でも、ミクロデータを活用した論文のウエイトは80年代に頭打ちとなっている。経済学はある種の均衡にあり、多くの研究者は経済学を一種の数理哲学として扱っている。この状態が望ましいとはどうしても思えないと強調している。

オズワルドは経済理論を決して軽視しているわけではない。経済学者の多くは、経済学は経験的な証拠だけではなく、理論が必要だと考えている。応用研究があまり役に立たない相関関係の単なる羅列に堕してしまう可能性を認識している。重要かつ難しい経済問題は理論研究と実証研究との最適な分業によって初めて分析できると、エッセイの中でも断っている。

ミクロデータを活用した研究こそが経済学が命脈を保つための切り札である。現実にそうした研究は増加傾向にはあるが、「理論と実証の最適な分業」を実現するうえでは不十分だ。オズワルドは現状に物足りなさを感じながら筆を置いているが、その後の展開をどうみているのだろうか。

経済学で扱う「データ」とは

ここで、経済学で取り扱うデータとは何か、どんな種類があるのかをまとめておこう。オズワルドは集計データ（マクロデータ）とミクロデータの違いを強調したが、それ以外にもいくつか分類の方法がある。以下は『経済学を味わう――東大1、2年生に大人気の授業』（市村ほか編 2020）、『新版 進化する経済学の実証分析』（経済セミナー編集部編 2020）などの記述を参照している。

市村英彦は、実証分析で活用するデータを4つの角度から整理・分類している。

1つ目は観察の単位が意思決定の主体と考えられるかどうか。観察対象の単位が意思決定の主体と考えてよいときはミクロデータ、そうでないときはマクロデータ（集計データ）である。例えば、A

さんの生活費を調べるとき、自分の生活費を決めているAさんから聞き取ったデータはミクロデータである。世帯や個人別のデータを「個票データ」とも呼ぶ。一方、生活費に関連する市区町村別の集計データや、国の国内総生産（GDP）データなどは集計データである。

2つ目は、データの発信元である主体の意思決定に関係する、他の意思決定の主体に関するデータを含むかどうか。例えば労働者に関するデータと、その労働者が働いている企業のデータを組み合わせて集めたデータ、企業に関するデータとその企業と取引がある企業に関するデータ、友人関係のネットワークを網羅したデータなどを「マッチドデータ」、「ネットワークデータ」と呼ぶ。

3つ目は、観察の対象とする主体が時間とともに変化するデータを含むかどうか。観察の対象が一時点にとどまるなら、「クロスセクションデータ（横断面データ）」と呼び、時間の経過に伴う変化を追跡するデータを「時系列データ」と呼ぶ。複数の対象を、複数年にわたって追ったデータ（追跡型横断データ）を「パネルデータ」と呼び、関連する複数の対象を記録しているなら、「マッチド・パネルデータ」という。同じ質問に対応するクロスセクションデータが複数年にわたって存在するものの、同じ対象を追跡していないときは「反復クロスセクションデータ」と呼ぶ。

4つ目は、実社会での人々の行動から得られた「観察データ」なのか、何らかの人為的な介入があって生まれた「実験データ」なのかという分類である。

ミクロ計量経済学が主に扱うデータはミクロデータである。クロスセクションデータや反復クロスセクションデータ、マッチドデータ、ネットワークデータ、パネルデータ、マッチド・パネルデータをよく使うという。また、因果関係を識別するときには、実験データを使う場合もあれば、観察データをうまく利用する分析もあると説明している。

本書では、4つ目の「実験データ」にはこれまで触れてこなかったが、「実験」や「実験データ」は、経済学界に「実証分析革命」とでも呼べる状況をもたらしている重要な要素であり、改めて説明する。

以上は、経済学が取り扱うデータの「集め方」を基準にした分類といえよう。

経済学には限らないが、データ分析全体に多大な影響を及ぼしているのが、「ビッグデータ」である。フリードマンらも触れているが、コンピューターが発達するにつれ、研究者が処理できるデータの量は増え続けている。従来のデータ量を大きく上回るデータをビッグデータと呼び、日常用語としても普及している。

コンピューターの発達は数十年前から続く現象である。どのラインを超えればビッグデータと呼んでよいのか、明確な基準はないが、現在が「ビッグデータの時代」であるとの認識に異を唱える人はほとんどいないだろう。インターネットやスマートフォンの登場、データ処理技術の向上もあり、2000年代以降のデータ容量は従来とは異次元の域に達し、研究環境を激変させているのは間違いない。

新技術がもたらすデータ分析の革新を踏まえ、データを「形態別」に分類してみよう。北村行伸（1956〜）によると、数値データ、テキストデータ（電子メール、ツイッターのつぶやき、新聞記事など）、レコード（ユーザーに関するデータ、タイムスタンプ付きのイベントデータなど）、地理情報に基づく位置データ、センサーデータ、画像・映像・音声データなど多岐にわたる（北村　２０２０）。経済学者が実証分析で活用してきたのは主に数値データである。他のデータにはあまり目を向けてこなかったが、状況は大きく変わりつつある。

澤田康幸（１９６７〜）は、データを出自（どこから出てくるか）別に分類し、携帯電話やＳＮＳの利用履歴のように個人の活動から生まれるデータ、行政機関や民間企業の業務から生まれるデータ、衛星画像のように機械が作り出すデータの3種類を挙げている（澤田　２０２０ｂ）。

さらに、北村の分類に従い、経済学者が数値データ、テキストデータ、地理情報データをどのように活用しているのかを解説している。

数値データには、個人の納税データといった「行政データ」（行政が統計の作成を目的に集めるデータおよび通常業務で利用するために記録する行政記録情報）や小売店の販売情報、クレジットカードの利用履歴など民間企業が蓄積している「業務データ」がある。失業保険の行政データ、カード利用による消費支出、ビジネスの収益に関する業務データなどを組み合わせ、新型コロナウイルスが経済に与える悪影響を明らかにした研究論文は一例だ。

テキストデータは、新聞やウエブサイト、ＳＮＳなどから得られる、主に文字情報を指す。ある研究者は米国主要紙の新聞記事をキーワード検索し、「経済政策不確実性指標」を作成した。アジア開発銀行（ＡＤＢ）はこの手法を使って中国の「貿易政策不確実性指標」を計測したところ、米中貿易紛争を反映し、2018年からこの指標が急上昇していた。貿易政策の不確実性は投資減退につながると結論づけている。

地理情報データには、携帯電話の基地局通信履歴（CDR）や、スマートフォンの情報通信データから得られる位置情報や移動履歴、地球観測衛星の画像を機械学習によって解読した地理情報などがあり、利用する経済学者が急増している。

CDRは、携帯電話からの通話やデータ通信の時刻や位置情報の記録であり、携帯電話を利用する人々の行動を知る手がかりとなる。ルワンダで収集した150万の携帯電話ユーザーのCDRデータを、小規模な電話調査や、人口保健調査のミクロデータと比較し、CDRデータが貧困状態や富の把握に役立つと指摘する研究もある。

衛星画像から得られるデータ解析によっても、貧困状態の把握は可能だ。家屋の屋根の材質などを衛星画像から割り出し、ルワンダを含むアフリカ5カ国の貧困の分布を明らかにした研究が注目を集めた。

都市や村落の明るさを夜間光のデータを使って調べると、GDPや経済成長の現状を把握できるとする論文は、衛星画像の活用が広がるきっかけとなった。

経済学者が入手できるデータ容量は過去とは比べものにならない規模に達し、データの出自も種類も多様化が進んでいる。

データの規模と種類の拡大が進むとともに、データ分析の手法も進化してきた。1990年代以降、

ＲＣＴ、統計的因果推論や機械学習といった新たなミクロデータの分析手法が登場し、実証分析の世界を大きく変えている。ＲＣＴや統計的因果推論の興隆を経済学の「信頼性革命」と呼ぶ向きもある。

ミクロ実証分析はどう変化してきたか

以下では、ミクロ実証分析の手法はどのように変わってきたのかを説明する。

最初に概略を示しておこう。実証分析の手法を論じるとき、「実験データ」と「観察データ」のどちらなのか、というデータの「集め方」に基づく分類が出発点となる。データの集め方は、収集したデータの取り扱いや、分析の手法を大きく左右する。

まず、実験データを使う研究手法を取り上げる。経済学の実験の方法にはいくつか種類があり、研究室の中で、特定の対象（例えば学生）を選んで実施する実験などを「ラボ実験」と呼ぶ。ラボ実験を研究の基盤とする「実験経済学」という分野もある。

実験室の外へ出て、より現実に近い状態を作って実施するのが「フィールド実験」であり、その代表がＲＣＴだ。

経済学者にとって、Ａ（原因）がＢ（結果）を引き起こす、という因果関係の証明は研究活動の根幹である。ところが、自然科学とは異なり、経済学を含む社会科学では、「ラボ実験」など限られた事例を除けば、実験によって因果関係の有無を証明するのは難しいとされてきた。

社会科学ではなぜ実験ができないのか。AがBの原因かどうかは、Aが起きた場合のBと、起きなかった場合のBを比べれば解明できるが、両方を同時に調べるわけにはいかないからだ。現実は「起きる」か「起きない」かのどちらか一方しかない。Aは「起きた」が、「仮に起きなかったらどうなったか」というシナリオを「反事実」と呼ぶ。経済学者が効果を試したいプログラムがあるとしよう。特定の集団を選び、プログラムに参加してもらえば結果は出るが、その集団がプログラムに参加しなかった場合の結果は不明だから、プログラムに効果があったかどうかを評価するのは難しい。この問題を「プログラム評価問題」と呼ぶ。

実証分析革命の主役はRCT

プログラム評価問題を解決できる有力な手法として普及してきたのが、RCTである。Aが起きた場合の結果と、Aが仮に起きなかったらどうなったかという反事実とを比べ、因果関係の有無を推論する「因果推論」の中でも最も有力とされるのがRCTだ。RCTは経済学の実証分析革命の主役といってよい。

例えば、ある集団の中から無作為(ランダム)に同じ人数のグループCとグループDを抽出し、効果を試したい政策(例えば一定額の給付金の支給)をグループCにだけ実行し、CとDの行動を比べる。このとき、グループCとDの違いは、その政策が実行されたか否かだけであるので、もし2つのグループの行動に違いがあれば、その違いこそが政策の効果であるとみなすことができる。Cを介入群、Dを対照群と呼ぶ。厳密にいえばCとDは同じではないが、ある集団の中からランダムに選んでいるCとDはほぼ均質だとみなせるため、Dは反事実の代わりになる。

RCTは実証分析の「理想形態」、「黄金律（ゴールドスタンダード）」、「エビデンス（証拠）レベルの階層（強さ）を表すピラミッドの頂点」とも形容されるが、実際にRCTを実施できる環境は限られている。多くの研究者は従来通り、「観察データ」を活用して実証分析に取り組まざるを得ない。

観察データを活用する実証分析を支えてきたのが、まさに計量経済学である。本書では、草創期以来の計量経済学の足跡をたどってきたが、1990年代に入ると、計量経済学の中心はマクロからミクロへと移行する。同時に、計量経済学の技法が一段と高度になり、観察データに基づく研究であっても、RCTに近い精度を期待できるようになった。「観察データ」の中に「あたかも人為的な実験を実施したかのような」状況を見出し、結論を導き出すのだ。それが「自然実験」と「擬似的実験」である。

「自然実験」と「擬似的実験」は厳密にいえば「実験」ではなく、「観察データ」を活用するが、エビデンスレベルが高いとされる分析手法である。

自然実験とは、法律や制度の変更、自然災害といった予期せぬ変化が起き、あたかもRCTを実行したかのような状況をうまく活用して因果関係の有無を研究する手法を指す。

「擬似的実験」は、予期せぬ変化を待つのではなく、観察データと計量経済学の統計手法を活用してＲＣＴを実施しているような状況を作り出す方法だ。「回帰不連続デザイン」、「差の差分析」、「傾向スコア・マッチング法」、「操作変数法」、「合成コントロール法」などの手法がある。自然実験や擬似的実験も、プログラム評価問題に対応する新手法といえる。

新手法に合うデータが手元にないときには「回帰分析」を活用できる。回帰分析は計量経済学の中核をなす手法だ。伝統的なマクロ計量経済学者たちは、ケインズのマクロ経済理論の体系を前提に、理論の正しさを検証する手法として回帰分析を多用してきたと、本書では説明してきた。ルーカス批判後、マクロ経済学の勢力図は塗り替わったが、回帰分析は実証分析の手法の一つとして生き残っている。

「実験」ができない制約の中で、観察データの背景にある因果関係やメカニズムを明らかにするために、経済学者たちは経済理論やモデルの助けを借りてきた。

ハーバード大学教授のダニ・ロドリック（１９５７〜）によると、経済学のモデルとは、要素間の特殊な関係の働きを、交絡因子（分析対象とする要素の双方に影響を与える要因）を隔離して単純に示したものだ。モデルは原因に焦点を当て、それがシステムを通してどんな結果をもたらすのかを示そうとする。モデルは、全体の中のある部分と別の部分のつながりがどのようなものであるかを明らかにする、人工的な世界である。

経済理論を参考にしながら、経済主体の意思決定や政策が効果を生み出す仕組みを表すモデルを作り、モデルの中のパラメータを、現実の観察データに基づいて推定する。これが「構造推定」であり、フィールド実験、自然実験や疑似的実験と並び、経済学の実証分析の柱をなす。

構造推定の手法は高度になっているが、構造推定そのものは古くからある考え方だ。ミクロ経済理論に基づくモデルを作り、観察データを当てはめながらパラメータを推定する手法と、マクロの同時方程式のパラメータを推定する手法を比べてみよう。両者が依拠する経済理論には違いがあるものの、回帰分析の手法を使って「モデルにデータを当てはめる」という発想は変わらない。

構造推定モデルの正式な名称は構造計量経済学モデルであり、コウルズ委員会が意図していた「経済理論と統計手法を融合させて、数量データや質的データを分析する」計量経済学の「真の後継モデル」だと評する向きもある。

一方、RCTや新たな因果推論の手法に比べると、回帰分析のエビデンスレベルは低いと指摘する研究者もいる。実証分析や計量経済学の風景は様変わりしているのだ。

市村英彦は、ミクロの実証分析を、何を測定対象にするのか、その対象をどのようにデータから識別するのか（＝識別問題）、その対象をどのように推定・検証するのかという3つの視点で整理している（市村 2010）。3つの視点からみると、経済理論に紐づいている構造推定と、それ以外の手法（非構造推定アプローチとも呼ぶ）には、本質的な違いがある。

図2-2　機械学習の種類

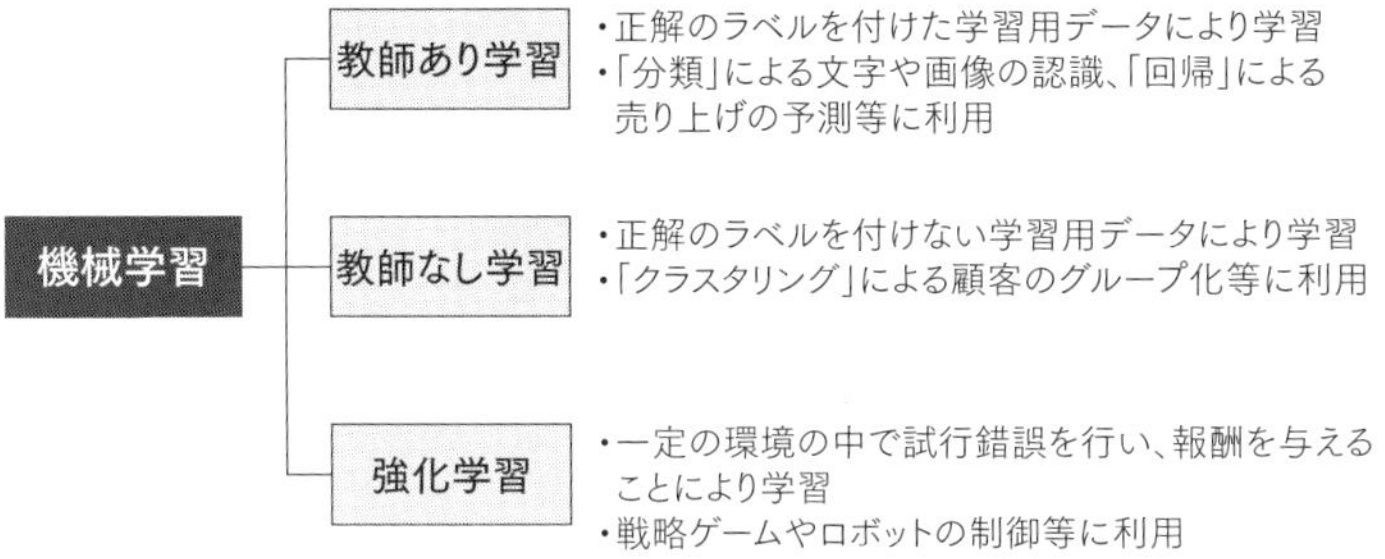
機械学習
教師あり学習
・正解のラベルを付けた学習用データにより学習
・「分類」による文字や画像の認識、「回帰」による売り上げの予測等に利用
教師なし学習
・正解のラベルを付けない学習用データにより学習
・「クラスタリング」による顧客のグループ化等に利用
強化学習
・一定の環境の中で試行錯誤を行い、報酬を与えることにより学習
・戦略ゲームやロボットの制御等に利用

これらのほか、教師あり学習と教師なし学習を組み合わせた「半教師あり学習」もある

『令和元年版 情報通信白書』（2019）をもとに筆者作成

機械学習の荒波

そして、経済学界の外から押し寄せている大きな波が「機械学習」である。

機械学習とは、コンピューター（機械）がデータから自動で学習し、データの背景にあるルールやパターンを発見するデータ分析の手法だ。学習の成果に基づいてコンピューターが「予測」や「判断」もできるようになってきた。

人工知能（AI）を実現する分析技術の一つが機械学習であり、人間を介在しない機械学習の手法が深層学習（ディープラーニング）である（図2-2参照）。

従来の統計学による仮説検証型のデータ分析では見つけられなかった発見や、高い精度の予測モデルの構築が可能になりつつある。

機械学習には、入力データと出力データ（正答）がそろっている「教師あり学習」、入力データの中から、データの背景にあるパターンや構造を見つけ出す「教師なし学習」、コンピューター自身が試行錯誤しながら精度を高めていく「強化学習」がある。

教師あり学習は、「正解のデータ」を機械が覚える方法だ。正しい結果を学習すれば、新たなデータを入力したときに「正解」を出力し、「識別」と「回帰」が可能になる。

識別とは、正解データをもとに、出力するデータとして「正しいもの」と「正しくないもの」を分類したり認識したりする機能だ。例えば、あらかじめ迷惑メールのパターンを学習しておけば、受信したメールが迷惑メールかどうかを判断できる。

回帰とは、時系列データを数値として学習し、将来を予測する機能である。例えば、企業の毎月の売上高を学習すれば、今後の売り上げの傾向を予測できるようになる。

教師なし学習は、大量のデータを学習してデータの特徴やパターンなどを覚え、それが正解かどうかを自ら判断する方法である。代表は「クラスタリング」だ。

クラスタリングとは、大量のデータを分類し、グループにする機能。機械は「正解データを知らない」状態でグループを作る方法を学習する。データの特徴や構造の類似する部分を抽出し、パターンを認識する。大量の画像データから性別を判別してグループを作る、動画データの中から飛行機だけを抽出するといった機能だ。

強化学習では、出力する結果にスコア（点数）をつけ、最も望ましい結果を出すための行動を学習する。機械は、スコアという報酬をいかに最大にするかを判断しながら学習を重ねる。例えば、株式の売買で利益を最大にする方法を考え、実行する。教師なし学習との大きな違いは、機械が報酬を得るために最適な行動を考え実行する点にある。

いずれの方法にしても、将来を予測し、成果を最大にする入力（インプット）を考えるのが目的だ。インプットとアウトプットの関係を正しく捉え、将来を正確に予測できるなら、売り上げを増やすためのマーケティング戦略や、生産工程や配送ルートを最適にする施策などを打ち出せる。

機械学習と統計学との違いはどこにあるのか。機械学習は、文字通り機械が自動的に学習するのに対し、統計学では、データのルールやパターンを確率の考え方をもとに判断する。機械学習はデータの予測、統計学はデータの説明が主な目的だと大別できるが、統計学の回帰モデルを予測に使う場合もある。ただ、直感で理解しやすい説明変数からなるモデルが多い統計学に比べると、機械学習は直感では理解しづらい説明変数も考慮するため、予測の精度が向上しやすい。「機械学習は観察データを利用した予測に適している」という評価が定まりつつある。

一方、「機械学習と統計学に違いはない」、「機械学習は統計学の応用版である」、「機械学習は統計学からモデルや仮説検証を除いたものだ」という声もある。データからルールやパターンを見つけ出し、モデルを構築する点では同じだともいえる。両者の明確な線引きは難しい。

多くの経済学者は機械学習の影響力の大きさを感じ、研究活動に取り込む動きも出始めている。ただ、経済理論や計量経済学との違いを踏まえたうえで、どのような関係を築けばよいのか、明確なビジョンを描けている学者はなお少数だ。

以上が、近年のミクロ実証分析をめぐる「革命」の概要である。以下では、再びノーベル経済学賞を受賞した経済学者らにスポットを当て、「ラボ実験」、「構造推定」、「統計的因果推論とRCT」の順に、データ分析をめぐる物語を描写する。

完全競争は成り立つのか、教室で実験

ヴァーノン・スミス（1927〜）は1952年、ハーバード大学でエドワード・チェンバリン（1899〜1967）の講義を受けていた。チェンバリンは「独占的競争市場」の理論で知られる学者であり、講義に出席していた学生を対象に、ある実験をした。学生の半分を買い手、残り半分を売り手とし、買い手には買値の最高価格、売り手には売値の最低価格を教える。買い手と売り手は教室内を歩き回り、相手を見つけて価格交渉をする。取引が成立しなければ相手を変え、成立すれば学生全員に交渉成立の事実を伝える。

全員の取引が成立すると実験は終了した。取引が成立した価格と数量の組み合わせを示すグラフを黒板に描くと、経済学の教科書で見慣れた需要曲線と供給曲線とは全く異なる形になった。

チェンバリンは「現実の取引の結果は、完全競争市場のようにはならない」と結論づけたうえで、自説の独占的競争市場の解説を始めたのである。

スミスは「実験」をして理論が正しいかどうかを確かめる手法には、大いに刺激を受けたものの、

結果には納得できなかった。1回だけの実験で、完全競争市場の理論を反証したといえるのか、との疑問が頭を離れなかった。

1956年、バデュー大学の講師となっていたスミスは自分の講義に出席した学生を対象に、売り手と買い手の実験をしたのである。今度は「ダブルオークション」と呼ばれる、証券市場で普及していた売買の方法を使った。売り手は売値と販売量、買い手は買値と購入量を叫び、参加者全員に公開しながら取引をする仕組みだ。売値と買値が最初から一致しているか、一方が他方に合わせて売値か買値を変更すると取引が成立する。この実験を数回、繰り返すと、取引が成立する価格は、「均衡価格」に収束していった。

完全競争市場の理論に異議を唱える目的で実験をしたチェンバリンとは対照的に、スミスの実験は、市場には価格の調整機能が備わっていると証明するのが目的であった。ダブルオークションの実験は期待通りの結果を示したのである。

思惑がはずれる場合もあった。金融商品を模した財を売買の対象にすると、取引価格が急騰した。トレーダー役が価格を吊り上げても買い手役は手を引かず、「バブル」が発生した。トレーダー役が「ストップ高」を宣言するまで価格上昇が続き、市場は事実上、崩壊した。

同様な実験を重ねるうちに、参加者は学習し、バブルは縮小するようになったものの、「人々は近視眼になり、価格はいつまでも上昇を続けると勘違いする」事実を発見した。

それでもスミスは、市場の調整機能を疑わなかった。景気循環に対しても、「技術が進歩すると無駄なものがたまる。不況は無駄なものを処分し、強いものだけを残す」と解釈して市場を擁護した。

現実の市場には完全競争市場の理論は必ずしも当てはまらない。その場合には、どんな条件を設ければ市場はうまく機能し、均衡点に落ち着くのかを探った。スミスにとって完全競争市場は理想像であり、実験で理論とのずれが明らかになるときには、現実の方を理論に近づけようとしたのである。

スミスは2002年、実験経済学を開拓した功績でノーベル経済学賞を受賞した。同年の受賞者は2人。もう一人の受賞者は、「行動経済学」を開拓したダニエル・カーネマン（1934～）である。行動経済学も「ラボ実験」を活用して発展してきた分野だ。

人間の「非合理性」を確かめる

カーネマンはイスラエル出身の心理学者であり、同郷でやはり心理学者のエイモス・トベルスキー（1937～96）とともに、人間の「非合理性」を浮き彫りにする実験を繰り返した。主流派の経済学は「経済人」（ホモ・エコノミクス）と呼ばれる人間像を議論の前提にしている。経済人は完全な情報を手に入れ、限られた予算の下で、自己の効用（満足度）を最大にするように行動する。

ところが、生身の人間を対象に実験をしてみると、この前提とは相いれない結果が相次いだ。実験の結果を踏まえ、人間の非合理な行動を説明するために作った仮説や理論の総称が行動経済学である。

行動経済学を代表する理論の一つは「プロスペクト理論」だ。人間が不確実な状況の下で意思決定をするとき、事実とは異なる認識の「歪み」が作用する仕組みを、モデルを使って説明している。プロスペクトは、期待や予想、見込みといった意味で、人間が抱く様々なプロスペクトが認識の歪みを生み、合理的な意思決定ができなくなる。

プロスペクト理論は「価値関数」と「確率加重関数」からなる。価値関数とは、個々の人間が持つ価値観と、客観的な価値の間に差がある傾向を表す関係式だ。人間には利益を得る喜びよりも損をする苦痛の方を大きく感じる傾向がある。

確率加重関数とは、客観的な確率が低いときには過大評価をし、客観的な確率が高いときには過小評価する傾向を示す関係式である。例えば、宝くじで高額が当たる確率はかなり低いにもかかわらず、「1等が当たるかもしれない」と過大に評価する一方、「手術は70%の確率で成功する」と伝えられると、「失敗したらどうしよう」と確率を過小評価して不安を募らせる。

プロスペクト理論からは、人間の非合理性を説明する概念が派生している。利益を得る喜びよりも損失を被る苦痛の方を大きく感じる「損失回避性」、個人の主観的な価値観は最初に設定した「参照点」からの距離で決まるとする「参照点依存性」、同じ価値のある利益や損失でも、その母数が大きくなるほど感度が鈍くなる「感応度逓減性」などだ。

行動経済学者は、実験によって「経済人」の前提を批判するだけでなく、それに代わる人間像を表現するモデルを提示したところが重要なポイントだ。

市場の調整機能を信じるスミスは、行動経済学の仮説や理論には共感しなかった。「人間の誤りの研究にばかり気を取られていると世間での評判ばかりではなく、経済学者としての信念まで歪んでしまう恐れがある」と突き放した。心理学者と経済学者を対比させ、「心理学者の多くはあらゆる場所に不合理を見出す。経済学者の多くは発見された不合理があらゆる場合で意味がないことを調べようとする」と行動経済学の手法を批判したのである。

実りある実験と、そうではない実験を分ける境界線はどこにあるのか。スミスは、良い実験の条件として、実験に参加する人の報酬が飽和状態にならない（参加する人がより多くの報酬を得る選択をするように設計する）／実験に参加する人は自分の利得に関する情報しか得られない／実験室で生まれた命題が、同様な条件が満たされて実験室外の経済でも通用するといった項目を挙げた。

実証実験が容易なゲーム理論

スミスは行動経済学に厳しい視線を注ぐ一方で、ゲーム理論には好意を寄せ、自ら実験にも乗り出した。

ゲーム理論には様々な種類があるが、「人間の合理性」を前提に議論を展開する点は、伝統的な均衡理論と同じである。スミスには受け入れやすい理論なのであろう。ゲーム理論が描く世界では、プレーヤーは相手の出方をうかがいながら自分の利得を最大にしようと行動する。「ラボ実験」の対象にしやすい理論といえる。ゲーム理論を代表する「囚人のジレンマ」モデルも、実験から生まれた仮説の一つだ。２人の囚人が黙秘を貫けば刑は軽くなるにもかかわらず、相手が裏切って自白し、自分だけ罪が重くなる事態を恐れて結局は２人とも自白してしまう。こうした仮想世界を実験室の中で再現しつつ、ゲーム理論は多様な方向に枝分かれしてきた。

スミスが実施した「最後通牒ゲーム」の実験結果もよく知られている。プレーヤーＡに一定の金額を与え、もう一人のプレーヤーＢと分け合う方法を提案させるゲームだ。分け方を決めるのはＡであり、Ａの提案をＢが受け入れればその通りに分配する。ＢがＡの提案を拒否するときは分配金を没収する。Ａはどんな分配をするのが「合理的」だろうか。Ｂが合理的な判断をする人間だとすれば、わずかな金額であっても、Ａの提案を受け入れる方が利得は大きいはずだ。提案を拒否すれば全くお金を得られなくなるからだ。

ところが、実際に実験をしてみると、分配案があまりにも不公平だと、Ｂは受け取りを拒否してしまう。ＡはＢの心理を読み、Ｂの分配を増やす案を提案する。ある実験では、平均するとＡは自分が56％、Ｂが44％を受け取る提案をした。多くの実験では、ＡとＢが半分ずつ分け合ったのである。最初の金額を変え、相手が誰だか分からないようにするといった様々なパターンで実験を繰り返したが、人々は「合理的」には行動しなかった。

人間はゲーム理論の予想以上に相手を信頼して協力し合い、結果を導き出すとスミスは結論づけた。人間はなぜ協力し合うのか。相手からの見返りを期待しているからではないか。スミスの念頭にはやはり「人間の合理性」があり、ゲーム理論の実験を繰り返しても、信念は変わらなかった。

ゲーム理論の専門家は、理論と実験の関係をどのように捉えているのか。「マッチング理論と市場設計の実践」で2012年にノーベル経済学賞を受賞したアルヴィン・ロス（1951〜）は実験研究を主導してきた研究者の一人である。

マッチング理論とは、個々人の要望と社会のニーズをうまく符合（マッチング）させ、安定した組み合わせを決めるゲーム理論の一種。求婚する相手を効率よく見つけたり、研修医が働く病院を決めたり、生徒が望ましい学校を選んだりする仕組みを理論に基づいて提案し、実行している。様々な制約の下で、個々人の希望をできる限り実現する制度を設計する「マーケット・デザイン」という分野の発展につながっている。

ロスは先ほど紹介した『フューチャー・オブ・エコノミックス』に寄稿し、実験経済学とゲーム理論の関係や、理論と実証の関係に言及している。先ほどは触れなかったが、その部分に絞って内容を紹介する（ロス 1992）。

ロスによると、実験経済学は数ある分析手段の一つであり、純粋理論が想定する経済行動と、現実に観察できる経済行動との間のブリッジの役割を果たす。ゲーム理論にとっては重要な助けとなる。

実験経済学の起源はゲーム理論とほとんど同じ時代で、比較的新しい学問である。初期の優れた実験経済学者は、ゲーム理論の研究者としても知られている。彼らはゲーム理論をテストするために実験をしたり、管理された実験を通じて予測しがたい行動を観察したりしてきた。

ここで一点、補足しておきたい。ゲーム理論の実験では、理論通りの結果が出ないアノマリー（変則的な事態）が発生しがちだ。スミスが実施した「最後通牒ゲーム」の実験でも、参加者は理論の予測通りには行動しなかった。

ゲーム理論の専門家たちは、その結果を見て理論を棄却するのではなく、実験の結果を説明できるような理論やモデルを作り、新たな理論やモデルを活用して自ら制度を設計する努力を続けている。

ロスが夢見る「ミクロ経済工学」

ロスのエッセイに戻ろう（以下、原文の内容を要約して表記）。

100年後のゲーム理論は、経済理論と研究室での実験の間を橋渡しする一種の「ミクロ経済工学」として重要な役割を果たしていると楽観している。ミクロ経済工学の果たす役割は、化学理論と化学者の実験室との関係をつないでいる化学工学の役割と同じだ。

ゲーム理論が確固たる経験に基づくという方法をとる代わりに、概念の洞察に頼る方向をたどれば、100年もたたないうちに、ゲーム理論から生まれる研究成果は激減するだろう。この観点を拡張していえば、次の100年間に経済学の理論研究と実証研究が現実の経済の全体に関わるような方向に変化しない限り、経済学という分野全体がその可能性を問われると思う。

経済学の実証研究では、重要な問題であると称して特定の問題に焦点を当てる。その焦点の当て方が偏っているのが非常に問題だ。経済学者が重要だと考える問題に対して何らかの解答を出すのはその学者にとっては重要な仕事だが、常に経済理論の改良と進歩に役立つとは限らない。他方、経済理論の検証や改良と進歩に役立つ実証分析を無視すれば、現実の経済に関する知識の進歩は難しくなる。

ここでロスは自然科学の例を挙げる。

自然科学者が電気や磁気に関する基礎研究を犠牲にし、具体的な通信や照明のような実用研究だけに焦点を当ててきたと仮定する。自然科学の発達がそのような方向をたどっていたら、伝書鳩や灯油ランプに改良を加えたような単純な通信や灯りとは比べものにならない現代の無線や電球に関する知識は、はるかに遅れたものになっていたに違いない。

当面の実用研究とかけ離れた、基本的な現象を解明する実験の助けがなければ、電気や磁気に関する知識の蓄積ははるかに遅れていただろう。

経済学の基礎研究は、理論のテストを目的として収集したデータよりも、実用目的のために収集したデータに依存しなければならないため、「大理論家」の実証研究にはどうしても研究者の恣意に基づく偏りが生じがちだ。

しかし、これからは、より多くの実証研究が、理論が提供する問題に収束していくと将来を楽観している。

どのような経験的な事実を、実験やフィールド・スタディによって収集すればよいのか。理論と実験を対比させながら、理論と実証研究を改良していく必要がある。

実証研究はますます大きな役割を果たすと期待しているが、多くの問題があるのも事実である。研究室での実験が理論を検証し、他の方法でも検定や再現に常に有効だとは言い切れないからだ。

研究室での実験が本当の意味で試されるのは、経済学者が単に経済の相互作用を支配する一般法則をよく理解しているか、だけではない。様々な種類の競争における価格形成、紛争解決、役員報酬、市場組織などに関する適切なメカニズムをデザインするために、ゲーム理論から得られる知識をミクロ経済工学の実際の問題にいかにうまく活用するかという場面でこそ、真価が問われる。

ロスはエッセイをこう締めくくっている。

ゲーム理論は、経済行動の環境を構成する制度の設計に対して実用的な助言の拠り所となり、またその助言が十分に検証された理論にしっかりと基礎を置いたものになるような方向で発展することを期待する。

「ラボ実験」の先駆者たちのスタンスには共通点と相違点がある。4人の手元にはデータ（実験）を使って検証したい経済理論がまずあり、経済理論を出発点にして実験計画を立てている点では同じだ。

その結果を踏まえてチェンバリンは完全競争市場の理論の誤りを指摘し、反対にスミスは完全競争理論の正しさを確認した。カーネマンは人間の非合理性を抽出して新たな理論を構築し、ロスはゲーム理論を検証・修正し、新しい制度を設計した。
理論と実証の関係という視点から見ると、ラボ実験は「理論を検証するため実証分析」という枠の中に納まっているといえる。

「構造推定」の先駆者たち

すでにある経済理論を足がかりにデータを集め、理論の正否を検証するという流れは「構造推定」でも同じだ。構造推定を、個々の経済主体の行動や政策効果の構造を表すモデルの中で使うパラメータを推定する手法だと定義すると、1960～70年代には源流が生まれている。

アメリカの経済学者、デール・ジョルゲンソン（1933～2022）は、今期の望ましい資本ストックと前期末の資本ストックとの差がすべて純投資に回るとはみなさず、その一部だけが投資に回るとみる投資理論を構築した。

新古典派の投資理論では、企業は資本ストックの水準を直ちに望ましい水準に調整できるとみなす。現実には、様々な理由で、設備投資の水準が決まるまでは時間と費用がかかる。そこで、ジョルゲンソンは投資決定までの調整過程を組み込んだモデルを作った。

投資額を表す関係式の中に「投資の調整速度」と呼ぶパラメータを設定したのが、モデルの特徴だ。投資の調整速度は、望ましい資本ストックと現実の資本ストックの差額のうちの一定の割合となる。

調整には時間と費用がかかるとみる点では、新古典派の理論とは異なるものの、設備投資の水準は、望ましい資本ストックと現実の資本ストックの差だけに依存して自動的に決まると仮定しているところは新古典派理論と同じだ。

ジョルゲンソンは新古典派のミクロ理論をもとに投資関数を推定し、マクロ現象の解明に役立てたのである。

２０１５年にノーベル経済学賞を受賞したイギリス出身のアンガス・ディートン（１９４５〜）は、消費関数の推定に先鞭をつけ、ミクロ、マクロ経済学や開発経済学の発展に貢献してきた。授賞理由は「消費、貧困と福祉に関する分析」である。

ディートンは１９７８年にスタートした「フリッシュメダル」の最初の受賞者でもある。フリッシュメダルは、計量経済学会が2年ごとに授与する賞で、過去5年間に『エコノメトリカ』に掲載された論文が対象だ。賞の名称は、１９３３〜54年に『エコノメトリカ』の編集に携わり、第１回目のノーベル経済学賞を受賞したラグナル・フリッシュにちなんでいる。

フリッシュメダルの対象となった論文は「イギリスの消費者需要の分析、１９００〜１９７０」(Deaton 1974)。１９７０年代に取り組んだ消費に関する研究の集大成が、新しい消費需要関数（名称は Almost Ideal Demand System：A. I. D. S.）モデルである。

当時、消費研究に携わる研究者の多くは、理論を展開する局面では厳密な関数形を定めず、消費財の価格と所得の関係を示す簡便な関数をもとに数理的に解析していた。計量分析の局面になると、特定の財を選んで関数形を定め、当時のコンピューターの計算能力とデータの当てはまりの良さを勘案しながら関数形を推定した。理論と計量分析の間に隙間があったのである。

ディートンは、所得や価格の弾性値を柔軟に変化させ、データから消費行動を明らかにできる実証モデル（AIDS）を消費者理論から導き出した。経済理論との関連が明確なうえに、当時のコンピューターの能力でも簡単に推定できる理想的な消費需要関数のモデルといえる。

多くの国がディートンのモデルを採用し、消費の実証分析のスタンダードとなった。その後、AIDSよりも柔軟に弾性値を推定できるモデルが誕生し、コンピューターの能力向上の影響もあってディートンモデルの影響力は弱まったが、消費分析に革新を起こしたのは間違いない。

ディートンが次に関心を寄せたのは発展途上国の家計消費である。平均所得が低く、金融や保険市場が十分に発達していない途上国の家計消費の特徴を明らかにする研究に精力を注いだ。

所得が農業の豊不作によって大きく変動する「不確実性」、所得の落ち込みを借金でしのぎづらい「信用制約」や「流動性制約」の存在を指摘し、穀物の貯蔵が対策としてどの程度、有効なのかを明らかにした。途上国を対象にした分析ではあるが、展開している理論には汎用性があり、消費の研究全般に大きな影響を与えた。

ディートンは途上国の家計消費から生み出した理論モデルの実証研究にも着手したものの、利用できるデータには限りがあり、実証分析は行き詰まった。財・サービス別の消費データは乏しく、流動性制約や不確実性の分析に役立つパネルデータ（同じ家計の消費を複数年にわたって調査したデータ）

もほとんどなかった。

そんなディートンは、1979年に始まった世界銀行のLSMS（生活水準指標調査）プロジェクトに注目した。生活水準、貧困、不平等問題に関する家計調査であり、国際比較が可能なミクロデータを収集し、パネルデータも作成していた。ディートンは、このデータを活用し、途上国の家計の厚生をテーマに多くの研究成果を残した。

ディートンは1990年代には途上国の家計調査の設計とサンプリング、家計の厚生や貧困の分布などを分析する手法を確立した。統計学とミクロ経済学の理論の強固な基盤の上に、統計分析ソフトを活用する方法は「ディートン・スタンダード」となった。

ディートンは次第に、人類の長期にわたる生活水準の変化や経済発展に研究の対象を広げる。生活水準を測る指標も、消費支出から健康や主観的な幸福度に拡大した。その成果の一つが『大脱出――健康、お金、格差の起原』（ディートン 2014）である。

同書は、人類が病苦と貧困から「大脱出」した歴史をたどる。大脱出を大きな進歩と評価しつつ、成長の恩恵を十分に受けない貧困層に目を向ける。国家間、国内で所得格差が広がり、低所得国で多くの子供たちが病苦に苦しむ姿を客観的なデータに基づいて描き出す。所得の増加は、健康の改善に必ずしも結びつかず、制度の違いや、制度が生み出す知識の差がカギを握ると指摘している。

経済理論とデータ分析を接合する手法を自ら開拓し、途上国の家計消費を手がかりに所得や健康格差の問題に取り組んできたディートンは「構造推定」の源流に位置する研究者といってよいだろう。

RCTを突き放すディートン

ディートンは、RCTには厳しい評価を下している。「そもそも人間を対象とする実験でランダムな選択ができるのか」と疑問を投げかけたうえで、「仮にランダムな選択ができたとしても、介入による平均効果を解明するにとどまり、効果の分布に十分な配慮をしていない。ミクロ経済理論への関心も薄い」とたたみかける。

ミクロ経済理論とデータ分析のバランスを重視してきたディートンの眼にはRCTは「理論なき計測」に映るのだろう。ディートンをRCT批判の急先鋒と評する向きもあるが、単にRCTの不備を突くのではなく、「理論と実証の関係はどうあるべきか」という問いへの答えを自ら見出し、実践してきた経験に基づく批判だけに、重く響く。

1980年代に入ると、ミクロ理論やミクロデータを扱う計量経済学者の間で、政策には左右されないパラメータをモデルの中で明示する動きが加速する。ロバート・ルーカスはマクロ計量経済学に批判の矛先を向け、伝統的なケインズ経済学に打撃を与えた。その結果、ミクロ理論（新古典派の均衡理論）をもとにマクロの経済現象を論じる新しいマクロ経済学が興隆した、と本章の冒頭で説明した。ルーカス批判はマクロ経済学の潮流を一変させただけではなく、計量経済学の研究手法にも大きな影響を与えたのである。

政策が変わっても影響を受けないパラメータはどれで、変化するパラメータはどれなのか。変化する場合はどのように変化するのか。研究者たちは、人々の意思決定モデル、現実のデータとパラメータを見比べながら、首尾一貫した説明ができるように知恵を絞るようになる。「構造推定」の分析対象は、労働、消費、投資、出産など多岐にわたるようになった。

スポットが当たるミクロ計量経済学

2000年にノーベル経済学賞を受賞したアメリカのダニエル・マクファデン（1937〜）とジェームズ・ヘックマン（1944〜）は、こうした構造推定の先駆者だ。ヘックマンをミクロ計量経済学の創始者と呼ぶ人もいる。ミクロデータの分析に重点が移行する1980年代以降の計量経済学の勢力図の変化を反映した人選だといえる。

マクファデンは1957年、ミネソタ大学で物理学の学位を取得した。ある教授の研究室でX線望遠鏡やコンピューターの設計や製作に携わり、理論と計測との関係に興味を持つようになる。心理学のテストに協力するうちに、心理学の研究で実施している測定にも引き付けられた。物理学の勉強を続けていたが、次第に人間の行動の研究に強く惹かれるようになり、1958年、フォード財団の行動科学トレーニングプログラムに参加する。1962年にはミネソタ大学で行動科学の博士号を取得した。

主な研究テーマは個人の選択行動だ。経済理論と測定との関係にも関心を持ち続けた。個人の選択理論と測定をどのように結びつければよいのか。マクファデンは研究者として歩み始めた当初から「構造推定」に足を踏み入れていたのである。

構造推定のモデルを作るとき、経済主体は「最適な」行動をとると仮定する。消費者は効用(満足度)を最大に、企業は利益を最大にするように行動すると考える。マクファデンが活用したのは「離散選択」モデルである。

人間は様々な意思決定(選択)を繰り返しながら生活している。モノの購入もその1つで、複数の選択肢(様々な商品)の中から購入する商品を選ぶ。二者択一の選択も多い。

1つの商品の値段に応じて購入量が連続して変化する様子を描く消費者モデルとは異なり、複数の商品同士にはつながりはないため、離散という言葉を使う。価格と数量のような「連続変数」であれば、微積分法を使えば最適な解(量)を導き出せるが、離散選択ではこの手法は通用しない。

マクファデンは、イエスかノーの「2項選択行動」を、イエスを選択した場合の「期待生涯効用」とノーを選択した場合の「期待生涯効用」の比較に置き換え、イエス、ノーの2つの変数を確率変数に変換したモデルを作った。確率変数であればゼロから1までの連続変数になり、従来の統計学の手法を使いやすくなる利点がある。

離散選択モデルは、個人の選択と、その個人の属性、選択肢の属性を統計的に関連づける。例えば、自動車を購入した人の収入や年齢と、自動車の価格、燃料効率、大きさなどの関連を割り出し、個人が特定の選択をする確率を推定する。人口が変化したり、選択肢の属性が変化したりすると、人々の選択がどのように変化するかを予測できる。

様々な変数を関連づける離散選択モデルは、自動車の購入、大学への入学、交通機関の利用など幅広い選択行動への応用が可能だ。

カリフォルニア州が、地元のカリフォルニア大学バークレー校の学生に高速道路のルート選択の分析を依頼したのが、モデル誕生のきっかけだ。同校に移籍していたマクファデンは、その学生から相談を受け、作業に取りかかった。心理学者が開発していた選択理論を応用し、計量経済学の選択モデルを考案する。1968年にモデルを発表し、その後もモデルを磨く努力を続けた。

やがて、このモデルは経済学に限らず社会科学の幅広い分野に応用できると判明する。確率変数を導入した選択モデルは、旅行、職業、自動車、結婚から子供の数に至るまで、人間の幅広い選択行動の解明に役立つようになったのである。

ヘックマンは数学、物理学、哲学を学んだ後、アダム・スミスやデヴィッド・リカードらの古典を読むうちに経済学に関心を持つようになった。最も大きな影響を受けたのは、イギリスの開発経済学者、アーサー・ルイス（1915～91）の著作（Lewis 1954）だった。

ルイスは、発展途上国の経済を「資本家的部門」（新しい産業部門）と「生存維持的部門」（伝統的な産業部門）に分ける「二重経済モデル」を作り、両部門の協力と共栄を訴えた。1979年にノーベル経済学賞を受賞している。

ヘックマンはプリンストン大学でルイスと共同研究に取り組む機会を得た後、労働経済に関心が移り、個人の調査データ（ミクロデータ）を活用する計量経済学の研究に力を注いだ。1973年にシカゴ大学に移籍し、ミクロ計量経済学の発展に大きく貢献する。

シカゴ大学に所属する経済学者の多くは、自由主義を前面に出すミルトン・フリードマンを師と仰ぎ、「シカゴ学派」と呼ばれる学派を形成していた。1980～90年代にはシカゴ学派の経済学者がノーベル経済学賞を立て続けに受賞し、強い影響力を持っていた。

ヘックマンもシカゴ学派の一員ではある。ミクロ計量経済学の基盤はミクロ経済理論であり、ルーカス批判の流れを汲んでいる。

ミクロ経済理論を評価する統計手法を磨く努力を続けるなかで、ヘックマンは1970年代の論文で『自己選択バイアス』という概念を提唱した（Heckman 1979）。

例えば、「大卒者と高卒者の平均所得に差がある」というデータを得たとき、「大卒者と高卒者の所得格差を生んでいる要因は、高校と大学の教育の違いがもたらす能力差すなわち労働生産性の差である」と推測できるだろう。

ここで議論を終わらせる論者が大半だったが、ヘックマンはもう一歩踏み込み、「大学の4年間は本当に所得格差を生み出すほどの能力差を生み出すのか」と問いかけた。高校を卒業する時点で大学進学を希望する人と、希望しない人の間で何らかの差が生まれていた可能性はないのだろうか。

大学進学を希望する人には、労働生産性に影響を与えるような素養が備わっているのなら、大学進学を希望しない人の属性とはもともと異なっている可能性がある。両者の間には、意欲、目的意識、コネなどの差はないのだろうか。最初から差があるとすれば、調査対象（サンプル）を選ぶ時点で偏り（バイアス）が生じ、大学卒と高卒の集団の統計上の比較は難しいといえる。ヘックマンはこの現象を「自己選択バイアス」と命名した。

自己選択バイアスが存在すると、「高校と大学の教育の違いが、能力差を生み出す」という仮説は誤っている可能性がある。

ヘックマンは、観察データに影響を与えている「潜在データ」の存在を考えた方がよいと指摘したのである。ある人が何らかの要因でAを選択しているのなら、その要因も考慮しないとすべての標本（サンプル）の選択行動を分析したとはいえない。これがサンプル選択バイアス問題である。

ヘックマンはサンプル選択バイアスを計算し、バイアスを除去したうえで観察データを推計する手法を考案した。

「シカゴ学派」ヘックマンの苦悩

ミクロデータは多様であり、ミクロ理論という眼鏡をかけても、必ずしもうまく観察できない。ミクロデータを使った実証分析を重ねていると、「政府は市場に介入するべきではない」というシカゴ学派の主張とは相いれない結論が出る場合もよくあった。

例えば、アメリカの公民権法は黒人労働者の役には立っていないという仮説を検証しようとしたところ、「政府が大きな影響を及ぼしている」という結果が出た。シカゴ大学の同僚たちはこの結論に猛反発した。

シカゴ生まれのヘックマンは幼少期に人種差別が激しい地域に移り住んだ経験があり、人種問題が脳裏に焼き付いていた。大学生だった1960年代には黒人のルームメイトと一緒に全米をめぐり、ジム・クロウ法と呼ばれる人種隔離政策の実態を調べた。学者になっても、人種問題に興味を持ち続けたのである。

アメリカの心理学者、リチャード・ハーンスタイン（1930～94）と政治学者、チャールズ・マレー（1943～）が1994年に出版した『ベル曲線――アメリカの生活における知性と階層構造』(Herrnstein and Murray 1994) をめぐる論争にも加わった (Heckman 1995)。

本のタイトルは、知能指数（IQ）の正規分布を表す釣り鐘型の曲線に由来する。同書によると、人間の知性は、遺伝と環境の両方の要因から大きな影響を受けている。アメリカでは高い知性を持つ「認知エリート」が平均以下の人たちから分離し、社会が分裂する原因になっている。知性は、人間の属性の一つにすぎないが、人間の数多くの美徳の中で過大な評価を受けている。

IQテストの点数は、知性という言葉が何を意味するにせよ、知性の高さとある程度、一致する。IQスコアは完全ではないが、人生の大部分にわたって安定している。適切に実施したIQテストには、社会、経済、民族、人種による偏りがない。人間のIQは遺伝で決まる要素が強い。

同書は大きな話題となり、賛否両論を巻き起こした。批判の的になったのは、「ＩＱは主に遺伝で決まり、白人は黒人よりも平均してＩＱが高い」とする部分である。「人間の知性を単一の数値に還元し、人々をランク付けするのは間違っている」、「人間の知性は主に遺伝に基づき、不変であるという仮定に基づく議論は成り立たない」といった批判の声が湧きあがった。

ヘックマンは遺伝の問題に絞り、「人間の知性は遺伝と環境の双方で決まり、それぞれがどのように関わっているのか正確には判断できないし、その点は著者らも認めている」と批判した。半面、ＩＱスコアを材料に人間の能力差を論じた点は評価し、「ＩＱテストや適性検査には偏見があり、学校や職場で求められる能力とは無関係だと主張する人もいるが、同書ではそうした偏見を論破している」と擁護した。人間の認知能力にはばらつきがあり、認知能力は学校や職場で大いに威力を発揮するという論点には賛成する一方、その能力がほとんど遺伝で決まるという主張には「統計データの裏付けがない」と反対した。

学校や職場で成功する決め手は認知能力だけではなく、意欲や態度も重要な要因だと考えていたヘックマンは、認知能力を測るＩＱは遺伝だけで決まるのではなく、本の読み聞かせといった幼児教育に注力すると改善すると指摘した。ベル曲線をめぐる論争の中で幼児教育への投資が重要だと主張したのである。

２００４年には、「アメリカが未就学児への投資を増やさないと、将来、賃金も生産性も低下する」と予測する論文を発表した（Heckman 2004）。ノーベル経済学賞を受賞した後の論文でもあり、大きな反響を呼んだ。同論文では、ミシガン州が実施した「ペリー幼児教育プロジェクト」を紹介し、アメリカ全体に広げるべきだと訴えた。

1962～67年、ミシガン州に住む低所得のアフリカ系の58世帯の子供を対象に実施したプロジェクトである。就学前の3～4歳の幼児に午前中に2時間半ずつ、開園したばかりのペリー幼稚園の教室で授業を受けさせた。6人の子供に対して1人の高学歴の先生が付き、週に1度は家庭訪問をして保護者とコミュニケーションをとった。教育の期間は約2年間。

子供の年齢と能力を見ながら指導内容を調整した。読み書きなどの認知能力を高める取り組みとともに、生活指導やしつけにも注力した。「非認知的」な特質の育成に重点を置き、子供の自発性を大切にする活動を中心にした。非認知的な特質とは、肉体や精神の健康、忍耐力、やる気、自信、協調性などを指す。教師は子供が自分で考えた遊びを取り入れた。集団で復習し、子供たちに集団生活を送るスキルを身につけさせた。

ヘックマンはRCTを活用して教育の効果を究明した。ペリー幼稚園を開園するとき、州政府は希望者を公募し、抽選で入園者を選んだため、抽選に漏れた子供たちもいる。両者を比較し、就学前プログラムの効果を解明した。

2006年の論文では、就学前教育の終了後、プロジェクトに参加した子供たちと参加しなかった子供たちを40歳まで追跡調査した（Heckman 2006）。

追跡調査によると、プログラムに参加したグループは、6歳までのIQや学力テストの点数が高く、その後の学歴も高い。平均所得が高く、生活保護の受給率や逮捕率は低い。幼少期の教育を充実させると認知スキル（IQテストや学力検査などによって測定される能力）と非認知的スキルの両方に影響を与え、学業や働きぶり、社会での行動にプラスの結果をもたらし、そうした効果は継続する。所得や労働生産性の向上、生活保護費の低減など、就学前教育による社会全体の投資収益率を調べると、15～17％という数値が出た。通常の公共投資に比べると、かなり高い投資収益率である。質の高い幼児教育の費用対効果の大きさが明らかになり、幼児教育に税金を投入するべきだという主張の根拠になった。

成功のカギは、幼少期の働きかけの質にあるとヘックマンは強調し、こう続ける。

子供が成人後に成功するかどうかは、幼少期の介入の質に大きく左右される。スキルがスキルをもたらし、能力が将来の能力を育てる。幼少期に認知能力や社会性、情動の能力を幅広く身につけると、その後の学習の効率が上がり、学習がより簡単になり、継続しやすくなる。幼少期の介入は経済の効率を促し、生涯にわたる不平等を減らす。

恵まれない環境で幼少期に基礎的なスキルを育成しないままに思春期になると、状況を改善しようとする介入（公的な職業訓練プログラムや教育プログラムなど）は、経済効率の点から正当化が難しく、一般に収益率が低い。対照的に、幼少期への集中投資は公平性と効率性の両方を達成しやすい。

政府の市場への介入をできる限り減らそうとする「シカゴ学派」の一員らしからぬ主張のようにも聞こえるが、ヘックマンは一線を越えてはいない。民間が運営する教育プログラムに政府がバウチャーを発行し、競争を促す方法を提案した。幼児教育のプログラムを担うのは公共施設とは限らないと主張し、シカゴ学派の信条と折り合いをつけている。

ただ、公民権に関する調査で「予期せざる結果」が出たように、ミクロデータを活用した実証分析は思わぬ結果をもたらす可能性がある。ヘックマンは構造推定の先駆者だが、幼児教育の追跡調査ではRCTを活用している点にも注目したい。実証研究の「ゴールドスタンダード」と称されるRCTは、経済理論に紐づいている構造推定に比べると調査のテーマに柔軟性があり、専門家以外の人にも理解しやすい明確な結果が出やすい。

ヘックマンは実証研究にRCTを取り入れる一方で、「安易なRCTは厳密な経済理論や政策分析に基づいておらず、結果の評価もあいまいになる危険性がある」との懸念を表明している。急速に広がるRCTの力を認めつつも、計量経済学の精度向上に努めてきた学者としての複雑な感情が透けて見える。

押し寄せる「因果推論」の奔流

経済学に「因果推論」の手法が流入してきたのは1990年代である。ハーバード大学の統計学者、ドナルド・ルービン（1943〜）が、アメリカ出身の労働経済学者、ヨシュア・アングリスト（1960〜）、オランダ出身の計量経済学者、グイド・インベンス（1963〜）と共同研究に取り組むようになったのが、直接の契機とされている。

アングリストとインベンスは２０２１年、カナダ出身の労働経済学者、デヴィッド・カード（１９５６〜）とともに、ノーベル経済学賞を受賞した。

ルービンが１９７０年代後半に開発した「ルービンの因果モデル」と呼ばれるモデルが因果推論の拠り所である（Rubin 1974）。モデルの中核をなすのは「潜在的なアウトカム」の概念だ。

ルービンは、「因果推論とは欠損データの問題である」と考え、欠損があるデータの解析方法を開発した。

個人や集団が、あるプログラムに参加した場合と、参加しなかった場合の両方の結果を観察できるなら、その差をとればプログラムの効果を推定できる。そして個人レベルの効果の平均値を出せば、サンプルに含まれるすべての人がプログラムに参加した場合と、サンプルに含まれるすべての人がプログラムに参加しなかった場合の差を算出できる。これが集団レベルの介入効果（平均介入効果）となる。

参加者をランダムに介入する（プログラムに参加する）グループと、比較する（プログラムに参加しない）グループに割り付けるＲＣＴが優れているのは、２つのグループ間で同じ分布を期待できるためだ。ただし、因果関係を証明するためには必ずしもＲＣＴを実施しなければならないわけではない。結果に影響を与える要因をすべて測定できれば、観察データでも正しい因果推論が可能だ。観察データでは、測定できない要因の補正はできないが、結果には影響を与えていないと明言できるのであれば、無視してもかまわない。

ルービンの因果モデルは、なぜRCTが因果推論にとって最適な手法なのか、どんな条件がそろえば観察データからでも正しい因果推論ができるのかを明らかにしたのである。

労働経済学を大きく変えた論文

川口大司（1971〜）は労働経済学の研究手法が大きく変わった転機は、アングリストの論文だとみる。

プリンストン大学大学院で学んでいたアングリストは1990年の論文で、ベトナム戦争への従軍が退役後の労働所得に与えた影響を検証した（Angrist 1990）。ベトナム戦争に従軍した人と従軍しなかった人を単純に比べると、正しい推定ができない。労働所得がそれほど高くない人たちが従軍する傾向があり、両グループの労働所得にはもともと差があった可能性があるためだ。

アングリストはベトナム戦争への従軍者の一部がくじ引きで決まっていた事実に着目し、ベトナム戦争への従軍が所得に与える影響を推定した。くじが当たっても従軍しなかった人がいる一方で、くじがはずれても自発的に従軍した人がいる状況を「操作変数法」と呼ばれる統計手法を活用して解消した。

操作変数とは、結果Bには直接、影響を与えないが、原因とみられる要因Aに影響を与え、間接的に結果Bに影響を及ぼす変数を指す。要因Aと結果Bの間に因果関係があるなら、操作変数を使ってAに影響を与えれば、Bが起きるかどうかを確かめられる。これが操作変数法である。

操作変数法は古くから存在する推定手法だが、アングリストは独自の解釈を加え、操作変数法をうまく活用した。

この論文では、従軍（原因）と収入（結果）の関係を調べるために、抽選という自然実験を利用した。原因に対してランダムに影響を与える抽選（自然実験）を第3の変数（操作変数）とみなしたのである。

くじが当たって従軍した人と自ら志願して従軍した人では、従軍が所得に与えた因果効果が異なる可能性を指摘し、くじが当たって従軍した人（くじがはずれれば従軍しない人）の因果効果の平均値を、操作変数法を活用して推定したのだ。「ある要因の影響が人によって異なる」場合でも、それが結果に及ぼす「平均的な効果」を推定する手法を編み出したのだ。

活用したデータもユニークだ。くじの当たり外れを決める誕生日と、所得の記載がある社会保険料の払い込みの記録（社会保険料の払い込み額は所得に依存するため、所得額を記録している）と、誕生日と従軍の有無が分かるサーベイデータを活用した。社会保険料の払い込み記録を活用した点も含め、画期的な論文だった。

アングリストはインベンスやルービンとの共同研究を通じてこの手法を精緻に磨き上げていく。デヴィッド・カード、アラン・クルーガー（1960〜2019）、アングリストら1980年代後半にプリンストン大学に在籍した労働経済学者は、因果関係の識別に注力する研究に邁進し、研究の方向を決定づけた。あたかも実験をしたかのような状況を使って因果関係を推定する研究手法（自然実験）を確立したのである。

カードはアングリストの大学院時代の指導教官で、労働経済学の実証研究の基礎を築いた研究者である。最低賃金と雇用の関係を分析し、最低賃金引き上げの論議に影響を及ぼしたほか、職業訓練や貧困対策の効果、労働組合の効果、労働時間と労働所得の関係、賃金構造と賃金格差、企業の賃金決定など幅広いテーマに取り組んできた。

ノーベル経済学賞の決め手となったのは、最低賃金に関する一連の研究、移民に関する研究、教育の質と教育の収益率に関する研究だ。

「最低賃金を引き上げても、雇用への悪影響はなかった」、「たくさんの移民が来て、新たに就労した街でも、地元住民の雇用は減らなかった」といった結論を出し、経済学の常識を覆す研究として衝撃を与えた。

数々の論文の中でも、ニュージャージー州とペンシルベニア州の境界にある2つの郡の最低賃金を比べた、クルーガーとの共同研究（Card and Krueger 1994）は特に有名だ。アメリカでは最低賃金を州ごとに決めるため、境界にある2つの郡は似通った市場環境でも最低賃金は異なっていた。１９９2年、ニュージャージー州の最低賃金だけが上昇し、ペンシルベニア州は変えなかった。「立地や環境が近く、最低賃金だけが異なる」状況が発生したのだ。まさに「自然実験」である。両州の雇用状況の変化を「差の差分析」と呼ばれる手法で比較し、ニュージャージー州の最低賃金の上昇は雇用に悪影響を与えなかったと結論づけた。隣接する郡を比べ、他の経済や社会の要因の差を取り除いたのである。

カードは自然実験による実証分析の手法を確立し、様々な論文を執筆した。既存の研究を覆す内容も多く、しばしば論争の的になった。

アングリストやカードらが確立した新たな研究手法はまず、教育経済学、公共経済学、開発経済学、医療（健康）経済学など、ミクロデータを活用し、研究テーマが労働経済学に近い分野に広がった。その後、マクロ経済学のミクロ的基礎、国際経済学、都市経済学など様々な分野に波及し、現在では経済学のほぼすべての分野の経済学者が、何を外生変数として実証研究に取り組んでいるのかを明確に意識するようになったという。

この手法をフル活用した研究者たちは「教育は将来の収入によい影響を与える」、「ヨーロッパのような政治制度は経済成長によい影響を与える」、「医療保険は健康と精神状態によい影響を与える」といった因果関係を相次ぎ証明した。

自然実験の状況を見つけるには社会制度や歴史的な出来事を深く知る必要があり、数理的な側面を強調する形で発展してきた経済学に一石を投じるという意義もあった、と川口は総括している（川口 2021・22）。

ミクロデータを活用した実証研究は理論との紐づけが弱く、既存の経済理論では説明がつかない結論を導き出す場合が多い、とすでに指摘してきた。実験を重ねれば新鮮な発見や結論を期待できるうえに、学界でも注目を集めやすいとあって、多くの研究者が雪崩を打ったように、新手法を活用した研究に乗り出している。この流れがさらに加速すると経済学界はどうなっていくのだろうか。

労働経済学に端を発した実証分析の革命が広がるなかで、経済学界には別の方向からも「実験」の波が押し寄せた。

2000年代に入ると、シカゴ大学の実験・行動経済学者、ジョン・リスト（1968〜）が大規模な実験に乗り出したほか、開発経済学の専門家たちがRCTを活用して貧困問題に取り組むようになったのである。

リストは、ホワイトハウスのエコノミストを務め、アメリカ政府にEBPM（Evidence Based Policy Making＝証拠に基づく政策立案）を持ち込んだ。ライドシェア大手、ウーバーテクノロジーズのチーフエコノミストに就くなど、民間企業のサービスにも深く関わり、経済学の知見に基づく「実験」の手法を政府やビジネスの現場で生かそうとしている。「スケール（規模）はアイデアで社会にインパクトを起こすための必須条件だ。人々の生活にインパクトを与えないアイデアは無意味だ」と説く（『日経ビジネス』2022年2月）。

リストは「ラボ実験」から飛び出し、「フィールド実験」を重ねてきた。フィールド実験とは、実験室よりも自然に近い環境で実施する実験を指す。リストによると、フィールド実験は、実験に参加する人を現実に近づける「人工的フィールド実験」（AFE）、実験室で使う物品や参加する人が得る情報が現実に近い「枠組みがあるフィールド実験」（FFE）、実験室を離れ、現実の世界で実験する「自然フィールド実験」（NFE）に分かれる。FFEやNFEで活用している実験手法がRCTである。

RCTの原点は、イギリスのロナルド・フィッシャー（1890～1962）の『実験計画法』(Fisher, 1935) である。フィッシャーは「分布」や「最尤法」といった手法を開拓した統計学の大家であり、ユニバーシティ・カレッジ・ロンドンでカール・ピアソンの後継を務めた生物学者でもある。実験計画法は、効率のよい実験方法を設計し、結果を適切に解析しようとする統計学の応用分野だ。フィッシャーは1920年代、イギリスの荘園での農学試験から着想を得た。医学、工学、実験心理学や社会調査などで活用が進んだ。

1960年代に入ると、RCTによる社会実験が活発になる。代表例が、先述したヘックマンが評価した「ペリー就学前プロジェクト」である。

RCT普及の原動力となった開発経済学

そして、2000年代以降、RCTの普及に大きく貢献したのが、開発経済学者たちだ。2019年に「世界の貧困削減への実験的アプローチ」でノーベル経済学賞を受賞したインド出身のアビジット・バナジー（1961～）、フランス出身のエステル・デュフロ（1972～）、アメリカ出身のマイケル・クレマー（1964〜）は、RCTを武器に開発経済学を牽引してきた。

3人は、多くの国々で様々なプロジェクトの効果を検証し、開発政策のあるべき姿を論じてきた。開発経済学の研究者の間でRCTは急速に普及し、標準となったばかりではなく、開発経済学を経済学の主要な分野に押し上げる結果にもつながっている。

ただし、経済学者の間には「受賞は早すぎた」との見方もあった。クレマーの代表作は2004年の論文で、ケニアでランダムに選んだ小学校で虫下し薬を配付し、子供の学校への出席率への効果を検証した（Miguel and Kremer 2004）。この論文は公衆衛生の分野を巻き込んだ議論に発展した。一方、RCTの旗振り役であるバナジーとデュフロ夫妻は著名な存在ではあるが、代表作は見当たらないという指摘もある。3氏によるRCT研究のほとんどは2000年代以降であり、論文の被引用回数も過去の受賞者と比べて決して多くはない。

バナジー、デュフロの場合は「実践」の側面が評価の対象になったのかもしれない。両氏はマサチューセッツ工科大学にアブドゥル・ラティフ・ジャミール貧困アクション研究所（通称J－PAL）を立ち上げるのに尽力した。開発経済学の中心となる研究センターであり、多額の資金力を背景に様々な国を対象にRCTによる研究を推進してきた。研究と政策を結びつけ、開発経済学を刷新したといえる。

RCTは因果関係を解明する強力な手法ではあるが、限界や弱点もある。ある時点、場所でプログラムの効果を確認できたとしても、その効果が別の時点や場所でも得られるかどうかは分からない。

これを「外的妥当性」の問題と呼ぶ。ＲＣＴを繰り返しても、政策やプログラムの効果を明言できなければ、応用が利かない。

理論との紐づけが弱いＲＣＴは原因と結果の間が、いわば「ブラックボックス」になっている。プロジェクトや政策の効果の大きさを計測できても、その効果を生むメカニズムは不明だ。

そこで最近では、プロジェクトが引き起こす人々の行動の変化を経済理論で説明し、検証する研究や、構造推定とＲＣＴを組み合わせてプロジェクトの効果を検証する研究なども見られるようになってきた。

ＲＣＴを中心とする「信頼性革命」は、経済学の「理論と実証」の関係を大きく変えた。実証が理論から離れて独り歩きをするのか、それとも両者は再び歩み寄るのか、経済学界は剣が峰に立っている。

第3章

因果推論の死角

1990年代以降、急速に進化してきた実証分析が、経済学界を大きく変えてきたのは、学問の根幹をなす「因果推論」の強力な基盤となっているためだ。経済学者たちはいま、新しい分析手法を活用した因果推論に力を注いでいるが、因果推論そのものには死角はないのだろうか。

因果関係とは2つの事柄のうち、一方が原因、他方が結果として生じた場合の関係を指す。対して、2つの事柄の間で、片方が変化すればもう片方も変化するような関係を相関関係という。この場合、2つの事柄は必ずしも原因と結果の関係にあるとは限らないが、一方が他方につられて変化しているように見える。そのため、2つの事柄の関係が、実際には相関関係にすぎないのに、因果関係があると誤解してしまう場合が多々ある。例えば「朝食と子供の学業成績の関係」を考えてみよう。データを集めると、朝食をとる子供たちの成績が上がる傾向が表れたとしても、それだけでは朝食と学業成績に因果関係があるとはいえない。実際には家庭環境など他の要因が成績向上の原因なのかもしれない。にもかかわらず、朝食が成績向上の原因だと断定してしまうと、誤った仮説を信じることになる。こうした過ちを回避し、2つの事柄の間の関係が本当に因果関係なのかどうか見極める方法が「因果推論」である。

因果推論の入門書には、相関関係を因果関係と誤解しないためには、全くの偶然ではないか、2つの事柄に影響を与えている他の要因（交絡因子と呼ぶ）があるのではないか、2つの事柄は「原因と結果の関係」ではなくて「結果と原因の関係」なのではないか（逆の因果関係と呼ぶ）と疑ってみる必要がある、との解説が載っている。

こうした解説の根底には「学問や研究の基本は因果関係の究明にある」との考え方がある。「世の中の事柄は複雑な関係にあり、因果関係を究明するのは難しい」と唱える論者もいるが、「因果関係を明確にできるのなら、それに越したことはない」と暗に主張しているに等しい。

仮に「相関関係があるかどうかを観察できれば十分だ」とか「因果関係などそもそも存在しない」と考えるなら、因果推論は無駄な努力となるはずだが、現在の経済学界を見渡す限り、因果推論そのものに疑いの目を向ける経済学者はほとんどいない。

因果推論は人間の本性に基づく思考法であり、古代ギリシャの哲学者、アリストテレス（紀元前384〜紀元前322）以来の哲学の歴史の中でも中核をなしてきたのは確かだ。半面、「因果関係とは何を意味しているのか」あるいは「因果関係とは何か」という問いに対する答えは、実はそれほど明確ではない。

現代の経済学者たちの多くは、そうした問いを顧みず、本来なら「相関関係」として理解すべき事象にまで「因果関係」の構図を当てはめようとする「因果推論の誘惑」に陥っているのではないか。本章では、因果推論の原点に遡り、因果推論を絶対視するべきではないとの見方を示す。

万学の祖と呼ばれるアリストテレスの論文を集めた『形而上学』（アリストテレス 1959・61）は

「すべての人間は、生まれつき、知ることを欲する」という一文から始まる。

アリストテレスによると、人間は感覚とりわけ視覚を愛好する。視覚は最もよく物事を認知させ、様々な違いを明らかにする。動物には生まれつき感覚があり、ある種の動物には記憶力が備わっている。動物は表象や記憶で生きているが、「経験」を有する動物はまれである。

人間に経験が生じるのは記憶力があるためだ。同じ事柄についての多くの記憶が経験となり、人間に力をもたらす。学問や技術は経験を介して人間にもたらされる。経験が与える多くの心象からいくつかの同様の事柄について一つの普遍的な判断が作られたとき、技術（理論）が生まれる。

アリストテレスは、主に製作（生産）に関する技能であるテクネ（技術）とエピステーメ（認識、学、学問と訳される）とを区別するが、訳者は、ここでは経験家の知能と対置する理論家の知能の意味合いでテクネという言葉を使っているため、技術よりも理論または理論的技能と訳す方が一層、適切であろうと注記している。

経験は個々の事柄についての知識であり、技術（理論）は普遍についての知識である。ただ、実際に行動するときには、経験家の方が、経験がなく概念的な原則だけを心得ている者よりもうまくいく。行為（実践）や生成（生産）の対象は個々の特殊な事柄だからである。

例えば、医者は人間一般を健康にする者ではなく、個々の名前で呼ばれる誰かを健康にする。個々の経験がなく、ただ概念的に原則を心得ているだけなら、しばしば治療に失敗するだろう。

「しかし、そうは言うものの」とアリストテレスは続ける。「知る」、「理解する」ということは、経験よりも一層多く技術（理論）に属することだ。したがって、経験家よりも技術家（理論家）の方が一層多くの知恵がある者だ。理論家は物事の原因を知っているのに、経験家はそうではないからだ。経験家は、物事はそうあるという事実を知っているが、なにゆえにそうあるかを知らない。

最初に、常人に共通の感覚を超えて、何らかの技術を発明した者が、世の人々から驚嘆されたのは当然である。その技術は実生活や娯楽のために生まれたが、やがてどちらのためでもない「認識」が見出された。エジプトで数学が生まれたのは、祭司階級の間に暇な生活をする余裕があったためである。知恵とは、何らかの原因や原理を対象とする学（認識）である。

アリストテレスは経験家と技術家（理論家）の違いを説明するために医者の例を挙げているが、経験と理論をともに身につけるのは、難しいとみていたのだろうか。

「医術は実践の技術」と唱えたヒポクラテス

『形而上学』とは少し離れるが、アリストテレスの師、プラトン（紀元前427〜紀元前347）と同世代の古代ギリシャの医師、ヒポクラテス（紀元前460?〜紀元前370?）はどちらのタイプだったのだろうか。

医師の倫理規範（「ヒポクラテスの誓い」と呼ばれている）を確立した医師として知られるヒポクラテスは自著『古い医術について』（ヒポクラテス　1963）で、医者は哲学者でなく実践を第一とする職能技術者だと宣言している。技術者は手腕と識見を備えている。医術は実践の技術であり、病人から病患を除去し、苦痛を減らす。医者は病人を診断し、予後の予言に習熟しなければならない。そのためには経験と知識が必要だという。

医者にかからなくても回復する人間は数多くいる。それは医者にかかったとしても受けたであろう自家治療を偶然、施したからだ。

たいていの植物や製品には治療や鎮痛用の物質が含まれている。医者にかからずに健康を回復した人は、ひとりでに治ったのではない。治癒という結果は、何か（治療という原因）によって生じたのだ。医術は、治療と経過の予見に役立つ存在だと強調する。

ヒポクラテスは経験を通じて習得する技能を重視していたが、単に経験を積み上げていただけではない。投薬や手術といった医療行為と、その効果の因果関係を探った。医療を呪術から切り離すために、多くの症例をデータとして蓄積し、因果関係の解明に役立てたのである。ヒポクラテスは、アリストテレスの言う経験家と理論家の両面を備えていたように見える。

アリストテレスの4原因説

『形而上学』に戻ろう。アリストテレスはまず、学問（知恵）とは原因や原理を認識することだと明言し、それでは、どんな原因や原理を認識すればよいのかと論を進める。

AがBを引き起こすとき、AとBの間には因果関係があると表現するが、両者の関係をどのように定義できるだろうか。アリストテレスは過去の哲学者らの見解を参照し、因果関係を構成する原因を4つに集約した。

Bという現象が発生したとき、原因を探ろうとする人は、4つの問いを発する。

1つ目は、「それは何でできているか」（質料因と呼ぶ）、2つ目は「それはどんな形式・設計か」（形相因と呼ぶ）、3つ目は「どんな作用によって実現したのか」（作用因・始動因と呼ぶ）、4つ目は「なぜ、それはあるのか」（目的因と呼ぶ）である。

Bという現象が起きたとき、4つの問いに対応する答え（原因・理由）があるはずだというのだ。これがアリストテレスの4原因説である。

ここからは、哲学の研究者による著作を参考にしながら、アリストテレスの議論を掘り下げていきたい。

山口義久（1949〜）の解説によると、日本語の「哲学」は、ギリシャ語では「ピロソピアー」と呼ばれ、「知を愛し求める」の意味である（山口 2001）。人間には生まれつき、知への欲求があるが、知には様々な形がある。感覚によって得られる知を記憶すると経験になる。経験を通じて人間に生じるのが知識である。

経験は個別（特殊）の事実に関する記憶の集積であるのに対し、知識は普遍性（一般性）を持つ。知識は単なる事実の知ではなく、「原因」や「原理」の知である。

実用性の観点からみると、知識は経験より劣ることがあるが、人間は物事をまとめて理解し、普遍性のある知識を得たとき「知っている」といえる。

原因（ギリシャ語ではアイティアー）は「なぜか」と言い換えられる。単なる事実だけではなく、その事実が「なぜそうであるか」を知っているのが原因の知であり、「こうだから、こうなのだ」という説明の構造を持っている。

原理（ギリシャ語のアルケー）は「はじめ」を意味する。複雑で多様な事実を説明する際の出発点となるような、単純な要素に遡って理解できれば、その事柄を「知っている」といえる。原因や原理の知は、その事実を説明する。「知を愛し求める」人は事実のレベルにとどまらず、事実を説明する知へと向かうのだ。

人間の認識では、立体よりも面、面よりも線、線よりも点が事柄としては先にある。事柄として先にある存在を原理と言い換えてもよい。

人間は物体をまず立体として認識し、それを構成する面を、面を構成する線を、線を構成する点を認識する。あるいは抽象的に理解する。説明の順序では、点の方が線よりも先にこざるを得ない。直線を定義しようとすれば、最低限、2つの点の存在を前提にしなければならないのだ。

原因に関しても同じだ。例えば、月蝕を見た人にとっては、月蝕という現象そのものの存在は明らかであるが、なぜ月蝕が起きるのかは明らかではない。月蝕は、月が地球の影の中に入ると起きる現象である。月蝕の原因が分かれば、原因が事実を説明する。つまり、原因が分かると現象についての理解が深まり、原因 → 現象の順に説明できるようになる。原因に関する知は現象に関する知よりも普遍的だといえる。

因果性は万物の基本か

ここで、因果関係（因果性、因果律とも呼ぶ）の究明が学問の根幹をなすというアリストテレスの言明を吟味しておこう。

スティーヴン・マンフォード（1965〜）とラニ・リル・アンユム（1974〜）の概説書『哲学がわかる 因果性』（マンフォード、アンユム 2017）によると、「因果性」は万物の最も基本的な結びつきだ。

仮に因果性がなくなれば、道徳の面での責任は存在しなくなる。人間の思考はどれも行為と結びつきを持たず、行為はどれも行為の帰結と結びつきを持たなくなる。法の体系も科学や技術もなくなる。人間が自らを取り巻く世界の中で実行するいかなる介入にも、因果の結びつきが存在し、少なくともある程度は予測可能である。因果性こそが予測の基盤であり、説明の基盤である。

因果性が存在するという信念は、哲学の信念あるいは形而上学の信念であるかもしれないが、人間の中心にある。因果性はあまりにも重大だ。物事が起こっても、それが他の物事と因果で結びついていなければ何ら重要ではない。法律家が損害に対して訴訟を起こすのは、危害が引き起こされたという前提に基づいている。薬品が発見するに値するのは、健康の原因になる可能性があるという前提に基づいている。因果性がなければ、宇宙のあらゆる物事はばらばらになってしまう。

仮に人間が信念の網の目から因果性を切り捨てるとしたら、他の多くのものが失われるだろう。世界と、世界についてこれまで信じられてきたほとんどすべてについて、概念を作り直す必要がある。世界が秩序を保ち、予測可能なのは、因果の結びつきに依拠している。因果性は正当な研究対象なのである。

因果性は哲学だけではなく、物理学、生物学、化学、地質学、気象学、天文学、海洋学にとっても必須の要素だ。さらに経済学、歴史学、社会学、人類学、心理学、教育学、政治学、法学といった社会科学も因果的な主張に満ちている。

マンフォードらの議論からは少し離れるが、自然科学にせよ、社会科学にせよ、「因果的な主張」に満ちている点は変わらないという指摘は興味深い。数ある学問の一つとして経済学を挙げているが、経済学はここで名前が出てくるだけで、その後の議論には一切、登場しない。因果性を求める諸学問の中で、経済学が特別な役割を果たしているわけではない。

諸学問が「因果的な主張」に満ちている以上、知を愛好する人間は「原因の究明」に邁進すればよいのだろうか。

マンフォードらはアリストテレスと同様に、因果性が万物の結びつきの基本だと明言しつつ、「あるものごとが別のものごとを引き起こすこと、たとえば石が窓を割るとか、油でつるつるしていることがスリップと衝突を引き起こすといったことは、いかなることであろうか」と問いかける。

哲学者たちは少なくともアリストテレスまで遡る時代から、この問題に取り組んできた。哲学者はこの問題に抽象的な方法でアプローチし、科学者は具体的な事例の中でこの問題に出合う。諸科学は因果的な主張に満ちているが、科学者はどこかで、自分たちは本当のところ何を扱っているのかと問わずにはいられないという。

因果性は万物の結びつきの基本ではあるが、そもそも「因果性とは何を意味しているのか」や「因果性とは何か」は自明ではないというのである。因果を追究する（原因を探る）ためには、そもそも因果性とは何を意味しているのかを説明する理論や、因果性をめぐる議論や論争を押さえておくべきだというのが同書の主張である。

本書では、経済学の実証分析が1990年代以降に大きく変化してきたのは、因果推論の手法が「進化」してきたためだ、と説明してきた。実証分析の「黄金律（ゴールドスタンダード）」と目されるランダム化比較試験（RCT）や「統計的因果推論」は「因果性とは何を意味しているのか」、「因果性とは何か」といった問いを潜り抜け、因果を正しく追究する手段なのだろうか。

「知恵とは、何らかの原因や原理を対象とする学（認識）だ」と明言したアリストテレスは、原因を究明しやすくするために、原因は4つに分類できると唱えた。4原因説は因果を定義する理論の一つといえる。

後述するように、4原因説は後世に批判を浴びるようになったが、議論の出発点としての意義は失われていない。アリストテレス以降、数多くの哲学者らが「因果関係とは何を意味しているのか」や「因果関係とは何か」を解明しようと精力を注ぎ、様々な仮説や理論を生み出してきた。

因果性の存在自体を否定したラッセル

その中には、因果性の存在を否定する論者もいる。イギリスの哲学者、バートランド・ラッセル（1872〜1970）は、因果性は存在しないと唱える「消去主義」の立場から議論を展開した。ラッセルによると、哲学者が作り出した因果性の概念には「非対称性」がある。ある原因がある結果を生むとき、結果の方は原因を生まない。因果性には方向があるのだ。

ラッセルは、科学には非対称性のある因果関係が全く出てこない点に注目した。物理学で使う様々な等式は左から右に読んでも、右から左に読んでもよい。方向がある因果性は世界の特徴ではない。世界を因果の概念で表現するのは無知で前科学的なやり方だ。因果の法則は哲学者の間でありがたがられている他の多くの事柄と同様、過去の時代の遺物であり、君主制と同じく、誤って無害だと思われているために生き残っているだけだと主張した。

ここでは、ラッセルの主張にはこれ以上は踏み込まない。マンフォードらは、物理学者たちはその後、非対称性を理論の中に復活させようと努力してきたと指摘する。物理学は表象であり、世界そのものと取り違えてはならないと訴え、ラッセルの見解に異議を唱えるが、哲学者の中には今なおラッセルを信奉する人がいくらか存在するという。ラッセルの主張は一例にすぎない。学問の根幹をなすはずの因果性をめぐる議論にはなお決着がつかず、最終合意を得られていない状態なのだ。

山口の解説に戻ろう。

人間が原因を探るために発する問いは「なぜ？」である。アリストテレスは「なぜ？」を4つに分類（質料因、形相因、作用因・始動因、目的因）し、何を答えるべきかを明らかにした。もっとも、分類したからといって答えを出しやすくなったとはいえない。始動因一つをとっても、ある出来事を引き起こしたのは何であるのかを特定するのは難しい。

形相や質料を特定しようとすると問題はさらに複雑になる。例えば、家を建てる事例を考えると、家の形相は、居住や財産の保全といった目的を実現するための機能や、機能を支える構造を備えていなければならない。家の形相を決めるには専門家の知見が必要だ。質料に関しても、専門家でないと用途に応じた使い分けは分からない。

質料である木材や石材、煉瓦などが形相を備えて家の機能を果たしている。形相だけ、質料だけを部分として切り離すことはできない。ただし、形相は思考の上では分離して考えられる。その手続きを「抽象」と呼ぶ。

アリストテレスの質料概念には、形相の担い手としての基体（もとにあるもの）という側面と、ものを構成して、そのものの成り立ちを説明する要素という側面の2つの側面が共存している。

形相や質料は、ものの成り立ちの説明にはなるにしても、「原因」と呼べるだろうか。原因という言葉は、結果と対になる概念だとすれば、ある結果を引き起こす出来事あるいは作用者を原因と呼ばなければならない。質料も形相も、あるものを成り立たせる要素だとは考えられるが、それを作り出すわけではない。その意味では、アリストテレスの4原因のうち作用因・始動因だけが原因という名にふさわしい、と山口は解説する。

ただし、原因を説明するときに、形相や質料を説明に含めるのは、因果関係の連関の中で意味を持つという。例えば、地震が発生してビルが倒れたとき、倒壊の原因は地震であると説明するのは当然だが、倒れなかったビルがあるなら、ビル倒壊の原因を地震だけに帰すのは不十分である。

倒れたビルの成り立ちに問題はなかったのだろうか。地震で手抜き工事の存在が明らかになったとしよう。必要な材料を使っていなかったのなら、倒壊の質料因、設計通りの構造にしていなかったのなら、倒壊の形相因と呼べるだろう。

形相因や質料因を、作用因・始動因と関連づけるのは可能だとしても、発想は大きく異なる。現代では、「因果関係は時間を伴う関係であり、結果は原因よりも後に起きる。この関係は逆転しない」との見方が有力だ。

アリストテレスの4原因説では相互に原因となる関係を認めている。例えば、ある人が体を鍛えている、ある人が健康である、という2つの事実の関係をみると、体を鍛えると健康になるという意味では前者が原因となるが、健康になるために鍛えているのだとすれば、後者が原因だともいえる。これが目的因である。

説明を補足しよう。アリストテレスの言う「物事の原因」は、「その物事が存在する要因」あるいは「その物事が存在する理由」と言い換えられるだろう。ビルの例に戻れば、ビルの建築に使うコンクリートや鉄筋といった材料（質料因）、ビルの設計図（形相因）、ビルの建築（始動因）、ビルの利用（目的因）の4つがそろわないと、そのビルは存在していないはずだ。逆の見方をすれば、世界のあらゆる存在には4つの要因が内在しているといえる、とアリストテレスは主張したのである。

観察を重視したアリストテレス

仮に4原因説を受け入れるとしたら、人間はどのように原因を究明すればよいのだろうか。アリストテレスが重視したのが観察である。アリストテレスは原理や原因を経験よりも高い次元に置いたが、決して、経験を否定的に評価してはいない。単なる感覚や、個別の記憶と比べても、経験の方が知であると認めている。知識と比べて低く評価したからといって、経験の意義を否定しているわけではない。経験を知識や知恵と比べたのは、哲学の求める知とは何かを明らかにするためだ。

そんなアリストテレスを「経験主義者」と呼ぶ人もいる。山口は人間へのレッテル貼りには慎重な姿勢を示すが、アリストテレスがそう呼ばれるのは、彼の方法論に関わっている、とみる。観察によって得られるデータを重視し、データを無視するような議論は無効だと考えた。

動物を対象とする自然学の研究だけではなく、国家体制を論じるときにもデータを活用した。アリストテレスは様々な分野の問題を考えるとき、まず、その問題に関する様々な論者の見解を調べ、再検討するなかから自説を導き出した。これも一種の観察といえるかもしれない。

個々の事物の観察を重視したアリストテレスは師、プラトンのイデア論を批判した。プラトンは個々の事物を超越した「美」といったイデアの存在を前提に議論を展開する。人間が個々の事物を見て「美しい」と感じる原因は、「美」のイデアであると説いた。

アリストテレスは世界にイデアは存在しないと反論し、4原因説を唱えた。世界に独立して存在するのは個別の「実体」だけである。イデアを独立した存在だとみなすと、イデアは普遍でもあり、個別でもある矛盾した存在になる。

アリストテレスは個別の「実体」を、その物事が何であるかを示す「本質」、個々の物事に共通する性質を表す「普遍」、その物事がどんな範疇に属するかを示す「類」、その物事の存在の土台となる「基体」という4つの側面から捉えている。

4原因説のうち実体の側面を持つのは形相と質料である。本質、普遍、類、基体という実体の4つの側面のうち、本質、普遍、類の3つの側面は個々の事物に形や姿を与える形相、基体は素材や材料である質料として捉えられる。

そう考えると、質料にも実体はあるが、実体の中心は形相だといえる。形相因は質料因、始動因、目的因の中心に位置している。物事の本質は形相に宿っているためである。形相を本質と言い換えてもよい。

形相を通じて物事の本質を捉えようとする手法と、イデア論の違いはどこにあるのか。イデアは個々の事物からは捉えられない超越した存在なのに対し、本質は個別の実体に内在している。

だが、物事の本質を個別の実体の中に見出したとしても、それを普遍とはみなせないはずだ。本質が個別の実体にとどまると、知識の対象にはならないのではないか。山口は、形相は本質が内在している限りでは個別、知識の対象としては普遍の2役を演じさせられていると解釈し、こうした疑問に答えている。

人間が感覚を通じて観察できるのは個別の対象や出来事である。その経験から知識を得るためには、個別の記憶の蓄積から、普遍の把握へと飛躍しなければならない。そのときに着目する対象は形相だ。思考のうえで、実体から形相だけを切り離す「抽象」の手続きを踏めば、形相を普遍として扱える。

プラトンは現実を超越した世界を想定し、いわば「演繹法」に従って議論を展開した。アリストテレスは現実を観察し、そこから普遍を導き出す「帰納法」を出発点としつつ、「演繹論理」と共存させたというのが、山口の見立てである。

アリストテレスの4原因説は、哲学や自然学（現在の科学に相当）、心理学といった学問の基本認識として長く、影響力を持った。

因果関係をめぐる議論は近現代に至っても続いている。ここからは、大塚淳（1979〜）、一ノ瀬正樹（1957〜）らの解説を参照しながら、アリストテレス後の議論の変遷を概観する（大塚 20

20、一ノ瀬 2016)。

4原因説に異を唱えたデカルト

アリストテレスの4原因説に異議を唱えたのは、フランスの哲学者、ルネ・デカルト(1596〜1650)である。

デカルトは自らの哲学を一から作り上げようとする営為の中で、すべての信念を疑う「方法としての懐疑」に至る。すべての信念は疑えるが、ただ一つの例外は疑っている自分という存在だけであると結論づけ、「私の意識(コギト)が明晰に認識し得ないものは存在するとはいえない」と主張した。

そして、4原因を認識できるかどうかを検討する。アリストテレスと同様に、観察からスタートすると、明確に観察できるのは、モノの形と運動だけである。例えば、色やにおいは知覚できたとしても、すぐに変化するために捉えきれない。ましてや、モノの形相・本質や目的は観察できない。したがって、そんなモノは存在しないと唱えたのである。

アリストテレスが提唱した目的因とは「物自体が持っている目的」を指す。例えば、生物は繁殖するために様々な機能や器官を備えているといった見方だ。

デカルトは、アリストテレスの観察と論理、因果の方法論を継承しつつ、目的因の代わりに物理法則という原因を取り入れた。世界は目的ではなく法則によって支配されていると主張したのである。

デカルトは、近代科学の中心だった天文学と力学の分野では、後世に残る実績を残してはいない。木星や太陽の黒点の存在や、自由落下運動の法則を発見したイタリアのガリレオ・ガリレイ（1564〜1642）、万有引力を発見し、古典力学を完成させたイギリスのアイザック・ニュートンに大きく水をあけられている。デカルトはアリストテレスの影響を受けて真空の存在を否定し、かつ物体は互いに接触しているときだけ影響し合うとの見方にとらわれていた。

それでも、デカルトが近代科学の出発点に位置づけられるのは、アリストテレスの学問体系に代わる世界観を提示したためだ。

アリストテレスは、感覚を通じて個々の物事を観察し、個体を個体として成り立たせる原理を探究した。デカルトは自然を数学的に捉え、普遍的な性質を探究しようとした。物事の本質は、純粋数学で捉える対象だと考えたのである。

デカルトは『方法序説』（Descartes 1637）で、合理的な思考のための4つの一般法則を提案した。

第1に、自分が真であると認めたもの以外は何ものも真として受け入れない。即断と偏見を注意深く避け、それを疑う理由が一つもないほど明晰かつ判明に自分の精神に現れるもの以外は判断のうちに受け入れない。

第2に、検証しようとするそれぞれの問題をできるだけ多くの、最良の方法で解くために必要な数だけの部分に分割する。

第3に、思惟を順番に進める。最も簡単で分かりやすいものから始め、少しずつ、段階を踏んで、最も複雑なものの知識まで登っていき、自然な順序を守らぬ仮想のものであっても、順序を考えながら進む。

第4に、あらゆる場合に、何も見落としていないと確信できるほど完全に数え上げ、全体にわたって調べる。

最も簡単で認識しやすい前提から出発し、論理的・合理的な推論によって個々の結論に至る「演繹法」の推論のプロセスを示した。このプロセスのモデルは数学である。

数学の言語で世界や自然を把握しようとする方法論はニュートンの『自然哲学の数学的諸原理（プリンキピア）』（Newton 1687）につながっていく。デカルトの自然観はニュートンに受け継がれたといえる。

プラトンとアリストテレスの思想は、中世の哲学者たちを経て、「大陸合理論」と「イギリス経験論」にそれぞれ受け継がれた。デカルトは大陸合理論を代表する論者の一人と位置づけられている。

デカルト、ニュートンが登場したところで、経済学と因果性との関わりに触れておこう。本書第1章では、アダム・スミス以来、経済学者たちはニュートンの古典力学を手本にしながら、理論の体系を作り上げてきたと説明した。抽象的な理論に魅せられた学者が多かったのは確かだが、経済理論を生み出したいきさつは、個々の経済学者によって異なるだろう。現実の世界に目を向け、経済学の方法論を自ら考案し、様々な苦闘の中から理論を生み出す学者も多かった。

ミルが提唱した「逆演繹法」

ジョン・スチュアート・ミルはその一人だ。本書第1章では、計量経済学の創始者、ラグナル・フリッシュが講演でミルの『経済学原理』の一節を批判したエピソードを紹介した。ミルは古典派経済学の理論を集大成した大家であり、フリッシュは「理論と実証の両面で経済学のブレークスルーが起きる」前の学者と位置づけていたのだろう。

ミルの仕事は古典派経済学の集大成にはとどまらない。学問の方法論だけをとっても多大な業績を残した。

『論理学体系』(Mill 1843) では、すべての真理は個々の事例から導かなければならないと説き、徹底した帰納主義を強調した。ただ、経験によって確かめるだけでは一般法則は生まれない。現象を説明するためには原因を発見する必要がある。そのときに有効なのが、直接帰納、論証、確証からなる演繹的な手続きである。

さらに、帰納法によって原因を発見するための手法として、一致法（ある要素Bが含まれる様々な現象に対し、それより前に起きる様々な現象の中にいつも要素Aが生じているとき）、差異法（ある要素Bが生じるときと、Bが生じないとき、それより前に起きる現象の中に、Bが生じるときはAが生じ、Bが生じないときはAが生じていないとき）、一致差異併用法（一致法と差異法の併用）、共変法（ある事態の中の現象Aの量や程度が変化すると、それに続いて起きる事態の中で現象Bの量や程度が変化するとき)、剰余法(ある現象とそれに続く現象のそれぞれの要素の中で、すでに因果関係にある現象の組み合わせをすべて差し引いても残った要素の間に因果関係があるとき)の5つの方法を提唱した。

ミルは社会科学を「特殊社会学」と「一般社会学」に分類し、経済学を特殊社会学と位置づけた。経済学では演繹法による抽象理論の定式化を積極的に認める一方、複雑な社会現象の連関を取り扱う一般社会学では演繹法の限界を指摘し、「逆演繹法」を提唱した。

物理学などでの通常の演繹法では、一般推理から結論を出し、経験によって結論の正しさを検証する。逆演繹法では、歴史的な事実からの帰納によって経験的な法則を導き出し、その結論を一般原理から導き出せるかどうかを検証する。ミルは古典力学の方法論をそのまま受け入れたわけではないのだ。

経済学の草創期から長い歴史を経て経済理論が厚い層を形成するようになるにつれ、出来上がった理論の体系を微修正したり、既存の理論に関連する命題を演繹的に導き出したりする手法が優位に立つようになる。フリッシュが「計量経済学の誕生で、経済学に第2のブレークスルーが起きた」と評した20世紀初頭には、観察を通じて理論を生み出すためではなく、既存の理論の正しさを確認・検定するためにデータを集める側面が強くなっていたのである。

4　原因説を揺るがしたヒュームの規則性説

因果性をめぐる哲学者たちの足跡に話題を戻そう。デカルトと同様に、「何を認識できるのか」という観点からアリストテレスの4原因説を批判したのは、イギリスの哲学者、デヴィッド・ヒューム（1711〜76）である。

デカルトは4原因のうち作用因・始動因だけは認識できると指摘した。ヒュームは「作用」や「力」さえ、直接、観察はできないと異議を唱えたのである。

ヒュームは『人間本性論』（Hume 1739）で、人間が自然界で観察できるのは一連の出来事だけだと論じた。ある物事が生じ、次に別の物事が生じ、さらに別の物事が生じる。ある物事と別の物事の間に「因果の結びつき」があるのかどうか。いくら観察を重ねても判別できない。すべての出来事は完全にばらばらで別々だ。一つの出来事が他の出来事に続いて起きるが、出来事の間に、いかなるつながりも決して観察できない。それらは連接しているが、全く結びついてはいない。ヒュームは、因果関係を「必然的な結合」だと捉えていたが、人間は必然的な結合を直接は観察できない。

それでは、どんな特徴が備わっていれば、因果関係が成立しているとみなせるのか。ヒュームは、原因（とみられる出来事）と結果（とみられる出来事）が時空間の上で隣接している（＝接近）、原因（とみられる出来事）が結果（とみられる出来事）より先だって生じる（＝先行）の2つの特徴を挙げた。

ただし、この2つの特徴だけでは因果関係にあるとは断定できないと明言し、「恒常的な連接」という3つ目の特徴に注目した。「AがBを引き起こす」は、「AとBの間に恒常的な連続性が成り立つ」と言い換えられる。ヒュームは因果関係を、原因と結果の恒常的な連接だと定義し直したといえる。

世界には数多くの「規則性」があり、出来事や行為、状態のタイプが2つずつ組になって生じるように見える。これは世界に「因果性」があるからだと考えがちだ。ヒュームは「恒常的な連接」という概念を持ち込み、発想を逆転させた。人間が「ある物事が別の物事を引き起こす」と考えるのは、一方が他方に続いて規則正しく起きるからにすぎない。

人間は物事の「恒常的な連接」を観察するうちに、「必然的な結合だ」と感じる「心の習慣」を持つようになる。「恒常的な連接」は「心の習慣」を通じて「必然的な結合」に転じるのだ。ヒュームの一連の仮説を「規則性説」と呼ぶ。規則性説では、因果性が規則性（相関性）を説明するのではなく、規則性が因果性を説明する。

ヒュームの説は「帰納法」に対する懐疑にもつながる。観察を通じて得たデータから何らかの法則や構造などを見出し、それをもとに、いまだ観察していないデータを予測するのが、「帰納推論」である。

規則性説に従えば、観察した2つの出来事の間に「恒常的な連接」を発見できれば、因果関係を認められるが、両者の関係には文字通りの必然性はない。観察対象となる出来事（自然）が、全く同じ構造を持っている（これを「自然の斉一性」と呼ぶ）と仮定しない限り、未知の出来事がどうなるかを予測はできない。たまたま多くの白鳥を観察し、「すべての鳥は白い」と結論づけるためには、すべての観察対象（鳥）が全く同じ色だと仮定しなければならない。

現実にはそんな仮定は成り立たない。規則性説は、学問の根幹をなす帰納推論を揺るがす仮説として大きな影響を与えてきた。

経済学者の猪木武徳（1945〜）は、原因・結果という関係は厳密に考えると、「われわれが常識で理解している以上に複雑な問題を含んでいる」と指摘し、「その論点を知るために」原因と結果をめぐる思考法の歴史を振り返っている（猪木 2021）。

そこで哲学史上の重要な人物として、アリストテレス、ヒューム、ドイツの哲学者、イマヌエル・カント（1724〜1804）の名前を挙げる。本章でもアリストテレスとヒュームには言及してきたが、猪木の整理に従って、3人と因果性との関わりをまとめておこう。

猪木によると、「原因と結果という考え方」は思考形式としては必ずしも自明ではない。すべての論者が、すべての学問分野における問題の前提として因果律を受け入れてきたわけではない。

アリストテレスは、あらゆる事物は本来の目標に向かって変化すると考えた。変化は「何ものかによって」起きる。変化には原因がある。そして、変化する事物は、そうなる可能性と能力を備えている。同じ変化は同じ原因によって生じる。因果現象は規則正しく起こる。

そうであれば、知を探究する人間は観察したデータから帰納推論すれば、一般命題に到達する。因果現象は偶然の産物ではなく、普遍性のある現象となる。

アリストテレスの因果律に疑義を呈したのがヒュームである。『人間本性論』の副題は「実験的論及方法を精神上の主題に導入する一つの企て」だ。ガリレオやニュートンの自然研究の精神で人間を解明する意図を込めているという。

因果性は人間の「心の癖」なのか

猪木は、ヒュームが人間の知識を「絶対的な知識」と「蓋然的な知識」に分けて論じている点に注目する。前者は絶対に確実で普遍性を持つ知識、後者は経験に依存する普遍性を持たない知識である。前者に該当するのは代数学と算数学である。原因と結果は、経験が告げる関係であり、抽象的な推論や省察から生まれる関係ではないとみていたという。因果性は、人間が習慣によって形成した観念であり、それ以外には基礎を見出し得ない。

原因とみられる事象は単に、ほかのある事象に近接し、先行しているだけなのだ。人間が観察できるのは規則正しく連続する出来事だけであり、この経験を繰り返すと期待を持つようになる。同じ経験の反復は「習慣」となり、習慣は「信念」を生む。因果性は推論の産物ではなく、信念の産物だとヒュームは唱えたのである。

ヒュームの学説に従うなら、世界で起きている様々な現象間の関係は「人間の心の癖」に還元できる。ニュートンが発見した古典力学の法則も、人間の心の癖なのだ。

ヒュームは「絶対的な知識」と「蓋然的な知識」を区別し、因果律は後者に当たるとみて「規則性説」を唱えた。猪木は「自然科学にもヒュームの立論を適用できるのだろうか」と疑問を呈す。

因果性の「存在」をめぐる議論で、新たな視点を提示したのがカントである。

猪木によると、カントはヒュームの学説を、「独断のまどろみを破った」と評価しつつ、自然科学に関してはニュートンが提唱したような普遍法則が存在すると信じていた。

カントは人間の認識の方法を吟味し、人間の感覚は、実体や因果を統一して理解するように働くと指摘した。世の中には実体や因果が存在し、それを人間が観察するのではない。人間は物事を観察すると、その経験を因果として理解しようとする心の機能と構造を持っているというのだ。

因果性は世界の物事に内在するのではなく、人間が世界の物事に心（主観）を投げかけ、当てはめると現れる。そうであれば、因果性は人間が経験するすべての領域に成立し得るし、客観的な妥当性があるとみなした。世の中に「真」の因果関係があるかどうかにかかわらず、人間が物事や経験を因果として理解する限り、自然現象を因果関係として捉える方法は妥当だという。

カントは知識の基盤は経験であるという経験論には同意する一方、経験だけがすべての知識の源泉であるとは考えなかった。人間が知り得るのは「もの自体」の「現象」であり、経験を超える「もの自体」を知ることはできない。すべての知識は経験に始まるとしても、すべてが経験からは生じない。人間の心は能動的に知覚を整理し、理解の道具として概念を提供する。

こうした「超越論的観念論」を展開したカントは、大陸合理論とイギリス経験論を合流させたとも評されるが、経験論よりも合理論の方に近いといえる。

論理実証主義が興隆

19世紀に入ると、因果性をめぐるヒュームの考察は哲学のみならず科学全般に多大な影響を及ぼすようになる。現実から遊離した抽象的な議論を展開する「形而上学」を批判する風潮が強まったのである。それまで科学の中心の座を占めていたのは天文学や物理学だったが、「経験論」や「確率論」に根差した方法論に基づく学問が科学の世界を席巻するようになった。

「分析対象を観察によって明晰に知覚できるかどうか」を議論の出発点としたヒュームにならい、科学者はまず観察データを集める。次に、科学的な言語に基づく記述や推論によってデータの中にある「恒常的な連接」といった現象間の関係を明らかにする。最後に、その仮説が正しいかどうかを統計学の「検定」の手法を使って検証する、という流れが定着した。この手法を極端に推し進め、「分析哲学」と呼ばれる20世紀以降の哲学の潮流の基盤となったのが、19世紀末から20世紀初頭に興隆した「論理実証主義」である。

ヒューム流の経験論に、確率論が合流した経緯を簡単に振り返っておこう。本章のここから先の解説は、大塚淳、一ノ瀬正樹の前掲書を参照している。

観察データによる実証主義を実践した科学者の一人はイギリスの生物学者、フランシス・ゴルトン

（1822～1911）。「回帰分析」の始祖と呼ばれている。19世紀のイギリスに暮らす205組の親の身長の平均値と子の身長の平均値の関係を示す回帰直線を描き、親の身長が高いほど子の身長も高い傾向が分かったが、直線の傾きは1未満であり、親の身長は完全には子には遺伝していなかった。ゴルトンはこの現象を「平均への回帰」と命名した。人間の能力や才能は自然と中庸に回帰するのではないかとの仮説を立てたのである。

収集したデータに潜んでいる規則性や法則をあぶり出そうとしたゴルトンの試みは、科学の目的は「観察データをまとめること」と考える実証主義の流れに合致している。

オーストリアの物理学者、エルンスト・マッハ（1838～1916）は、当時の科学技術では観測できなかった「原子」や「力」は説明のための仮定にすぎないと批判した。当時、気体の熱や圧力などの現象をミクロ粒子の運動と衝突によって説明しようとする原子論が勢いを増していた。実証主義の立場からみると、実際に観察できない概念を持ち出して現象を理解した気になっても何の役にも立たない。マッハは、観察データだけに基づき、理解しやすい法則として簡便かつ整合的なやり方でまとめる「思考の経済」が科学の唯一の目的であると唱えた。

19世紀末から20世紀前半のウィーンやドイツ語圏では、ドイツ観念論の伝統を受け継ぐ形而上学的な議論と、イギリス経験論に連なる実証主義の哲学が併存していた。実証主義の代表が「要素一元論」を唱えたマッハである。マッハはウィーン大学教授となり、ウィーン学団が遂行した「論理実証主義」の先駆けとなった。

マッハの考え方を引き継いだのが、ゴルトンの後継者である生物学者、カール・ピアソンである。ピアソンは実証主義の考え方を推進し、因果性の概念を批判した。ヒュームが指摘した通り、人間が観察できるのは、Aの後にBが続いて起きるという「恒常的な連接」だけである。統計の世界でも、「変数Xが変数Yと相関している」、「両者の回帰直線の傾きが大きい」ことはデータから読み取れるが、「変数Xが変数Yを引き起こす」とする因果関係はデータには表れない。人間が観察できない因果性の概念は科学にとって無用の長物であり、人間はそれについて思いめぐらす必要はない。

科学者は対象を観測し、データを集める。データの間に「恒常的な連接」が見られるのなら「相関係数」として定義し直せると説いた。

実証主義は極端なデータ一元論だと大塚はみる。実証主義によれば、科学で存在を認められるのは、客観的な方法で計測したデータと、そこから導かれる概念だけであり、それ以外は人間が作り出した人工物にすぎない。科学の概念はデータに還元できなければならない。それができないのなら、科学の文脈から排斥されなければならない。

ヒュームが提唱した「恒常的な連接」の概念にはあいまいさがある。2つの出来事がどのように、どれくらい連接していれば「恒常的」といえるのか、明確な基準がないからだ。統計の世界では、2つの変数の相関係数が1に近ければ、恒常的に連接しているといえる。どれくらい1に近ければよいのか、というあいまいさは残るが、複数の相関係数を比べれば、どの変数間の関係がより「連接した関係」なのかは判別できる。

厳密な実証主義と距離を置いた経済学

ピアソンは『科学の文法』(Pearson 1892) で実証主義に基づく方法論を提唱した。本書第1章では、ピアソンを経済学に統計学の手法が入り込む結節点の役割を果たした人物として紹介した。統計学が、理論研究に偏っていた経済学界に刺激を与え、研究手法の修正を迫ったのは確かだが、ピアソンが唱えた厳密な実証主義を経済学界が取り入れたとはいえない。統計学の手法を学び、データ収集を重視する経済学者が増えたものの、草創期の計量経済学は、あくまでも「理論の検証」のための手段だった。経済学界は統計学を自らの土俵に取り込み、実証分析の弱みを補うために活用したのである。

また、ゴルトンとピアソンは「記述統計学」の枠内にとどまっている点にも注目したい。『科学の文法』は、データ一元論を科学的に記述する文法は記述統計の枠組みにほかならないというピアソンのマニフェストだと大塚は位置づけている。

ただ、科学の土台を直接、観察できるデータに限定すると、大きな代償を伴う。帰納推論の否定につながるためだ。ヒュームが「自然の斉一性」と呼んだ仮定そのものは、観察データからは導き出せない。観察データは過去のデータであり、未来のデータは未観測である。自然は過去から未来にわたって同じように働くだろうという見通しがなければ、帰納推論は成り立たなくなる。

記述統計は観察データを要約するだけで、未観測のデータの予測を正当化しない。ゴルトンが描いた親子の身長の関係を示す回帰直線は、観察データには含まれない親子の関係を何も示していないと判断するのが記述統計の正しい使い方なのである。

記述統計から推測統計へ

「これは潔い態度かもしれないが、しかし科学的な方法論としては全く期待外れ」と大塚は断じる。記述統計に従って観察データをまとめ、整理するのは科学の役割の一つではあるが、人々が期待するのは観察されていない、あるいは観察できない事象を予測したり、説明したりする能力である。科学的な予測や説明を保証してくれる、より強力な統計手法として「推測統計」が登場した背景をこう説明している。

統計学に確率の考え方を導入し、推測統計の確立に貢献したのは、現代統計学の父と呼ばれるイギリスの統計学者、ロナルド・フィッシャーらである。本書では、フィッシャーをRCTの原点となった実験計画法の生みの親として、第2章ですでに取り上げている。

大塚は推測統計の根幹をなす概念として、「確率モデル」と「統計モデル」を挙げる。記述統計は与えられたデータを要約する手法、推測統計はデータをもとに未観測の事象を予測し、推定する手法である。帰納推論の前提となる「自然の斉一性」の仮定を「確率モデル」に置き換え、数学的に推論を進める手法が推測統計だという。

確率モデルとは、観察データの背景に存在すると仮定する世界の姿を、母集団、確率関数、確率変数、確率分布といった確率の用語を使って表現したモデルだ。何らかの確率分布を仮定したモデルと定義できる。記述統計が生のデータの分析にとどまるのに対し、推測統計では、確率の考え方を導入し、観察データはその背後にある確率モデルから抽出されたサンプル（標本）だとみなす。確率モデルは推論の仮定で斉一（同じ状態にとどまる）と仮定する。

確率モデル自体は観測できないため、観察データをもとに推測しなければならない。確率モデルを推測できれば、そのモデルを通じて、未知のデータを予測できる。

確率モデルが「自然の斉一性」の代わりとなり、帰納推論が可能になるのだ。大塚は、推測統計は「データと確率モデルの二元論」に基づく手法だと指摘する。

確率モデルと統計モデルの違いとは

確率モデルの存在を仮定したうえで、有限なデータからできる限り正確に帰納推論するための枠組みが統計モデルである。パラメータを推定する形の統計を例にとると、実際の確率分布は非常に複雑で、有限のパラメータでは記述できないかもしれない。それでも、とりあえず特定の関数形で表現できると仮定し、一定の範囲に考察の対象を絞って推論を進めるのだ。

確率モデルと統計モデルの違いはやや分かりづらいが、確率モデルは自然の斉一性に等しい仮定であり、確率モデルが存在しないのなら、帰納推論は不可能になる。帰納推論をするためには、正しいと認めざるを得ない仮定なのである。

一方の統計モデルは、唯一の仮定ではない。多くの統計学者は、いずれかの統計モデルが世界の真を余すことなく記述しているとは考えていない。帰納推論を進めるという目的に照らし、真の確率分布の適切な近似になっていればよいと期待するだけだ。統計モデルは真の確率分布を近似する道具にすぎない。

「すべてのモデルは間違っているが、中には役立つものもある」。イギリスの統計学者、ジョージ・ボックス（1919〜2013）の箴言は、統計モデルの本質をうまく表現している。

ここで、帰納推論と統計学の関係について整理しておこう。ピアソンは収集したデータを記述統計の枠組みの中で処理した。回帰分析の手法を使い、物事の間に相関関係があるかどうかを明らかにした。ピアソンが解明したのは物事の相関関係であり、因果性の存在には疑いの目を向けた。ピアソンに従う限りでは、統計学では帰納推論も因果推論も成り立たない。

フィッシャーらが確立した推測統計の手法は、統計学にとってのブレークスルーといえる。統計学には、データを整理して情報を読み取る、観察データから全体の傾向を予測する、2つの事柄の関係を調べる、という主に3つの機能がある。

ピアソンによれば、記述統計にはデータを整理して読み取る機能と、2つの事柄の相関関係を調べる機能があるが、観察データから全体の傾向を予測したり、2つの事柄に因果関係があるかどうかを調べたりする機能はない。

それを可能にしたのが、確率モデルの存在を仮定し、統計モデルを駆使する推測統計である。統計モデルは観察データから母集団の姿を帰納推論し、未知のデータを予測する。さらに、統計モデルは帰納推論と関連が深い因果推論にも威力を発揮する。科学者たちは「AがBを引き起こす」という関係に「必然性」があるかどうかの証明に苦心してきた。「Aは一定以上の確率でBを引き起こす」という命題に置き換えてもよいのなら、統計手法を使って因果関係の有無を証明できる。

20世紀中ごろまでの多くの哲学者は、因果性の説明と予測には本質的な違いはないと考えていた。統計学でも、因果関係を回帰分析など確率の考え方を導入した手法を使って定量分析する試みが広がったのである。

因果関係が確率関係の一種にすぎないのであれば、統計学者は強力な道具を手にしたといえるだろう。

しかし、「因果関係はそもそも確率で表現できる関係ではない」と大塚は指摘する。回帰分析では、結果とみられる変数（目的変数と呼ぶ）と原因および交絡因子（原因と結果の両方に影響を及ぼす変数）の候補になりそうな変数（共変量と呼ぶ）を説明変数とし、回帰モデルを作る。

ここで問題になるのが共変量の選択だ。イギリスの統計学者、エドワード・シンプソン（1922～2019）が示した「シンプソン・パラドクス」と呼ばれる逆説は、共変量選びの難しさをよく表している。

母集団での相関と、母集団を分割した集団での相関は必ずしも一致しない。分割した集団で成立する仮説と、集団全体で成立する仮説が正反対になる場合があるというのだ。

その一例としてよく挙がるのが、アメリカの州立大学、UCバークレー校の入試で起きた出来事だ。1973年の入試合格率は男性が44%、女性は35%と差があった。大学は女性の志望者を不当に低く採点しているのではないかという疑いが生じた。調査委員会が発足し、検証したところ、ほとんどの学部では女性の合格率が高いか、同程度であった。各学部の合格率は女性の方が高いのに、全体を合計すると男性の方が上回った。女性の応募は競争率が高い学部に集中する傾向があり、成績が良くても入学できなかった人が多かったのである。性別という変数Xは合格という変数Yに直接、影響を与えるだけではなく、志望学部という変数Zを通してもYに影響を与えている。

XとYの関係を回帰分析で調べるためにはZの影響を取り除く必要があるが、そう考えるのはZの影響があったと分かっているためである。Zの影響を全く想定していない状態では、Zを変数として回帰モデルに組み入れようとはしないはずだ。

回帰モデルは、因果関係を確率関係に置き換える「還元主義」に基づくモデルだ。還元を完遂するためには、モデルの中には因果性に関わる概念を入れてはならない。仮にモデルの中に因果概念が潜んでいたら、因果を確率に還元したことにはならない。

XとYの回帰モデルで重要な役割を果たす共変量Zを選択するためには、あらかじめZに関する知識がなければならない。因果関係を確率関係に置き換える過程で、因果に関する知識が必要になる。

そうだとすれば、因果関係を確率関係に完全に置き換えるのは不可能なのだ。

回帰分析の最終工程といえる「仮説検定」にも同様な難点がある。検定とは、結果から原因を推論する一種の因果推論だと大塚は言う。結果と原因の間にできるだけ強固な関係を作り出し、推論の信頼性を高めるのが検定理論の主眼である。

ただ、検定とは、あらかじめ特定の因果関係を想定し、その想定の中にある結果から原因を推論する手法であり、因果関係自体を推論するわけではない。ある事象と他の事象の間にそもそも因果関係が存在するのか、という問いには答えられないのである。何らかの関係を事前に想定する推定を、因果推論というのはやや無理がある。

それでも、ほかに方法がない以上、回帰分析や仮説検定に頼るしかないのだろうか。

「語り得ぬもの」を想像する

ここで大塚は、オーストリア出身のルートヴィヒ・ウィトゲンシュタイン（1889～1951）が『論理哲学論考』（ウィトゲンシュタイン 2005）の最後の部分に記した「語りえぬものについては、沈黙しなければならない」という言葉を引用する。

ウィトゲンシュタインは、19世紀末のウィーンで経験論と並ぶ思潮となった「言語論的転回」を決定づけた哲学者だ。それまで哲学者たちが繰り返してきた観念や表象をめぐる議論は、実はすべて言語の問題であると主張し、分析哲学にも大きな影響を与えた。

真偽を判断できる命題（＝語り得るもの）と、存在を示すことはできるが、真偽を判断できない形而上あるいは価値の領域の命題（＝語り得ぬもの）を峻別し、前者について語りきるのが哲学だと考えたのだ。

大塚は古典統計学から現代に至るまでの統計学の歩みを視野に入れつつ、「それでは、近代科学が語り得ないものとは何だろうか」と問いかけ、「あり得たけれども実現しなかった事象」（＝反事実の事象）、「個々の現象の裏にある世界の構造それ自体」、「世界への能動的な働きかけ」（＝介入）の3つを挙げる。

この3つは伝統的な因果推論の枠内にはおさまらないが、いずれも「因果性とは、そもそもそういうものではないか」と思わせる事象である。

そうだとすれば、3つの事象を生かせるように科学の世界を広げ、3つの事象をうまく表現できるように科学の言語を拡張しなければならない。

新境地を開いた「可能世界論」

統計学は3つの「語り得ないもの」を取り込みながら、推論の対象を広げてきたのである。

20世紀後半になると、因果推論は新たな飛躍を遂げる。アメリカの哲学者、デイヴィド・ルイス

（1941〜2001）は因果の「反事実条件説」を唱えた。反事実とは、現実とは異なる状況を指す。その状況を想像して事態の進展を描き出せば因果関係を証明できると説くのが、反事実条件説である。この仮説の源流には、「可能世界論」がある。

伝統的な論理学では、現実の世界での真偽だけを問題にしてきたが、現実の世界以外にも可能な世界が存在するとの見方が「可能世界論」である。アメリカの哲学者、ソール・クリプキ（1940〜2022）らが1950年代に提唱して以来、論理学や哲学に大きな影響を与えてきた。

現実の世界は、無数にある「可能世界」の一つである。人間は無数の「あり得る世界」を想像できる。可能性や必然性が何を意味しているのかは、「可能世界」に関する命題の真偽を考えると以下のように明確になると唱えた。

真なる命題とは、現実世界で真である命題／可能な命題とは、少なくとも一つの可能世界で真である命題／真である可能世界も、偽である可能世界も存在する命題は偶然の命題／必然的な命題とは、すべての可能世界で真である命題／不可能な命題（必然的に偽の命題）とは、すべての可能世界で偽である命題

例えば、現実の世界では「地球は青い」が、「すべての可能世界で地球は青い」という命題は偽であるから、「地球は青い」は必然的な命題とはいえない。一方、「ある可能世界では地球は赤い」は真

であるから「地球は赤い」は可能な命題といえる。

ルイスはヒュームの流れをくむ哲学者であり、ヒュームの考えをモザイクにたとえて理解するよう提案した。

世界は互いに結びつきがない出来事からなる巨大なモザイクのような存在であり、小さなかけらが並んでいるだけだ。モザイクをよく見ると、一定のパターンを発見できるかもしれない。モザイクのタイルは偶然、床にまき散らされたのだが、認識が可能なパターンが生まれる可能性はある。例えば、青のタイルの横には常に赤のタイルが並んでいるかもしれない。

タイルに相当するのが、出来事である。世界は様々な出来事からなる。人間は世界に存在するパターンを発見すると、因果性に関する信念を持つようになる。偶然、隣に並んでいるAとBを見て、AがBを引き起こしていると考えるのだ。これはヒュームの「規則性説」にあたる。

ヒューム＝規則性説のイメージは強いが、ヒュームは因果性に関して実はもう一つの仮説に言及していた。それが「反事実条件説」である。ルイスはこちらにも賛同し、議論を展開した。

ルイスによると、「仮にAが起きたらBが起きただろう」と「仮にAが起きなかったらBは起きなかっただろう」の2つの反事実条件がともに成立するなら、AとBは因果関係にある。

これを可能世界論に即して考えると、「仮にAが起きたらBが起きただろう」が現実の世界で真となるのは、どの可能世界でもAは起きないか、AとBがともに起きる可能性があり、それは「Aが起きるがBは起きない」可能世界のどれよりも現実の世界に近い場合だ。

ルイスの議論にはこれ以上は立ち入らない。ヒュームの着想を受け継ぎ、「可能世界論」を視野に入れて因果性を定義し直したといえる。

しかしながら、可能世界はあくまでも想像上の世界であり、観察はできない。様々な可能世界のうち、どの世界が現実に最も近いのだろうか。因果関係が成り立つ条件を列挙はできても、観察によって確認はできないのである。

「可能世界」を覗くルービンの反実仮想モデル

観察できるのは現実の世界の事実だけであり、可能世界の「反事実」は観察できない。この問題を「因果推論における根本問題」と呼んだのが、本書第2章でも取り上げたドナルド・ルービンである。統計学者のルービンはルイスの影響を受けてはいない。因果推論の新たな手法を追究するうちに、ルイスには見出せなかった「可能世界を覗く方法」にたどり着いた。それが「反実仮想モデル」である。

ルービンの反実仮想モデルの中核をなすのは「潜在結果」という概念である。潜在結果とは、AとBの2つの変数があるとき、Aの値（例えば0か1）に応じてBがとる値を指す。Aが実際に取り得る値（例えば0）は1つなので、それ以外の値（この場合は1）に対応するBの値は観察できない。2つの潜在結果のうち必ず1つは欠損値となる。

Aが起きればBが起きるかどうかを証明したいのなら、欠損値を「もっともらしい値」で埋め合わせるしかない。反実仮想モデルでは、因果効果を、現実の結果と潜在結果の差として捉える。

伝統的な回帰分析は、因果関係を確率関係に置き換える（還元する）手法である。あくまでも観察で得られたデータの中に因果関係を見つけようとする。一方、反実仮想モデルはそうした還元主義を放棄し、観察で得られたデータと、「仮に状況が異なっていたらどうなっていたか」という仮想データ（潜在結果）を比較して結論を導き出す。

そのための手法の一つが「傾向スコア・マッチング法」だ。観察データの中からRCTの「対照群」に相当するグループを探してくる手法がマッチング法だ。

ある政策の効果を調べるために、施策を受けた人（Aさん）と、施策を受けていない人々の中からAさんに最もよく似ているBさんを探してくる。Bさんを、仮に施策を受けなかったときのAさんとみなす。ある施策をAさんに実施する効果を、実際にAさんに施策を実施した結果と、Aさんの「反実仮想」であるBさんの結果の差として評価するのだ。この数値を母集団全体に広げ、期待値を出せば、政策の効果の平均値（平均処置効果）を算出できる。

マッチング法を実行するには、介入群の人と属性が同じ人とを比べる必要があるが、該当する人を探してくるのは容易ではない。「そっくりさん」が都合よく集まる保証はないと大塚は言う。属性の種類など無限に考え得るし、どんなペアを選んでも、両者の類似点と相違点をいくらでも指摘できる。

そんな難問を解消するのに有効な手法が「傾向スコア・マッチング法」である。

傾向スコアとは、観察した属性から予測できる、ある施策を受ける（プログラムに参加する）確率を指す。属性から予測すれば同じ程度の参加率なのに、実際には参加する人と、参加しない人に分かれる。そこで、両者を「ほぼ同じ人」とみなして結果を比べるのだ。

ただ、この手法でも、交絡因子を網羅する作業は欠かせず、回帰分析のアキレス腱である共変量選択の問題は当てはまる。反実仮想モデルを使えば因果推論にまつわる困難が雲散霧消するわけではないと大塚は強調する。

アメリカの統計学者、ジューディア・パール（1936〜）が提唱した「構造的因果モデル」は疫学の世界で取り入れられ、因果推論の新たな地平を切り開いた手法である。

「因果グラフ」と呼ばれる図を描いて因果関係を明らかにするのが特徴だ。例えば「XはYの原因である」とき、「$X \longrightarrow Y$」と表現する。これ以外にも因果関係があるなら、矢印を追加して複数の変数間の因果構造を「向きのあるグラフ」（有向グラフと呼ぶ）を使って表現する。そして、変数間の因果構造は変数間の確率分布となって表れると考え、因果構造と確率分布を関連づける。

「介入主義」の登場

どんな因果構造なのかを探索する手段が「介入」である。例えば、予防接種の効果を調べたいときは、予防接種を受けさせないという「仮想的な介入」を実施し、その結果を仮想的な介入をしない場合と比べて評価すれば、「予防接種は罹患を防ぐ」という命題の真偽を確かめられる。介入に何らかの効果があるのなら、介入を受ける対象（変数）の確率分布が変化するためだ。

「介入」は従来の統計や確率論には存在しなかった言語だが、因果推論とは、まさに介入によって変化させられた後の分布を推論しようとする試みだといえる。構造的因果モデルでは、因果関係は介入によって生まれる関係だとみなし、有向グラフによって介入そのものを定義する。そして、介入によって変数の確率分布が変わるとき、因果関係があると判断するのだ。構造的因果モデルは「個々の現象の裏にある世界の構造それ自体」、「世界への能動的な働きかけ」（＝介入）という新たな領域に足を踏み入れる因果推論の手法といえる。

ここで、大塚の解説を要約する形で、伝統的な帰納推論と、反実仮想モデルや構造的因果モデルを使う統計的因果推論との関係を改めて整理しておこう。従来の統計学では、回帰分析などの確率モデルを使って因果関係を定量化してきた。一方、統計的因果推論では、現実世界とは別次元にある可能世界の存在を想定し、現実世界との関係を表すモデル（因果モデルと呼ぶ）を作る。現実世界の確率モデルが反実仮想や介入によって生まれる可能世界でどのように変化するのかを法則として捉えるために因果モデルを導入するのだ。

つまり、伝統的な帰納推論はデータと確率モデルの二元論で成り立っているのに対し、統計的因果推論は、データ、確率モデル、因果モデルの三元論で成り立っているといえる。

ただ、構造的因果モデルでの「介入」はあくまでも「仮想的な介入」であり、観察データの中に因果関係を見出そうとする点は伝統的な推計手法と変わらない。

そこで登場するのが、「実験」によって調査対象に実際に介入するRCTである。観察データの中で因果推論を完結するのではなく、自ら実験に乗り出して効果を確かめる手法であり、これまで言及してきた因果推論との乖離は大きい。本書でも、因果推論の「黄金律」として確固たる地位を確立していると説明してきた。

RCTを因果推論の全体像の中でどのように関連づければよいのだろうか。他の方法との乖離があまりにも大きいためか、RCTの話題になると哲学研究者らは、やや歯切れが悪くなる。RCTが因果推論として優れた手法であると認めつつも、RCTは因果関係をどのように定義しているのか、RCTが想定する因果関係とは何かといった議論には踏み込まない研究者も多い。

一ノ瀬正樹によると、RCTには、哲学者が主題にしたいと考えるような問いに対しては、あまり立ち入って検討しようとしない弱みがある。例えば、因果性が未来に向かう非対称性を有しているのはなぜか、といった根源的な問いに対しては無力だ。それゆえ、RCTには深く切り込まない哲学者が多いのだろう。そうはいっても、RCTは認識論の流れを突き詰めていくと、おのずと発現してくるような理論ではあり、「介入主義」のカテゴリーに入る因果関係理解の一つだと一ノ瀬は明言する。

機械学習の位置づけも明確ではない。大塚は機械学習の中でも近年、最も成功を収めているのは深層学習だと指摘し、回帰モデルの一種だとみなす。ただし、極めて巨大かつ複雑怪奇な確率モデルであり、人間がモデルの真偽を判断するのは難しい。伝統的な統計学では、データの背後にある世界の真理を推論しようとするのに対し、深層学習では、予測の正しさを重視する。深層学習の根底には回帰モデルがあるものの、伝統的な統計学とは異なるパラダイムを形成しているとみている。

本章の後半では、回帰分析や統計的因果推論、RCTなど経済学や計量経済学への応用が進んでいる仮説や手法を中心に取り上げてきた。因果性をめぐる仮説や因果推論の手法はほかにもあり、分類の方法も多様である。

様々な因果性の分類法

ダグラス・クタッチ（1979〜）は因果性に関する学説の概説書『現代哲学のキーコンセプト 因果性』で、因果性をいくつかの切り口で分類しつつ、様々な学説を紹介している（クタッチ 2019）。本章で取り上げてきた学説は、クタッチの分類のどれか一つに当てはまるわけではなく、分類に登場する様々な要素から成り立っていると考えればよいだろう。

分類の軸は4つある（図3－1参照）。

第1は、「単称因果」と「一般因果」。前者は単一の事象に関する因果関係であり、「ある現象Aが起きたら現象Bが起きた」といった個々の現象の関係を問題にする。後者は「条件Aを満たす現象が起きると一般的にBが起きる」といった一般法則を導き出せるような関係を問題にしている。

第2は「線形因果」と「非線形因果」。前者は原因と結果が分量によって比例関係にあるような関係である。計量器に重りを載せると、重量に応じてメモリが動く現象は線形因果といえる。後者は、

図3-1　ダグラス・クタッチによる因果性の分類

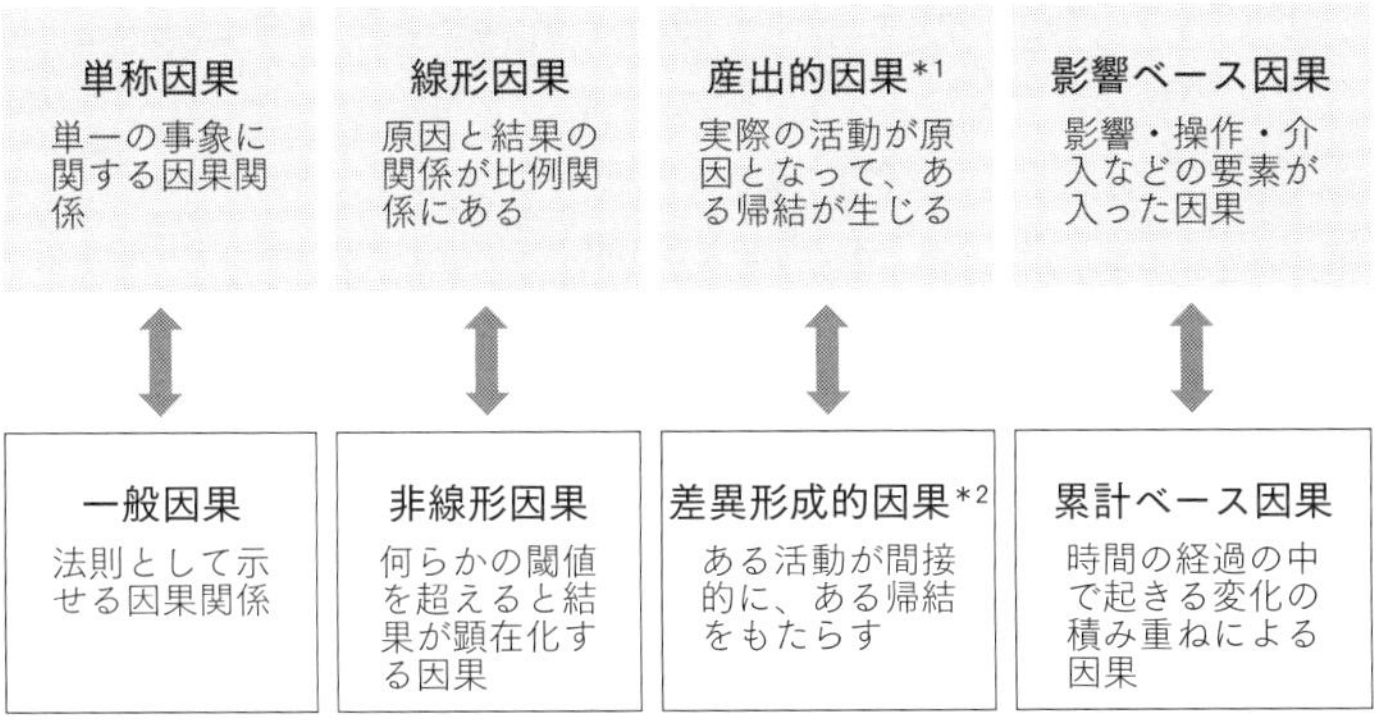

＊1　産出的因果の背景にあるのは、因果はエネルギー伝達のプロセスだと唱える仮説を淵源とする「因果実在説」。

＊2　差異形成的因果を代表する議論は「反事実的条件分析」。

クタッチ（2019）をもとに筆者作成

ある閾値を超えると結果が出るような関係だ。計量器に閾値を超える重量の重りを載せると、壊れてしまう現象はその一例である。

第3は「産出的因果」と「差異形成的因果」。前者は「原因とは、何らかの仕方で結果を生み出す（産出する）ものだ」との見方、後者は「原因とは、結果が生じるか生じないか、どんな結果が生じるかに違いをもたらす（差異を形成する）ものだ」との見方から捉えた因果である。

第4は、「影響ベース因果」と「類型ベース因果」。前者は影響、操作、介入といった要素が入った因果である。ボタンを押すと機械が動き出すといった関係を指す。後者は、時間の積み重ねの中で結果が出る因果であり、地球温暖化が気候変動を引き起こすといった関係が一例だ。

クタッチはさらに、因果性の問題へのアプローチの仕方を3つに分類している。「投影主義」、

「因果還元主義」、「因果実在論」である。

投影主義とは、人間は心の中で感じる「強制感」を現実の世界に投影することで、現実の世界での因果関係の成立を理解できるとの立場。本章で紹介したカントの考え方に近い。

因果還元主義とは、因果性を他の概念などに置き換え（還元し）、還元した要素をもとに因果性を証明しようとする立場だ。因果性を「恒常的な連接」といった概念で置き換えたヒュームの発想は、まさに還元主義である。

一方、因果実在論は、因果関係は世界の「実在」の側に客観的に存在するとの見方である。因果性を他の言葉で定義するのは不可能であり、因果性は世界の基盤なのだから他の知覚からの推論によっては因果性に関する知識は得られないと主張する。

クタッチによる因果の分類と、因果性へのアプローチの分類を組み合わせてみよう。クタッチは産出的因果と差異形成的因果の分類を特に重視し、前者の代表例として「因果プロセス説」と「因果メカニズム説」、後者の代表例として「反事実的条件分析」と「確率的因果」を挙げる。

産出的因果は因果実在論から生まれた因果の概念であり、差異形成的因果は因果還元主義から生まれた因果の概念であるといってよい。クタッチの分類に従えば、本章で言及してきた回帰分析や統計的因果推論は、差異形成的因果に対する還元主義アプローチといえるだろう。

産出的因果を代表する因果プロセス説は、因果性とは物理現象であり、エネルギー、運動量、電荷といった保存量の伝達だとみる考え方だ。物理的伝達理論、単に伝達理論とも呼ばれる。

個々の事象に備わっている「因果的なパワー」が解き放たれると結果をもたらす。ただし、因果的なパワーは必ず表に現れるとは限らず、結果を引き起こす傾向を備えているだけであると考える「傾向主義理論」は伝達理論の一形態ともいえる。

因果メカニズム説とは、世界全体のプロセスではなく、世界を構成する部分同士の相互作用に焦点を当て、規則正しい変化の産出として因果関係を捉えようとする仮説だ。

産出的因果や因果実在論を支持する科学者は少なくないが、経済現象をエネルギーの伝達やパワーの解放では説明しきれないのは明白だ。経済学者や計量経済学者が、差異形成的因果にアプローチする手法を磨きながら実証分析に取り組んできたのは自然な流れであろう。

半面、理論研究の面では、産出的因果の発想は経済学界にも根付いている。ニュートンの古典力学を手本にしてきた経済学者たちの眼には、単一の原理や法則であらゆる因果を説明しようとする産出的因果は魅力ある存在に映るはずだ。

因果推論は一つの哲学

本章の最後にもう一度、大塚の議論に戻ろう。

「因果推論とは一つの哲学である」と説く大塚の議論を貫くキーワードは「正当化」である。科学者や哲学者たちは「因果関係とは何を意味しているのか」(意味論)、「因果関係とは何か」(存在論)、

「因果関係をどのように見つけるのか」（認識論）をめぐって思索を積み重ね、様々な仮説や方法論を生み出してきた。因果性や因果推論そのものを否定する議論さえある。どんな仮説や方法論を打ち出せば、推論を正当化できるのか、これからも議論は続くだろう。大塚が「因果推論とは哲学である」と強調するのは、哲学とともに歩んできたはずの因果推論が哲学から切り離され、「統計学の新しい手法」としての側面だけに焦点が当たっている現状に危機感を抱いているためだ。

経済学界で急速に普及している因果推論やRCTの手法は数多くの仮説や方法論の一つにすぎない。記述統計はデータ一元論で事足りるが、推測統計ではデータと確率モデル（統計モデル）の二元論を想定しなければならない。可能世界論に足を踏み入れる因果推論や、介入効果の評価を実施するためには、データ、確率モデル、「因果モデル」の三元論を想定する必要がある。世界が広がれば乗り越えるべき層が増え、推論の難易度は高まり、不確かにならざるを得ない。

機械学習では、予測の正しさが正当化の根拠になっているが、個々のモデルの信頼性を一元的に導くような理論は存在しない。個々のモデルを試し、そのつど、信頼性を確かめるしかない。推論プロセスの信頼性を理論で裏付けている伝統的な統計学とは明らかにパラダイムが異なるのである。経済学者たちは「RCTは便利な黄金律だ」、「深層学習は予測に役に立つ」といった意識の下で研究に取り組むうちに、従来の手法とは「正当化」の根拠が全く異なる別次元の世界に足を踏み入れている。その自覚がないままに、あるいは、そうした認識をあえてカッコに入れた状態で、研究活動や経済社会への応用に精を出したとしても、「正当化」の根拠が乏しいデータ分析の山が生まれるだけだ。

第4章

RCTは「黄金律」なのか

ランダム化比較試験（RCT）という強力な武器を手にした研究者たちは、様々な領域に足を踏み入れ、次々と「成果」を生み出している。

第2章で紹介したアンガス・ディートンはRCTに取り組む人々を「ランダミスタ」と呼ぶ。ディートンはランダミスタを賛辞しているのではない。ディートンの専門分野である開発経済学では、RCTが適していない問題にも乱用されていると感じ、皮肉を込めて命名したのだ。

オーストラリアの学者、連邦議員のアンドリュー・リー（1972〜）は、ディートンの意図を逆手にとり、ランダミスタを「RCTで真実を追究する人々」と前向きに捉えている。

リーは『RCT大全――ランダム化比較試験は世界をどう変えたのか』（リー 2020、原著タイトルは『ランダミスタ』）でRCTを実践した事例を数多く紹介している。同書の原題を決めるときにもRCTを活用したというリーは、同書の中で「私はRCTを支持するランダミスタだ」と表明している。

2000年代前半、学生のときにRCTに初めて関心を持ち、指導教官の影響を受けつつ、「問いを追究すること、可能な限り批判的な目でエビデンス（証拠）を精査していくことの価値を知った」という。

リーに限らず、ランダミスタたちはRCTの運用上の問題には注意を払うが、RCTが最も優れた手法であると固く信じている。

「便利で強力だ」と評判の道具が手に入ったので、使ってみました。使い勝手がよく、期待通りの作業ができたので、私はこれからも使います。みなさんも、ぜひ使ってみてください。ただし、使用するときには以下の点には注意してください。

RCTの解説書の多くはこんな趣旨のメッセージを発している。リーの著作も同様で、RCTに対する熱い思いが行間から伝わってくる。

RCTの虜になった「ランダミスタ」たち

『RCT大全』によると、RCTは、あくまで偶然の力で介入群と対照群を割り当てる分析だ。だから農場では種子や肥料の質をRCTで比較する。製薬会社もRCTで新薬をテストする。ほとんどの場合、RCTはそうでない実験よりも堅固かつシンプルなエビデンスをもたらす。その結果は厳しい検証にも耐えられるうえに、門外漢にも説明しやすい。

リーは、RCTを活用し始めた最初のパイオニアは医療の専門家たちだと解説する。近代医療が人類史に例をみないほど多くの人命を救っている理由の一つは、プラセボ（偽薬）治療や、新しい治療方法の比較試験の実施にある。比較試験を実施して効果があるなら使い、効かなければ研究所へ引っ込める。心臓病や神経疾患といった分野だけでも、近年のRCTのおかげで命拾いした人数はアメリカなら現時点で5万人にのぼる。エイズ治療薬、ヒトパピローマウイルスワクチン、核磁気共鳴画像法、遺伝子検査など、新しい治療法が出るたびに医療の世界は古い治療法を捨ててきた。医療はまだまだRCTを活用できるはずだという。

医療での実績をみれば、他分野に応用できるのは当然というわけだ。同書では、雇用や教育、犯罪防止など様々なテーマでRCTが威力を発揮し、政策にも影響を与えてきた事例を取り上げている。

アメリカで大規模な社会実験が始まったのは1960年代である。リンドン・ジョンソン大統領（在任期間は1963～69）が「貧困との戦い」を宣言したのを受け、政策立案者たちは、貧困線と同等の所得保障を提供する政策が、人々の労働意欲を損なわないのかどうか、確かめたいと考えた。1968～82年に9地域の家族を無作為に介入群と対照群に割り当て、労働パターンを調査した。所得保障の提供で労働時間は短くなってはいたが、その影響は多くの批評家が予測したよりも小さかった。

この結果は福祉制度改革に何度も活用され、1990年代にビル・クリントン大統領（在任期間は1993～2001）は賃金補助を大幅に拡充した。クリントンは「働いている人が貧乏であってはならない」と述べ、勤労所得税額控除の規模を2倍に増やしたのである。勤労所得税額控除はアメリカ最大の貧困対策プログラムの一つだ。

1971～82年の「ランド医療保険実験」も影響が大きかった。自己負担のレベルが異なる医療保険にアメリカの数千世帯を無作為に割り当てた実験である。自己負担の割合は0％から95％まで数パターンあった。
自己負担の割合が高いと病気になったときに、継続した治療を受けない傾向が強まる。貧困層が病気になると、自己負担の割合の高さは最悪の結果を招く。高血圧になったとき、自己負担の割合が高い保険に入っていると、死亡率が10％高くなった。この実験は医療保険に関する最も重要な実証実験と位置づけられた。

社会政策での最大の問いの一つは、どうすれば失業者が職を見つけるのを後押しできるか、である。失業は収入の欠如だけではなく、自己尊重感の低下にもつながる。経済学者の研究によって、失業の予防策となる要素は分かっている。しっかりした読み書き能力と計算能力、義務教育の修了資格、明るい性格、経験の多さなどが備わっていれば失業しにくい。残念ながら、これらの要素は簡単には手に入らない。こうした資質に欠ける求職者の厳しい状況を社会はどう助けられるのか。

失業者の就職を助けるプログラムを特定するにあたり、研究者はここ数十年、ＲＣＴを活用するようになった。アメリカの職業訓練に関するＲＣＴでは、訓練プログラムに参加した若者の所得は、参加しなかった対照群の若者の所得よりも少なかった。訓練の大半は数週間程度で、コストも２０００〜３０００ドル程度しかかけていない。問題は過大な野望を抱いてプログラムを設計した人間の側にあった。

アメリカのシンクタンク、ブルッキングス研究所の社会政策専門家によると、教育と雇用に関するプログラムを厳密に評価すると、約75％のプログラムで「ほとんど効果が出ていない、もしくは全く効果が出ていない」という。

リーがここで問題にしているのは、雇用や教育のプログラムの効果であり、効果を計測するのに活用したRCT自体には矛先を向けていない。

ランダミスタたちは、RCTに対する批判を意識はしている。特定の集団に介入するのは倫理上の問題がある／介入の対象が狭い／介入の対象外となる対照群を切り捨てる／コストがかかりすぎる／時間がかかりすぎる、といった批判だ。

RCTによる介入が小規模な範囲のプログラムなのか、大衆を広く網羅するのかを区別して考える必要もある。実験の規模を拡大すると、その成功がプログラム外の成功を犠牲にしたものでなかったかどうかが見えてくる。少数の被験者を対象とするRCTでは「部分均衡」と呼ばれる効果が見えてくるが、介入の対象を広げないと「一般均衡」の効果は分からない。

それでも、ランダミスタたちはめげない。批判の多くは確かに重要な要素だが、決して致命的な問題ではない。調査範囲が限られるのは否めないが、結果の解釈には慎重に臨んでいる。実験によっては数百万ドルのコストや数十年の歳月を要するが、迅速で安価なRCTも増えている。ビジネス界は業務手順を改善するためにRCTを積極的に活用し、政府機関は行政データを活用して低コストで実験をしていると、リーは説明する。

ＲＣＴと開発経済学の二人三脚

ＲＣＴの活用が最も進んでいる分野は開発経済学だ。１９９０年代には、研究者らが途上国でＲＣＴを実施し、発表した件数は年間30件に満たなかったが、２０１０年代には年間２５０件にのぼっている。現在では開発経済学でのインパクト評価のうち3分の2はＲＣＴを利用している。

開発経済学でＲＣＴの活用が広がった一因は、世界の貧困を撲滅するにあたり、単一の方策では解決できないとの認識が生まれてきたためだ。かつて開発経済学者の多くは、途上国が国際資本市場から借り入れができるようにすれば貧困問題は解決すると主張した。その後は人口爆発の抑制、続いて債務免除が解決策として浮上したが、決定打にはならなかった。

ここでリーは、「キツネはたくさんのことを知っているが、ハリネズミはでかいことを一つだけ知っている」という古代ギリシャの詩人、アルキロコスの言葉を引用し、ＲＣＴを活用して地域開発に取り組むランダミスタをキツネ、地域開発のために壮大な計画に臨む人たちをハリネズミにたとえる。

ハリネズミは貧困問題の一つの要因を突き止め、「これがうまくいく方法だ」と信じた道を進もうとする。キツネは複数の可能性を考え、あちこちを嗅いで回る。

リーはハリネズミとキツネの優劣を論じてはいないが、キツネのやり方に惹かれているのは明らかだ。

壮大な計画に臨む人たちが誰を指すのかは、この文章だけではよくわからない。エビデンスを軽んじ、ある種の思い込みを持って貧困問題に取り組む政治家や役人のイメージだろうか。

ハリネズミタイプとキツネタイプの分類は経済学者にも当てはまるのではないか。ＲＣＴにコツコツと取り組み、実証分析を重視する学者がキツネタイプだとすると、経済理論の研究に邁進する学者はハリネズミタイプといえるだろう。

本書でこれまで述べてきたように、経済学界では長く、ハリネズミタイプの学者が権威を保ち、学界の頂点に君臨してきた。ところが、１９９０年代に起きた「信頼性革命」を契機に、学界の潮流は大きく変化している。

リーは途上国に対する開発支援を目的とするＲＣＴを、ビジネスの活動促進を目的とした実験、優れた行政手法を特定する実験、健康状態の改善を試みる実験、教育水準の向上を目標とする実験の４つに分類する。

ビジネスの活動促進を筆頭に挙げているのは、意外な印象を持つかもしれない。先進国に本拠を置く巨大ＩＴ企業はマーケティングや販売促進のためにＲＣＴを積極的に活用しているが、ＲＣＴの用途はそれだけではない。

マイクロクレジットの難点を暴いたＲＣＴ

少額融資を手がける「マイクロクレジット」の効果を検証する実験は、ＲＣＴの威力を見せつけた一例だ。

１９７６年、バングラデシュ在住の大学教授、ムハマド・ユヌス（１９４０〜）は、貧しい村で竹製家具を作る商いをしていた女性グループにポケットマネーから27ドル相当のお金を貸した。女性たちはきちんとお金を返し、商いをもっと実入りのよいビジネスに成長させた。

そこでユヌスは、2、3ドル程度の少額融資「マイクロクレジット」を実行する銀行を設立した。20年後、マイクロクレジットは開発支援のトレンドになった。ユヌスが設立したグラミン銀行は数十億ドルを扱う銀行に成長したのである。バングラデシュ首相は「世界で最も貧しい人々が、貧困と欠乏のくびきから解き放たれ、もてる可能性を最大限に発揮できる」とマイクロクレジットに賛辞を贈った。２００６年、ノーベル委員会は「マイクロクレジットを貧困との闘いにおける最も重要な手段」に発展させたユヌスにノーベル平和賞を授与した。

マイクロクレジットはどんな効果をもたらしているのだろうか。２０００年代に入ると、ボスニア、エチオピア、インド、メキシコ、モロッコ、モンゴリアでマイクロクレジットによるプログラムを対象とするＲＣＴがスタートした。

開発経済学の研究チームは6カ国の実験をまとめ、マイクロクレジットは世帯収入の増加に影響をもたらさないとの結論を出した。マイクロクレジットを利用した家計では世帯収入が増加する傾向があったが、RCTの結果、世帯収入の増加はマイクロクレジットによるものではないことが明らかになった。マイクロクレジットを利用するような投資に意欲的な家計は、もともと収入を増加させる能力が高かったのだ。児童の学校中退を止める効果もなく、女性へのエンパワメント（権限移譲）にもなっていなかった。マイクロクレジットのスキームは人々が商いに多くを投資できるようにはしたが、商いの利益率が伸びていたわけではなかった。

マイクロクレジットを賛辞する声の根拠は、もっぱら相関関係と因果関係を区別できていない逸話や評価だったのだ。

マイクロクレジットが期待したほどの効果を生まなかった理由の一つは、貸付金利の高さ。マイクロクレジットを支持する人は、かつては暴利をむさぼる悪徳業者しか選択肢がなかったのだから、それに比べれば金利は安いと主張するものの、現実には黒字を維持していくのは難しい。

マイクロクレジットの難点が明らかになるにつれ、経済学者の間から、融資よりも貯蓄を助ける方が、利点が大きいとの意見が出るようになった。RCTを活用した論文では、貯蓄推進プログラムで所得と財産が増え、医療と教育にかける支出が増加し、不測の事態にも備えられる傾向を確認している（Karlan et al. 2014）。

ある研究では、エチオピア、ガーナ、ホンジュラス、インド、パキスタン、ペルーで極度に貧しい暮らしをしている人々を対象に、資産（通常は家畜）、所得補助、銀行口座と職業訓練をセットにして与えるプログラムの効果を調べた（Banerjee et al. 2015）。プログラムの終了から1年後の効果ははっきりしていた。支援パッケージを受け取った世帯の方が、農業収入が多く、飢えやストレスに苦しむ傾向はみられず、より熱心に働いていた。コミュニティにおける自己のステイタスをより高く認識していた。極貧の女性たちに現金を渡すウガンダのプログラムでも同様な効果を確認した。

RCTの結果を受け、アメリカに「ギブ・ダイレクトリー」という慈善団体が誕生した。寄付金を極度の貧困に苦しむ人々に届けるというシンプルなミッションを掲げている。

ビジネス支援プログラムはお金に主眼を置くが、モチベーションも軽視できない。最近のRCTでは、エチオピア郊外の村人たちに、1時間かけて4本の映像を見せた。どの映像でも貧しい暮らしをする人物が登場し、勤労、目標設定、賢明な判断で生活水準を改善する様子が描かれている。映像の1本には1人の女性が登場する。まじめに働き、生活が改善していく。

研究者がその後6カ月間、追跡調査をすると、1時間の啓発映像の効果で、村人たちの間に変化が生じていた。映像を見た村人は、見なかった村人に比べて高い意欲を持っていた。貯蓄率が高く、子供を学校に入れている割合も高かったのである。

貧困問題の解決を単一の方策にゆだねるのではなく、RCTを駆使して様々なプログラムの効果を確認しながら、試行錯誤を重ねている様子がよく分かる。

「優れた行政手法を特定する」実験も活発だ。中国では、行政のウエブサイトへの書き込みに担当者がきちんと対応するかどうかを調べた。インドでは、短期間で運転免許を取得すると報奨金を出す実験を試みた。ケニアでは、経済学者が国営電力会社と連携し、無作為に選んだ世帯に電気料金の割引サービスを提供した。ケニアの家庭が電力供給に見出す価値は、電力供給にかかるコストよりもかなり低いと分かったという。そうであるなら、僻地では電力供給よりも道路、学校、診療所に開発費を投入する方が得策かもしれない。

「健康状態の改善を試みる実験」が盛んなのは、RCTが安全な新薬開発に威力を発揮してきた歴史を踏まえると、自然な流れだろう。

マラリア予防にも威力

各国がとりわけ以前から対策の重点を置いている疾病はマラリアである。世界で最も残忍な殺し屋と呼ばれる病気であり、マラリア原虫を持ったハマダラカという蚊に刺された人間がマラリアを発症する。マラリアは2分に1人の割合で子供の命を奪っているのだ。

蚊は夜間に活発になるので、寝るときに蚊帳を吊るのが簡単な対策となる。どうすれば蚊帳は普及するのか。蚊帳を無料で提供すると、受け取った人々は蚊帳に価値を見出さないとの指摘もある。ニューヨーク大学教授のウィリアム・イースタリー（1957〜）は無料の蚊帳の多くは闇市場に出回り、必要とする診療所に蚊帳は届かず、漁網や花嫁のヴェールに転用されていると批判した。そこで、世界保健機関（WHO）は蚊帳の無料配布ではなく、蚊帳購入代金の補助に集中した。蚊帳を2、3ドルで流通させようとしたのだ。

しかし、蚊帳の普及率を最大にする価格設定に関して、経済理論はたいして役に立っていないとリーは断言する。

その商品を最も必要とする人は積極的にお金を払い、活用する可能性もある。一方、無料の力に着目する理論もあり、値段がゼロに近づくと消費が増えると考える。食事のときに真っ先に一番高いワインを開けている人は、値段を品質のシグナルとして受け取っている。理論だけでは決定的な答えは出ない。

正解を導き出すのに一連のRCTが大いに役立ったという。蚊帳を無料で配布すれば全員に行き渡る。蚊帳の値段を少しずつ上げてくと、60セントでも、普及率は3分の2下がる。研究者が調査したところ、無料で蚊帳を受け取った人と、補助金付きの値段で買った人が蚊帳の中で寝ている割合は同じだった。最もマラリア罹患リスクの高い人々を守るには、無料配布の方が有効だと分かった。RCTの結果が明白になると、WHOは方針を切り替え、蚊帳の無料配布を選んだ。

開発経済学では適切な価格設定は重大な問題だという。蚊帳以外にも、子供に飲ませる虫下し剤、家庭の飲料水に使う殺菌剤は無料配布が最善だと判明した。ワクチンの理想的な負担額はゼロではなくマイナスだ。インドの実験では、予防接種と引き換えに3ドル相当の食糧と金属製の皿を渡すようにすると子供に予防接種を受けさせる家庭が多くなった。

「教育水準の向上を目標とする実験」もＲＣＴの柱だ。子供に家事をさせるために親が学校をやめさせる傾向をどのように回避するか、が積年の課題である。

１９９７年、メキシコで実施されたＲＣＴは、説得力のある答えを導き出している。エルネスト・セディージョ大統領（在任期間は１９９４～２０００）は、貧困世帯に対する助成金の給付方法を変更した。食糧やエネルギーの代金を安くするのではなく、貧困世帯に現金を渡す実験を試みたのだ。

貧困対策のモデルとなった「プログレサ」

「プログレサ」と呼ばれるプログラムでは、子供に病院で定期健診を受けさせ、学校に通わせるのが現金給付の条件だ。メキシコの５００カ所の村が対象で、98年5月時点では半分の村だけに限り、残り半分には99年12月から実施した。1年半のＲＣＴが成立し、2グループの比較が可能になった。

子供たちへの影響は絶大で、プログレサを導入した村では中学生の就学率が15％高く、幼稚園児が病気にかかる割合は12％低かった。家族が健康的な食事をし、きちんと病院に行っていた。メキシコでは政権交代後も、この制度を存続させた。「条件付き現金給付」と呼ばれる社会福祉制度は現在、60カ国以上に広がっている。

途上国の政府と支援団体にとって、プログレサは条件付き現金給付の効果を示すエビデンスになっただけでなく、ＲＣＴは迅速で簡単に実行できる手法だとの証明にもなった。

アフガニスタンでは、「村の学校」が実験の対象となった。低品質にならざるを得ない村の学校で学ぶよりも、複数の村の生徒をまとめて受け入れる高品質な地域学校で学ぶ方がよい教育を受けられるとみるのが、従来の通念だった。

調査のために無作為で村に学校を建てたり、建てなかったりするのは、倫理上の問題がある。研究チームはアフガニスタン北西部に拠点を置く慈善団体と連携した。団体はもともと2年かけて31カ所に学校を開く計画だった。無作為に選んだ半分の学校を初年度に、残り半分を次年度からスタートさせた。

実験を始めた時点では、村の学校に通える生徒はゼロ。2年後には実験対象となった村の子供全員が村の学校に通える。実験開始から1年過ぎた時点で、最初に導入した村が介入群、次に導入する村が対照群となる。2年後には子供全員が村の学校に通える環境になるため、倫理上の問題は生じない。

村の学校は1人の教師で運営する場合が多く、高校を卒業していない教師も少なくない。地域学校には正規の訓練を受けた複数の教師がいるが、地域学校に通うためには生徒は平均で片道5キロを歩かなければならない。

実験の結果、村の学校の方が、学業成績が良いと分かった。出席率の高さが主な理由だ。女子生徒は特に顕著であり、村の学校ができると学校に通う比率が52パーセント・ポイント高まった。ＲＣＴが、村の学校に対する通念の誤りを明らかにしたのである。

２０１９年にノーベル経済学賞を受賞したマサチューセッツ工科大学（ＭＩＴ）教授のエステル・

デュフロはランダミスタを代表する研究者の一人であり、『RCT大全』はその半生と実績を取り上げている。同書では触れていない内容も加えて彼女の半生を簡単に紹介しよう。

デュフロは幼いころから、世界の苦境を打開したいとの思いを抱いていた。パリで育ち、1980年代にテレビで見たエチオピア大飢饉の報道をよく覚えている。母は小児科医で毎年、アフリカに足を運び、帰国すると治療した戦争犠牲者の子供らの写真を見せた。

パリ高等師範学校で歴史学を学んだ。1993年にモスクワに数カ月間滞在し、ロシア政府の経済顧問となった経済学者、ジェフリー・サックス（1954〜）のサポートを務めた経験が転機となり、開発支援と研究の2つの世界で生きる道を選ぶ。

1994年に高等師範学校で歴史学と経済学の学位を取得し、パリ経済学校で応用経済学の修士号、1999年にMITで経済学の博士号を取得した。博士論文では、1970年代のインドネシアの学校拡張プログラムを含む自然実験の効果に焦点を当て、途上国では教育の機会が増えると賃金が上がるというエビデンスを示した。

2003年には、MITに夫のアビジット・バナジー（1961〜、ノーベル経済学賞を共同受賞）とともに、アブドゥル・ラティフ・ジャミール貧困アクション研究所（通称J-PAL）を設立し、数百件にのぼる実験を実施し、RCTの実務家を訓練してきた。途上国での職業訓練、マイクロクレジット、マラリア対策の蚊帳の購入補助金、ワクチンのインセンティブに関する実験などテーマは多岐にわたる。

途上国をめぐるデュフロの日常

デュフロは毎年、かなりの日数をインド、ケニア、ルワンダ、インドネシアといった途上国で過ごす。貧困撲滅プログラムの効果を確認する一方、欠陥が浮き彫りにもなる。「私にあるのは一つの意見、すなわち、物事はしっかりと評価すべきだという強固な意見だ。したがって、結果には失望しない。結果を見て気に入らなかったことは一度もない」と言う。

『RCT大全』によると、デュフロのようなランダミスタたちが、ビジネス、行政、健康、教育といった領域でアフリカやラテンアメリカやアジア太平洋地域のスラムや村々の貧困撲滅の一助となるような答えを導き出している。

RCTが導き出す答えは先行する壮大な理論のようなきれいなものには決してならない。それが、私たちが生きる世界の現実だと強調する。

だが、完全なカオスではなく、生物学者や物理学者が個々の実験を積み上げ、より大きなシステムの働きを示したモデルを築き上げるように、ランダミスタは複数の実験を組み合わせ、政策立案に役立つ情報を追究しているという。

ここでいったんリーの著作から離れ、デュフロ自身の著作『絶望を希望に変える経済学──社会の重大問題をどう解決するか』（バナジー、デュフロ　2020）を紹介したい。2人がノーベル経済学賞を受賞した後に出した本であり、ランダミスタとしての本音がよく表れている。

序文では、同書を執筆した動機を説明している。重要な経済問題、例えば移民、貿易、成長、不平等、環境に関する議論がどんどんおかしな方向に進むのを外野で見ているのが嫌になった。経済政策はどこで間違い、イデオロギーが良識を失わせ、人間はどこで自明のことを見失ったのか、とたたみかける。

いま世界が抱える問題の多くが富裕な北半球で目立つようになっているが、自分たちの専門は貧しい国に住む貧しい人々についての研究だ。北半球の現在の問題について書くなら、多くの新しい文献と格闘しなければならず、大事なことを見落としてしまう可能性が大いにある。それでも書くべきだと確信するまでにはずいぶん時間がかかったという。

富裕国が直面している問題は、途上国で自分たちが研究してきた問題とよく似ている。途上国にも経済成長から取り残された人々がいる。不平等の拡大、政府に対する不信、社会と政治の分裂といった問題を研究する過程で自分たちは多くを学んだ。その知見を北半球の問題の解決にも生かせると考えたのだ。

デュフロらは、一般の人々の大半が経済学者の意見に耳を貸さなくなっている現状を憂慮し、「悪い経済学」が大手を振ってまかり通っていると指摘する。悪い経済学とは「全力で市場の楽観主義を煽ろうとする」経済学を指す。銀行や証券会社などの利益を代弁している「エコノミスト」は悪い経済学を流布する傾向が強く、一般の人々は同調しやすい。

デュフロらはメディアによく登場する「エコノミスト」と、シカゴ大学ブース経営大学院が様々な大学から有力な経済学者を招いて設けたIGM専門家会議のメンバーとを対比させ、後者を「アカデミックな」経済学者の代表と位置づける。エコノミストたちはメディアによく登場して断言したり予言したりする。アカデミックな経済学者たちは慎重に予想を避ける。

「研究論文を発表し、学界で評価されている学者」以外の存在意義を認めようとしない「学界寄り」の意見の持ち主のように見えるが、同書を読み進めると、学界で活躍していても経済問題の解決に貢献していない学者には、厳しい視線を注いでいることがよく分かる。

デュフロらは「経済学者としてどうあるべきかを学んだと自負している」という。事実から目をそらさず、見てくれのいい対策や特効薬のような解決を疑ってかかる。自分の知識や理解に常に謙虚で誠実であり、より人間らしく生きられる世界をつくるという目標に近づくためにアイデアを試し、間違う勇気を持つことが重要だと力説する。

経済学者は配管工か

アメリカのテレビドラマ「ビッグバン★セオリー」を引き合いに出しながら描き出している経済学者の姿も、バナジーとデュフロの理想像だ。

ドラマでは、物理学者はエンジニアを馬鹿にしている。物理学者は深く考えを突き詰めるが、エンジニアはいろいろな材料を手あたり次第にいじくっては物理学者のアイデアに形を与えようとする。もし経済学者を笑いものにするドラマを作るのなら、おそらく経済学者はエンジニアより数段下に位置づけられるだろう。少なくともロケットを作れるエンジニアよりはかなり下だろう。エンジニアとは違って経済学者には、ロケットが地球の電力圏を突破するにはどれだけの推進力が必要だと教えてくれる物理学者のような存在はいない。

経済学者は科学に基づく直観、経験を頼みにした推論、ひたすら試行錯誤を重ねて問題を解こうとする点で配管工に近いかもしれない。

ここまでくると、違和感を覚える読者もいるかもしれない。経済学者たちは物理学を目標に、人間の経済活動の原理を解き明かそうとしてきたのではなかったのか。経済理論家たちは物理学者のような存在ではないのか。「配管工に近い」というのは2人の自画像であり、経済学界全体を見渡せばごく一部なのではないかといった声も出るだろう。

「悪い経済学」を非難する2人は「良い経済学」とは何かを説明する。良い経済学は、認めたくないような悩ましい事実から出発し、人間の行動について分かっている知識や他の場合には成り立つと実証されている理論に基づいて推論し、新たに分かった事実に基づいてアプローチの仕方を微調整(または大幅に変更)し、最後はいくらかの幸運を味方につけて解決策に到達する。この意味で、経済学者の仕事は医学研究と共通する点が多い。

経済学では医学と同じく、「これが正しい」と断言できることがない。この結論に基づいて行動してもまず大丈夫だろうといえるくらいだ。そのときでさえ、あとで方針転換が必要になるかもしれない。基礎科学では定理や法則が確立しているが、経済学はそれを現実の世界に応用するところから始まる点でも、医学と似ているという。

配管工を自認する2人が、目標に向かってアイデアを試す最良の手段が、医学の世界を革新してきたRCTだと考えているのは明らかだ。

デュフロらは同書の本編で、移民、自由貿易、不平等、政府の役割など世界各国が直面する難題にどう対処すべきかを、経済学界が積み上げてきた研究成果を紹介しながら論じていく。

既存の成長理論への不満

本書では、『絶望を希望に変える経済学』から経済成長について論じている章を選び、概略を示す。経済学にとって経済成長は最も重要な研究課題の一つといえるが、2人はこの課題にどのように取り組むべきだと考えているのだろうか。

第2次世界大戦の終わりから石油危機までの30年間、欧米先進国の経済成長は史上最高のペースを記録した。経済成長を牽引したのは労働生産性の急速な伸びだ。労働生産性が伸びた理由の一つは教育水準の上昇、もう一つは、労働者が使う機械の性能の改良である。電気と内燃機関が動力の主役となったのが大きい。

それ以外に労働生産性が伸びた理由を、経済学者は測定可能な要因では説明できない。そこで、経済学者は「説明できない」と言う代わりに全要素生産性（TFP）と名付けた。計量できる要素すべてを使って説明した後に残るのが「TFPの伸び」となる。その重要な一翼を担うのが技術革新である。

1970年代までの数十年間が他の時期に比べて特別な時期になったのは、TFPが特にハイペースで伸びたからだ。TFPの伸びは、国民所得を増やしただけでなく、生活の質が向上した。1973年あたりを機に、伸びは止まった。その後の25年間のTFPの伸びは1920〜70年の3分の1程度にとどまっている。

新たな停滞は経済学者の間で活発な議論を呼び起こした。議論は2つの問いが軸となった。1つ目は生産性の持続的なハイペースの伸びは復活するのか。2つ目は、コンピューターやスマートフォン、機械学習といったイノベーションに満ちたニューエコノミーがもたらす幸福や満足は国内総生産（GDP）では計測できないのではないか、という問いである。

議論の中心にいるのはアメリカの2人の経済学者である。一人はロバート・ゴードン（1940〜）。ゴードンは高度成長の時代はもう戻ってこないと主張している。もう一人はジョエル・モキール（1946〜）で、楽観論を展開する。

ゴードンは、今日の発明はかつての電気や内燃機関ほどのスケールではないとみている。未来のイノベーションと称されるものは、2004年ころに登場した技術からそれほど進歩していない。モキールは、各国が科学技術で世界の先頭に立とうと競争し、イノベーションが次々と全世界に普及して経済は成長すると説く。

これほど優秀な研究者が正反対の結論に達すること自体、この問題の複雑さを物語っている。経済学者が予想を試みたなかで、成長予測ほどお粗末な成績だった分野はほかにないと指摘し、ハーバード大学教授のアルヴィン・ハンセン（1887〜1975）が1930年代に「長期停滞」という言葉を使って、アメリカ経済は二度と成長には転じないと予測した例を挙げる。

ゴードンとモキールのどちらが正しいのか。デュフロらは、電気や内燃機関のような大きなイノベーションが今後も起きるのか、起きないのか、決定的な証拠はなく、待つ以外に何もできないと結論づける。

さらに2人は、GDPと幸福の関係に論を進める。経済成長は常にGDPという指標を介して数値となる。欧米のTFPは1995年に急伸した後に2004年に再び伸びが鈍化したが、ちょうどこのころ、フェイスブック（現メタ）が人々の生活の中で大きな地位を占めるようになった。2006年にツイッター、2010年にインスタグラムが続いた。GDPにカウントされるフェイスブックの運営コストと、GDPにカウントされないフェイスブックが創出する幸福（または不幸）の間にはほとんど関係がない。生産性の伸びが鈍化した時期と、SNSが爆発的に浸透した時期がほぼ同じなのは意味深長だ。GDPにカウントされたものと、幸福度の上昇とカウントすべきものとのギャップがこの時期に拡大したと考えるのは十分に可能だ。

それでは、こうした新技術を「本当の価値」で評価したら経済成長のペースはもっと加速するだろうか。様々な研究成果を見る限りでは、おそらく答えはノーだという。ヨーロッパの栄光の30年やアメリカの黄金時代は計測されたGDPのハイペースな伸びに表れていた。そのような高度成長の復活を予見させる証拠は残念ながら存在しないからだ。

ソロー、ルーカス、ローマーが解明できない問題

1950年代に経済成長はやがて減速すると予測したのは、1987年にノーベル経済学賞を受賞したロバート・ソロー（1924〜）である。

1人当たりのGDPが増えると人々はより多く貯蓄するようになる。投資に回るお金が増え、労働者1人当たりに投下される資本（資本装備率）は増え、資本の生産性は低下する。追加資本や、その結果である新しい機械のGDPへの寄与度は下がり、成長は減速する。資本の生産性が低下すると資本のリターンが減り、人々は貯蓄する意欲を失い、成長はますます減速する。

この論理は資本の乏しい国にも潤沢な国にも当てはまる。労働力が資本に比べて大幅に豊富な国では経済がハイペースで成長し、所得が増え、貯蓄も増える。労働力に比べて資本の方が大幅に豊富な国では、資本蓄積のペースは遅い。したがって、資本と労働力の伸び率の乖離は持続しない。GDPは労働、技能、資本の生産物であり、長期では労働力人口の増加率と同じペースで成長する。

ソローの理論からはいくつかの仮説を導き出せる。第1は、経済成長は鈍化する可能性があり、高度成長期を過ぎると経済は均衡成長の経路に回帰するという仮説だ。

第2は収束仮説である。資本に比べて労働力が豊富な国はまだ均衡成長経路には達していないので成長ペースが速い。長い時間が過ぎると富裕国との1人当たりGDP格差は縮まり、貧困国は次第に富裕国に追いつく。「資本主義の下での進歩」という心地よい神話は30年にわたって信奉されたが、経済学者たちはソロー・モデルが現実と全く一致しないと気づき始めた。

第3は、1人当たりGDPの伸びは、相対的に富裕な国の間では、いったん経済が均衡成長に達するためにそれほど差がなくなるとみる仮説だ。ソローは、TFPの成長はただ起きるのであり、なぜ起きるのか、どうすれば起こせるのかはよく分からない、と考えている。したがって、政府は手の打ちようがない。ソローが問題にしたのは先進国のTFPであり、途上国は技術をアップグレードするペースが速い。

ソローは国によって均衡成長率に差が出る原因の究明をあえて断念したともいえる。TFPの成長率は神秘的な要因の産物であり、その国の文化や政策とは関係がない。資本蓄積のプロセスが終わり、資本のリターンが低くなれば、長期成長について言えることはほとんどない。ソローのモデルは、経済成長は外からの影響や要因で決まるとみる「外生的」成長モデルだ。

ソローのモデルとは異なり、現実には多くの貧困国は成長していない。成長を手助けするために何かできないかと経済学者たちは知恵を絞ってきた。本書ですでに何度か取り上げてきたロバート・ルーカスもその一人だ。1985年の講演で、インドが貧困から抜け出せないのは、技能と資本の欠如が原因だと指摘した。アメリカに比べてインドの技能と資本が少ないのは、植民地だった歴史とカースト制度に起因すると推定したのだ。

多くの研究者はルーカスの考え方を発展させて貧困国の成長率の低さを説明しようとした。貧困国の技能と資本が絶望的なほど足りないとしても、1人当たりGDPはその不足から予想される水準をはるかに下回っている。貧しい国は乏しいリソースさえ有効に活用できていない。貧しい国の間でも、リソースは同じ程度なのにうまくやっている国もあれば、そうでない国もある。

ルーカスの弟子であり、2018年にノーベル経済学賞を受賞したポール・ローマー（1955〜）は成長を「内生的要因」から説明した。内生的とは、経済活動の内部で生じるという意味である。

ソローのモデルは、資本家はより高いリターンを求めて投資をするためにリターンが下がれば資本蓄積も減るという仮定のもとで成り立っている。資本家は資本を増やす傾向にあり、資本の生産性は徐々に下がる。経済学の基本原理である「収穫逓減の法則」に従っているのだ。

ローマーは個々の企業は収穫逓減の法則に縛られるが、国全体として多くの資本を備えていると、より生産性が高い資本ストックを備えていると仮定した。個々の企業が巨大になって独占には至らないが、シリコンバレーのように新たなアイデアが次々と生まれる場所があれば、産業、都市、地域のレベルで収益性が高まる。

ローマーの理論のキーワードはスピルオーバー（漏出）効果だ。高度なスキルを持つ人たちが一都市、一地域に集中していれば互いにアイデアやスキルを高め合い、違いを生み出す。ソローのモデルでは収穫逓減の法則がインドに有利に働くとしても、富裕国ではアイデアが生まれるスピードが速いため、収穫逓減の不利を埋め合わせるというのだ。

ローマーは、企業のイノベーションを奨励する政策をとる国ほど技術が進歩するというストーリーも用意した。イノベーションを創出する企業の利益やキャピタルゲインに対する優遇税制、起業支援、インキュベーターの育成、イノベーターの権利を保護する特許の延長などだ。

だが、地域でのスピルオーバー効果は存在するとしても、数少ないエビデンスを見る限りでは、国家レベルでの成長を維持できるほど強力ではない。減税が経済成長率に何らかの影響を与えたという証拠も存在しない。高所得層に対する減税はそれだけでは経済成長にはつながらないという点では、経済学者の大多数の意見は一致している。

経済成長より生活の質向上を目指そう

デュフロらは「成長理論について書き始めると、どうも話が抽象的になっている」と手を止める。そして、ソロー、ローマーの理論でつかめるのは、経済全体のレベルにもたらされたとする利益だけであり、実証は至難の業だと指摘する。彼らの抽象的な議論を現実の世界に押し広げるのは難しい。経済学者にとってデータが唯一の拠り所なのに、この問題に関してはデータがあまり助けにならない。ソローやローマーの理論が経済全体のレベルで成り立つのだとすれば、個別企業や個別の集団ではなく、国（最低でも都市）同士の経済の比較テストを実行する必要があるが、非常に難しい。

経済学者たちは成長理論を裏付ける証拠を探したが、勇気づけられる結果は得られていない。成長の計測は難しいが、成長を牽引する要因を特定するのはもっと難しい。したがって、成長を促す政策を、自信を持って提言することもできないのだ。

そうであるなら、経済学者は成長にとりつかれるのはやめ、富裕国ではどうすればもっと成長して富裕になるかではなく、どうすれば平均的な市民の生活の質を向上できるかを問うべきではないか。途上国では経済理論の誤解や誤用によって成長が阻害されている事例があり、経済学者は何か役立つアドバイスができるかもしれないが、それも限られているという。

貧困国にとって経済成長は重要だ。非常に貧しい暮らしであれば、所得がごくわずか増えるだけで生活水準が改善する。ソローのモデルの信奉者にとっても、ローマーのモデルの信奉者にとっても世界に残る極度の貧困は悲劇的な損失だ。ソローによれば、貧困国には貯蓄と投資によって成長を加速する余地がある。ローマーによれば、貧困国が富裕国に追いつけないのは政策が悪いからだ。

1980～90年代に、成長理論を専門とする経済学者たちは「クロス・カントリー成長回帰分析」と呼ばれる実証分析を好んだ。教育、投資、汚職・腐敗、不平等、文化、宗教、海からの距離や赤道からの距離など、あらゆるデータをもとに成長予測を実施し、ある国の政策の中から成長の要因を見つけ出そうとしたが、壁にぶつかった。

第1に、1つの国でも、特に他の要因に変化はないのに成長率が時間によって大幅に変わる。第2に、成長を予見させる要因を見つける努力にはあまり意味がない。国レベルで起きる現象の大半には複合的な原因がある。国も国の政策も様々な点で異なるため、成長を説明しようとすると国の数よりも多い要因を考慮しなければならず、その多くは計測できない。投入する要素の選択を正当化し得る証拠がない以上、成長を説明する企て自体を放念するのが、唯一の合理的な態度だ。

デュフロらは成長分析を全否定しているわけではない。MIT教授のダロン・アセモグル（1967〜）らの研究によると、ヨーロッパが植民地を開拓していた時代に初期入植者の死亡率が高かった国は今日でもうまくいっていない（Daron et al. 2002）。ヨーロッパ人は入植せずに植民地を建設し、一握りのヨーロッパ人で強権的に統治できる制度を構築したためだ。大昔に入植者の死亡率が低く、今日では事業環境の整った国は、そうでない国よりはるかに豊かになる。

この研究で、「事業環境の整備が成長の原因だ」という仮説を立証できたわけではないが、非常に長期の要因が経済の成功に寄与することは示唆している。

だが、こう結論できるとしても、各国にいま何ができるというのか、とデュフロらは問いかける。ハイパーインフレ、自国通貨の過大評価、ソビエト型、毛沢東型、北朝鮮型の共産主義は避けるべきだ。民間企業に対する政府の過度の介入や規制も避けた方がよい、ということは比較的はっきりしている。しかし、中国型資本主義の奇跡を予想していた経済学者は1990年にもほとんどいなかった。日本、韓国やシンガポールが驚異的な成長を遂げたのはなぜなのかもよく分かっていない。成長の決め手は存在しない。

富裕国の成長要因が分からないのと同じように、貧困国に対する成長の処方箋も見当たらないのだ。

成長理論への批判は続く。これまでの成長理論は、ある経済の中でリソースが最も生産的な用途に円滑に供給されることが前提になっている。

途上国で技術の導入が進まないのは、利益をもたらす技術にアクセスできないからではなく、手元のリソースを十分に活用できていないからだ。土地、資本、人材もそうであり、必要以上に雇っている企業があるかと思えば、人手不足なのに雇えない企業もある。

有能な移住者に投資して利益を得るのではなく、息子たちの事業に金を貸す経営者、資本市場や不動産市場の問題点、成長を望まない経営者、待遇が極めて良い公務員を目指して就職を急がない若者たちなど、途上国に特有の問題を列挙し、リソースが最適の用途に当然のごとく流れ込むと仮定するのは現実離れしていると指摘する。

ソロー、ルーカス、ローマー、アセモグルは、一国の経済成長も一国のリソースも総和として捉え、その結果として重要な問題を見逃した。非効率なリソース配分を踏まえると、私たちはモデルで考えるのではなく、現実にリソースがどう使われているかを見るべきだ。

ここから話は急展開する。GDPはあくまでも手段であって目的ではない。雇用創出、賃金上昇、政府予算の配分を考えるときには有力な手がかりとなるが、最終目標はGDPの増加ではなく、平均的な市民の、とりわけ最貧層の生活の質向上だ。生活の質向上は単に消費を増やすことではない。自分は見捨てられた、価値を認められていないという感覚に人間は非常に敏感だ。

過去数十年間の目立った成功の多くは、乳幼児死亡率の低下といった具体的な目標を追求する政策の成果だった。例えば、5歳以下の乳幼児死亡率が最貧国でも大幅に減ったのは、新生児医療、ワクチン接種、マラリア予防のおかげだ。貧困撲滅のための他の政策、例えば教育、職業技能、起業家の育成、医療などにも当てはまる。カギを握る問題に焦点を合わせ、どうすればそれを解決できるか理解することが大切だと力を込める。

どうすれば経済成長を実現できるかは分かっていないが、教育や医療をよりよくする方法は分かっている。明確に定義された政策は、計測可能な目標が定まり、直接、評価できる。実験してうまくいかない政策を排除し、有効な政策を強化できる。

経済学者が何世代にもわたって努力してきたにもかかわらず、経済成長を促すメカニズムはまだ分かっていない。ただ、富裕国でも貧困国でも、現在の甚だしいリソースの無駄遣いを断ち切ることは可能だ。貧困国の人々は、健康で読み書きができ、多少なりとも先見の明があれば、成長という機関車が走り出したときに飛び乗れるチャンスは大きい。したがってインドのような国にとって最善の政策は、手元にあるリソースで市民の生活の質を改善することだ。

「著名な経済学者たちの成長理論は、結局は成長の要因を突き止められず、現実の政策には応用できない」というデュフロらの主張に反発する向きもあるだろう。2人が先進国や貧困国の経済成長について論じる際に、議論の出発点にしているのは既存の成長理論だ。ソローやローマーの成長理論が存在したからこそ、「一国の経済成長やリソースについて論じるだけでは有効な政策は生まれない」という2人の見解も生まれたはずだ。

ただ、ノーベル経済学賞を受賞した2人が、既存の成長理論を精査したうえで、「どうすれば経済成長を実現できるかは分かっていない」と断言している事実は極めて重い。2人が依拠しているRCTは貧困を撲滅するうえで有効な政策を明らかにするが、成長理論をいくら眺めていても答えは出てこないというのだ。

通用しない経済学の常識

バナジーとデュフロが厳しい視線を注いでいるのは成長理論だけではない。「需要と供給のモデルが移民にそのまま当てはまるとは限らない」、「経済学者は自由貿易の利益が自明でないことを忘れてしまうきらいがある」、「多くの経済学者は人々の選好を操作することに哲学的な反感を抱いている」、「市場がつねに公正な結果をもたらすとか、万人が受け入れられる結果を実現すると期待するのはまちがいだ」などと指摘し、『絶望を希望に変える経済学』全編にわたって経済学の常識は通用しないと訴えている。

既存の経済理論や命題の多くはデータ分析の裏付けを伴わない経済学たちの「信念」にすぎないとみているのだ。「よりよい世界、より健全で人間的な世界をつくることを経済学は決して邪魔しない」と2人は言うが、既存の経済学がよりよい世界をつくるのに「大いに役立つ」とか「強力な助けになる」とは決して考えていないようだ。

データ分析に埋没する研究者を、経済理論家たちは「理論なき計測だ」と批判してきたが、経済理論を熟知し、その限界を踏まえたうえでRCTを駆使して貧困撲滅に尽くす2人にも同じ言葉を浴びせるのだろうか。

再び、『RCT大全』に戻ろう。同書では、他の研究手法との比較やRCTを活用する際の注意点にも触れている。

本書でもRCT以外の因果推論の手法を取り上げてきたため、詳細は避けるが、リーがRCT以外の手法をどのように評価しているかを確認しよう。

科学研究室の中で実施する、その研究に特化した実験は多くの場合、まぎれもないRCTだが、社会科学における「実験室実験」（ラボ実験）はやや判断が難しいという。たいていは大学生を被験者とし、仮定に基づく質問に答えさせたり、コンピューターゲームをさせたりする実験だ。

研究者の視点からいえば、普通の実験室実験は実施が簡単な反面、実験ボランティアに応募する学生はその他大勢の学生とは異なる特徴がある可能性が高い。実験室の環境で得られた結果は現実の世界に一般化できるのかという懸念もある。化学実験と同様に社会科学の実験室実験でも、その限界を認識してさえいれば、きちんとした結果を出すことは可能だが、心理学者によるものであれ、経済学者によるものであれ、社会科学の実験室実験は有望ではあるが決定的ではないと指摘している。

経済学界では、観察データを使うのか、実験データを集めるのかによって研究の手法が大きく分かれると本書では説明してきたが、実験データでも、実験室の中の実験なのか、実験室の外で実験するのかによる違いの大きさがよく分かる。経済学のラボ実験は、経済理論の検証を目的とする場合が多く、RCTとはもともと発想が異なるのだ。

RCTを使わない因果推論には、地域差や境界線に注目する方法、自然に発生したランダム性を利用する方法などもある。リー自身は長年、ランダム化の作業をしない実験を数多く手がけ、論文の共著者とともに、信頼性の高い反実仮想の特定に最善を尽くしてきた。

だが、これらの研究はこの手法をとったときに必要とした「仮定」そのものによって制約を受ける。計量経済学の教科書は「非ランダム化」アプローチを解説しつつ、そのつど、「実験的理想」を引き合いに出し、「ここでRCTを実施したらどうなるのか」を考えさせるようになったという。

よりよい反実仮想を得られる点が、RCTが「黄金律（ゴールドスタンダード）」と呼ばれるゆえんだ。多くの経済学者はエビデンス階層という考え方を支持し、その頂点にはRCTがある。

歴史家、デイヴィッド・ウートン（1952〜）によると、1600年の教養あるヨーロッパ人の大半が狼男、嵐を起こす力を持つ魔女、一角獣や錬金術の存在を信じていた。アイザック・ニュートンは物理学よりも錬金術に多くの時間を費やした。

錬金術が消え去ったのは、実験で真実を確かめる文化が生まれたからではない。錬金術師は実験を重ねていた。きちんと設計していない実験をひそかにする風潮から、厳密な実験をして世間に公表する風潮へと変化したためだ。

1750年にはヨーロッパの知識人は錬金術、魔女、一角獣、狼男の存在を信じなくなった。現代人は実験とその結果をオープンにする慣習があるから、一見なるほどと思わせる様々な着想を、自信を持って退けられるのだ。

科学革命は世界に対する私たちの見方を変えただけではなく、医学研究にも大幅な進歩をもたらし、命の長さと質は大きく伸びた。にもかかわらず、ビジネスから政策決定に至る現代生活のあまりにも多くの場面が今でも不安になるほど錬金術によく似た様相を呈している、とリーは嘆く。

低品質な評価が判断のベースとなり、実験の結果が世界から隠されたままでいると、意思決定は厳密な分析によるものではなく、賢者の石を探す作業に近くなる。

優れた科学者は常にエビデンスを提示する。自分のかわいい理論を裏付けるデータを示すだけでは十分ではないと分かっているのだ。そして実験がどんな結果になろうとも、それを世間に公表する。

RCTの10の掟

リーは「RCT実施の10の掟」を列挙して『RCT大全』を締めくくっている。簡単に紹介しよう（表4－1参照）。

表4-1　RCTの10の掟

1	何を調べるか決める
2	無作為な差をどのように作り出すかを考える。発想は独創的に
3	対照群の行動を予測する
4	どのアウトカム（結果）を測定するか決める
5	どのレベルをランダム化するか決める
6	ある程度の実験規模を確保する
7	実験を事前登録し、倫理委員会の承認を得る
8	ランダム化に対する関係者の理解と賛同を確保する
9	確実に無作為でサンプルを分ける
10	可能なら、小規模でパイロット実験をする

リー（2020）をもとに筆者作成

1　何を調べるか決める

新しい介入のインパクトを何も介入を受けない対照群と比較するのが最もシンプルなアプローチだ。

2　無作為な差をどのように作り出すかを考える。発想は独創的に

対照群に「あなたはこのプログラムを受けません」と告げるのは現実的ではないし、倫理的ではない状況もある。

3　対照群の行動を予測する

対照群に入った人の気持ちになって考える。

4　どのアウトカム（結果）を測定するか決める

行政データを使うのか、調査を独自に設計するのか。

5　どのレベルをランダム化するか決める

教育に関する介入なら、ランダム化を生徒間、クラス間、学校間で実施する方法がある。

6　ある程度の実験規模を確保する

介入が、介入群と対照群にかなり大きな差を生むと予測できるのなら、サンプルサイズは小規模でも十分だろう。変化がかなり小さい事例を試したいときは、より大規模サンプルが必要だ。

7　実験を事前登録し、倫理委員会の承認を得る

結果を発表したいなら、まずふさわしい医学専門サイトもしくは社会科学サイトに実験を登録する。可能な限り倫理委員会の承認も得る。

8　ランダム化に対する関係者の理解と賛同を確保する

実験する理由について関係者全員の理解を得る。実験をする人は、資金提供者や運用責任者などに対し、ランダム化の必然性を納得させなければならない。ＲＣＴで何を学べ、サービスの受益者や組織にとってどう役に立つのか。実験が倫理にかなっていると考える根拠は何か、十分に時間をかけて現場の担当者に説明する。

9　確実に無作為でサンプルを分ける

コインを投げる、表計算シートの乱数作成機能を使うなどで、介入群と対照群に人々を割り当てる。

10　可能なら、小規模でパイロット実験をする

最初に控えめな規模で実験の完全性を確認する。

「10の掟」の中には、いわゆる実験のノウハウも含まれているが、関係者の理解と賛同を求めるなど、実験の意義や根幹に関わる項目もある。ＲＣＴに取り組む研究者たちにとって、ＲＣＴが「黄金律」なのは確かだが、簡単に使いこなせる道具ではないのだ。

RCTの5つの注意点

伊藤公一朗（1982〜）は『データ分析の力 因果関係に迫る思考法』（伊藤 2017）と題する著書で、RCTのほか、「まるで実験が起こったかのような状況を上手く活用する」自然・疑似的実験の代表として「RDデザイン」（回帰不連続デザイン、以下RDD）と「集積分析」、複数のグループの複数期間のデータを活用するパネルデータ分析の手法を紹介している。

新手法の考え方と仕組み、実践例を紹介した後、新手法の注意点にも触れている。リーの「10の掟」とも関連するので、概要をまとめておこう（表4－2参照）。

1 データ自体に問題がある場合は優れた分析手法でも解決は難しい

データ測定に問題があり、数値が正しく記録されていない／観測値に大量の欠損値が見られる／本来はあらゆる世帯から取得すべきデータが、非常に偏ったサンプルからしか取れていない。

この指摘はRCTや統計的因果推論には限らず、データ分析全体に当てはまるだろう。

2 分析結果の「外的妥当性」

RCTや自然実験の手法を使うと、実験に参加したサンプルの因果関係を分析できる。これを「内的妥当性」があるという。「データ分析で使ったサンプルに限って論じられる因果関係」であり、こ

表４－２　データ分析の注意点

1	データ自体の欠陥
2	分析結果の外的妥当性
3	出版バイアス、パートナーシップ・バイアス
4	介入の波及効果
5	介入の一般均衡的な効果

伊藤（2017）をもとに筆者作成

の結果をサンプル以外の対象にも適用できるかどうかを見極めるためには慎重な議論が必要だ。この問題を「外的妥当性」と呼ぶ。

特定のサンプルを対象にした実験で因果関係を証明できれば、そのサンプルに関しては分析結果の「内的妥当性」を確保したといえるものの、他のサンプルにも当てはまると断言はできない。ＲＣＴを使って適切な実験ができれば、内的妥当性は非常に強いが、因果関係の分析ができるのはサンプルに限られるのだ。

内的妥当性と外的妥当性がともに強い手法があればよいが、それぞれの手法には一長一短がある。

内的妥当性の面ではＲＣＴは「非常に強い」手法、ＲＤＤと集積分析は「強い」手法だが、パネルデータ分析は「若干劣る」と伊藤は評価する。

外的妥当性の面では、ＲＣＴやＲＤＤ、集積分析は実験に参加したグループや、測定対象となるグループ以外にも推論の結果を適用するのは難しい。パネルデータ分析は介入したグループ全体の因果関係を証明しているので、外的妥当性には優れている状況が多い。

３　「出版バイアス」と「パートナーシップ・バイアス」

研究者が「ＸがＹへ及ぼした影響」という因果関係を検証した結果、影響はゼロだったとする。「因果関係がなかった」という結果は学術論文としては売り出しにくい風潮があり、研究者たちは、因果関係がありそうな事例ばかりを狙ってRCTを実施しがちになる。その結果、「外的妥当性」が弱い研究成果が続出してしまう。「効果がなかった」という論文は出版しにくいと判断する研究者が多いと、そうした研究は世の中に出てこなくなる。これが「出版バイアス」である。

データ分析を成功させるためには、企業や政府機関などとの協力が必要となる。協力してくれそうなパートナーばかりを選んでRCTを実施すると、やはり偏った結果が出る可能性がある。これをパートナーシップ・バイアスと呼ぶ。例えば、ある政策の効果を調べるために、自治体や世帯の協力を得てRCTを実施するとしよう。協力を申し出た自治体や世帯はもともとその政策に関心があり、効果を期待しているとすると、検証結果の外的妥当性は乏しいと言わざるを得ない。

4　介入に「波及効果」が存在する場合

RCTや自然実験の基本は、介入群と対照群の比較にある。この比較が成り立つためには、介入群への介入は、対照群には影響を与えないという仮定が必要だ。実験の設計に気をつけないと、この仮定が崩れる。

介入群だけに便益があると想定していても、対照群にも何らかの形で波及してしまう現象を介入の波及効果と呼ぶ。介入の波及効果があると対照群は純粋な意味での対照群ではなくなってしまう。この問題はRCTだけではなく、RDDやパネルデータ分析でも生じ得る。

介入の波及効果を避けるため、介入群をどのレベルに設定するのか、注意深く考える。介入効果の分析に加え、「介入の波及効果」も分析できるように実験を設計する。

5　一般均衡的な効果が存在する場合

ＲＣＴは比較的小さな規模であり、大規模な政策介入を実行しても同じ結果になるとは必ずしもいえない。

伊藤はここで、アメリカで実施した教育分野のＲＣＴの例を挙げる。１９８５〜90年、テネシー州の79の小学校のうちランダムに選んだ学校は少人数学級（1クラス13〜17人）に移行し、残りの学校は通常通りの生徒数（1クラス22〜25人）にとどめ、４年間にわたる調査の分析を試みた。

少人数学級にすると生徒の平均成績が上がるという結果が出ると、他の州でも少人数学級にする動きが加速した。

カリフォルニア州は１９９６年、新たな法律を制定し、１００億ドル（約1兆円）をかけて少人数学級を拡大する政策を導入した。ところが、この政策を評価したところ、テネシー州に比べて非常に小さな効果しかなかった。

２つの州に違いが出た理由は３つ、考えられる。

第１はカリフォルニア州の政策評価の分析自体が信頼できず、分析結果が正しくない。テネシー州の実験はＲＣＴによるため、因果関係が明確だが、カリフォルニア州の政策は州全体で実施し、ＲＣ

Tは実施しなかった。

第2は「外的妥当性」の問題だ。2つの州には生徒、教師、教育システムなどに違いがあり、テネシー州の結果をそのままカリフォルニア州に当てはめるのはそもそも難しい。

第3に、カリフォルニア州の政策変更は大規模だったため、様々な要素を変えてしまった可能性がある。

少人数学級が増えると学級の数が増え、教師の数も増やさなければならなくなる。教員を目指す人の数が増えない限り、教員採用試験の合格基準が低くなり、教師の質が平均して下がる可能性がある。小規模なRCTが検証しているのは、実験内で想定している変数の変化である。テネシー州の実験で確かめたのは、少人数学級と生徒の成績の関係だけであり、教師の数や質の変化までは考えていない。あくまでも「部分均衡」の世界なのだ。

しかし、大規模な介入をすると、想定していなかった要素にも影響を及ぼし、「一般均衡」に変化をもたらす可能性がある。それがカリフォルニア州で教師が足りなくなるという現象だ。

リーが示した「10の掟」と伊藤による5つの注意点は一部重なっている。RCTは安易に実施できる手法ではないし、様々な限界もあるとはいえ、限界を克服したり、欠点を補ったりする方法も明確だ。何よりも、研究の根幹といえる因果関係の解明には、これ以上の手段はないというのだ。

学界を席巻するRCTの未来

自らRCTに取り組むかどうかはともかく、RCTに正面から異を唱えられる経済学者はほとんどいないのではないだろうか。「出版バイアス」や「パートナーシップ・バイアス」が研究活動をゆがめるとの指摘は研究者への戒めにはなっても、RCTから手を引く動機にはならない。「外的妥当性」の問題も同様だろう。RCTは「論文を書きたい」研究者にとって魅力ある存在だ。研究の時間や資金に余裕があり、しっかりと実験を設計できるのなら、RCTを実施したいと考える経済学者が増えるのは自然な流れだろう。

ただし、デュフロらが実践してきたように、社会や経済の最前線でRCTを実施し、研究と政策の両面で成果をあげるのは容易ではない。世界銀行や国連開発計画（UNDP）の勤務経験があり、『ウェルビーイングな社会をつくる――循環型共生社会をめざす実践』（草郷 2022）の著者である関西大学教授の草郷孝好（1962〜）は、開発経済学の世界でRCTに「追い風」が吹いている背景をこう解説する。

開発経済学の展開は、第2次世界大戦後（正確には1944年のブレトンウッズ会議以降）の途上国支援をめぐる政治経済の動きと連動している。多くの途上国は植民地支配を経験した、独立したばかりの国々であり、初期段階では国家の経済システム構築に力を入れるしかなかった。したがって、開発経済学ではラグナー・ヌルクセ（１９０７〜59）やアルバート・ハーシュマン（１９１５〜２０１２）の資本形成の理論やウォルト・ホイットマン・ロストウ（１９１６〜２００３）の経済発展段階論が中心をなしていた。

１９６０年代に入ると、国際連合は第１次国連開発の10年を打ち出すなど、途上国の開発支援に本格的に乗り出し、経済成長につながる農業生産工場や産業開発を支援する政策に移行した。第２次、第３次と国連開発の10年を展開し、経済開発を軸足に置いた援助を続けた。しかし、期待されたほどの経済的な成果に乏しく、国内の格差拡大や貧困の顕在化が明らかになったことから、生活基盤支援や社会福祉政策を導入した。それでも、援助依存から自立する途上国は少なく、支援先進国の間に「援助疲れ」が広がった。巨大な債務を積み上げた途上国に対して、世界銀行は構造調整を促す融資政策を打ち出した。

１９９０年の国連人間開発報告書、人間開発指数（ＨＤＩ）の開発を契機に、貧困削減を重視し、貧困者の声に耳を傾ける姿勢を前面に出す傾向が強まり、エコノミストの牙城といってもよい世銀が社会学者や人類学者の採用を開始した。そして、貧困問題を単なる所得問題とみなすのではなく、生活する家族の状況、地域社会や地球環境の状況と関連づけ、複合的に捉えるようになった。国連が採択した２０００年のミレニアム宣言とミレニアム開発目標（ＭＤＧｓ）、２０１５年の２０３０年アジェンダと持続可能な開発目標（ＳＤＧｓ）はこの流れを決定づけた。

ＭＤＧｓやＳＤＧｓを推進するなかで、途上国を含む国連加盟国は毎年、各国の年次実績報告を国連に提出しなければならない。具体的に目に見える成果を求める風潮の中で、ＲＣＴの手法を積極的に活用する素地が生まれた。開発経済学の動向は、途上国を取り巻く環境や国連の姿勢の変容と密接に関連しているのだ。

ＲＣＴが有力な研究手法であるのは確かだが、決して万能ではない。多くの途上国がＲＣＴを取り入れやすい状況にあるからこそ、デュフロらが活躍する余地が大きいともいえる。逆の見方をすれば、ＲＣＴがどれほど優れた研究手法であっても、環境次第では、あまり役立たない可能性もある。現実に、日本の政策決定の過程では、ＲＣＴを取り入れる動きはあまり広がっていない（第5章を参照）。

政策決定には関与できなくても、論文の核になるのであれば研究者たちがＲＣＴから手を引く動機にはならないのかもしれない。アメリカにならう形でビジネスへの応用に魅力を感じる研究者が日本でも増えてきている。そのうちに、経済理論の精緻化に精力を注ぐ学者は徐々に姿を消し、ランダミスタたちが集団を形成するようになるのだろうか。

「ＲＣＴありき」の風潮が広がる経済学界には危険な香りが漂っている。

第5章

EBPMの可能性と限界

データ分析の応用分野として最も期待が高いのは政策評価だ。ランダム化比較試験（ＲＣＴ）をはじめとするデータ分析の最新手法を、ビジネスのために利用する潮流に拒絶反応を示す経済学者もいるが、政策評価への応用には前向きな姿勢を示す経済学者が多い。

前章で取り上げたエステル・デュフロらのプロジェクトも、大半は政策評価の試みだといえる。途上国の行政や民間組織がどんな政策や対策を打ち出せば、人々の生活水準は向上するのか。ＲＣＴを駆使して様々なプログラムの効果を評価し、効果を確認できたプログラムの実施を支援してきた。

世界の多くの国々は財政難に直面し、限られた予算をどう配分すれば政策の効果が高まるのか、頭を痛めている。そんな状況の中から、世界各国の間でＥＢＰＭ（Evidence Based Policy Making：証拠に基づく政策立案）を重視する動きが広がってきた。「エピソードベースからエビデンスベースへ」という標語が示すように、政策判断は、政策担当者がたまたま接したエピソードによるのではなく、政策の効果を明確にしたエビデンスを根拠にするべきだとの考え方が背景にある。

アメリカやイギリスはＥＢＰＭの先進国とされ、日本でも２０１０年代ころからＥＢＰＭが話題になるようになり、政府や自治体などが取り組みを始めている。

日本の経済学界は、研究者が政策に関与し、活躍の場を広げる好機と受け止め、ＥＢＰＭを推進しようとする行政との連携を強化しつつある。だが、ＥＢＰＭを実現するためには様々な壁があり、行政と学界の双方から限界を指摘する声も出ている。

ＥＢＰＭは日本の経済学界にどんな影響を及ぼしているのか、今後の見通しも含めて概観してみよう。

ＥＢＰＭとは何か。後述する、日本政府のＥＢＰＭ推進委員会は、ＥＢＰＭの基本的な考え方を以下のように整理している。

・政策目標を明確にする。
・その目的を達成するために効果が上がる政策手段は何かなど、政策手段と目的の論理的なつながりを明確にする。
・つながりの裏付けとなるデータなどのエビデンス（証拠）を可能な限り求め、「政策の基本的な枠組み」を明確にする。
・限られた資源を有効に活用し、国民により信頼される行政を展開するため、ＥＢＰＭを推進する必要がある。

政策を立案するまでのプロセスに重点を置いた記述になっているが、政策運営の流れ全体をＥＢＰＭと捉える論者もいる。

政府や自治体は、①政策課題を発見し、②課題の解決に向けた政策を企画立案・実行し、③課題を解決する、という流れで政策運営を担っている。そして、政策課題の設定、政策手段の検討、政策効果の検証の3段階で、いずれもエビデンスを求められる。

こうして整理すると、従来の行政運営とはどこが異なるのかという疑問を持つ読者もいるだろう。行政組織はこれまでも様々な定量・定性情報や分析結果を集め、政策課題を発見してきたのではなかったのか。政策を企画・立案する段階では、効果を見込める政策を打ち出せるように内部で検討するだけでなく、外部の有識者と意見を交換してきた。政策を実行した後も、実際に効果があったのかどうか、検証する仕組みができているはずだ。

問題はエビデンスの生かし方にある。ＥＢＰＭを推進するからといって政策運営の流れががらりと変わるわけではない。

エビデンスが変える政策決定

川口大司は、ＥＢＰＭの盛り上がりに呼応し、２０１７年に東京大学大学院経済学研究科に発足した「東京大学政策評価研究教育センター（ＣＲＥＰＥ）」を紹介しつつ、従来の政策運営とＥＢＰＭの違いをまとめている（川口 ２０１９）。公的機関の資源配分は、政策を実施する部局からの予算要求、財政部局による予算の査定、予算の執行、監査からなる。予算には限りがあるため、予算要求の段階で何らかのエビデンスを示し、財政当局を説得する必要がある。

世の中には、予算要求のためにパワーポイントで作成したポンチ絵（イラストや図を使って概要をまとめた企画書を指す）があふれかえっている。イラストや図は因果関係を示す矢印でつながっている。何となくうまくいきそうだという印象を持ったり、逆にこの矢印は強引だなと感じたりする。ポンチ絵の中には、日本の将来の労働力人口の予測などが入っている。これはＥＢＰＭではないのか。

川口はＥＢＰＭと従来のポンチ絵との違いは２つあるという。１点目は、ＥＢＰＭでは政策介入が政策目標の達成にどのようにつながるのか、論理構造を持つ点だ。

論理構造を表すフローチャートが「ロジックモデル」である。「政策課題と政策」、「政策と期待される成果」の因果関係を分かりやすくまとめ、把握しやすくするのが作成の狙いだ。政策課題の設定→政策／活動→活動実績の目標→成果目標という流れが基本となる。

例えば、ある大学の部局が大学本部に留学生に対応するためのアドバイザーを雇用する予算を請求するとき、従来のポンチ絵では、その部局の留学生数の推移を示す折れ線グラフを示し、それに伴う問題点を列挙する。その問題点を解決するためには留学生アドバイザーが必要だと主張する。ポンチ絵には、ある留学生が登場し、「アドバイザーのおかげで充実した生活を送れた」とコメントしている。

このポンチ絵では、この留学生の意見は留学生を代表する意見なのか、充実した生活とは何か、そもそもどのようにこの留学生を選んだのか、他のアドバイザーはどうだったのかなどは不明である。

EBPMの世界では、政策介入とその結果を明確にするロジックモデルを作成する。留学生アドバイザーの数が増えると留学生が直面する生活上の困難を解消できる可能性が高まる。勉強に集中できるようになり、成績が上がるといったロジックである。

そして、留学生アドバイザーの数と、留学生の成績という2つの指標に注目し、データを集める。データは政策目標の対象全体をカバーし、政策介入とその結果も客観的に定義している。

川口はこの事例に即して、データを集めた後、どのように因果関係を証明するのかを解説している。本書のこれまでの説明と重複するので詳細は割愛するが、3つのポイントを挙げている。

ポイント1　EBPMでは政策介入と政策結果を明確に定義し数量化する。

ポイント2　EBPMでは政策介入が政策結果に与える因果関係を推定する。

ポイント3　因果関係を推定するにあたっては、政策介入があったときとなかったときの結果を比較する。

このプロセスでRCTや統計的因果推論の手法を有効活用できれば、より効果の高い政策を実施できるだろう。予算要求の資料に付けるエビデンスをより系統だったものにし、政策の効果をより説得力があるエビデンスを使って示すところが、EBPMと従来の政策決定の違いである。今までと政策決定の流れそのものには違いはないともいえる。因果関係のストーリーをサポートするデータの質、因果推論の質の向上が主眼であり、地道な取り組みなのだ。

次に、EBPMの先進国とされるアメリカとイギリス、緒に就いたばかりの感がある日本の取り組みを経済産業研究所のレポートなどを参考に順に追っていこう。

EBPM先進国アメリカの源流

アメリカでは、公共事業に対する評価は1930年代、規制に対する評価は1970年代に始まっている。1960年代からは社会政策に関する実験も活発になった。統計の手法を活用して政策の効果を比較する実験である。ペリー幼児教育プロジェクト（1962）、負の所得税の実験（1960年代後半から1970）、ランド研究所の医療保険実験（1971〜1986）が代表例である。貧困問題が深刻になるなかで、科学的な政策立案を求める声が高まっていた。

1980年代には、フォード財団が設立したMDRC（マンパワー・デモンストレーション・リサーチ・コーポレーション）が中心となり、労働福祉政策に関するRCTを実施した。

2000年代に入ると、教育や開発経済の分野でRCTが活発になる。2002年には教育省に教育科学機関（IES）が発足し、政権や議会、教育省からは独立した立場で、教育施策の実証研究に多額の資金を投じた。

バナジーとデュフロは2003年、アブドゥル・ラティフ・ジャミール貧困アクション研究所

（J－PAL）を設立し、数々のRCTに取り組む。非営利団体による活動が活発になったのもこのころからだ。RCTを担える多くの組織が誕生したのである。

ただ、連邦政府全体の施策でみると、頑健な評価を実施した施策は一部にとどまった。1993年に成立した政府業績成果法（GPRA）は連邦政府のすべての施策に目標指標の設定と達成度の評価を義務付けており、評価結果の予算への反映や議会報告が日常になった。しかし、施策や予算を決める際に成果評価を重視する機運は高まらなかった。議会の関心は低く、省庁によって活用にばらつきが目立った。

成果の評価が、施策とその効果の因果関係に迫る内容ではなく、評価の手法に限界があったためである。因果関係に迫るエビデンスを重視する姿勢は教育省や保健福祉省など一部にとどまり、連邦政府による施策のほとんどはRCTを原則とする頑健な効果検証を受けていなかった。

オバマ大統領による革新

流れを変えたのはバラク・オバマ大統領（在任期間は2009~17）である。EBPMに熱心に取り組み、多くのエビデンスを残している。オバマ政権はホワイトハウス内の行政管理予算局を活用し、RCTを中心とする頑健なエビデンスに基づく政策を推進した。

政権1年目には、行政管理予算局の長官名で各省庁に覚書を提示した。2011年度の予算編成では、既存のエビデンスの棚卸しとオンラインでの公開、各省庁を横断するEBPMワーキンググループの設置、新たなエビデンスの募集と別枠予算（1億ドル）による動機付けを実施した。12年度以降も行政管理予算局が各省庁に覚書を送付し、EBPMを推進したのである。

教育だけではなく、訪問型育児支援、健康、ホームレス対策、失業対策、犯罪予防など幅広い分野でRCTによる効果検証を拡大した。

エビデンスの頑健さに応じて補助金の資金額を決める「階層付き補助金」制度はその原動力となった。より頑健なエビデンスを創出する提案に高額の補助金を配分し、事業の革新を促す仕組みだ。オバマ政権が特に注力した項目は、「子供への家庭訪問（訪問型育児支援）」、「10代の妊娠防止」、「イノベーション投資」、「社会イノベーション基金」、「労働力イノベーション（就労支援）基金」、「コミュニティ・カレッジとキャリア訓練」である。

こうしてみると、エビデンスをやみくもに求めるのではなく、教育や労働、貧困問題など、データ分析による政策評価の蓄積があり、評価をしやすい分野に重点を置いて取り組んだことが分かる。

子供への家庭訪問プログラムでは、妊婦の段階から子供の幼少期まで、看護師らの専門家が家庭を訪問し、妊婦の健康を指導し、子育ての相談にのる。この施策は、子供の就学準備や栄養失調の防止、家庭の経済面での充実などに効果が表れる数多くのエビデンスに裏打ちされている。幼少期の発育に影響を及ぼす要因は多く、相互の関係は極めて複雑だが、丁寧に整理し、それぞれの要因が子供たちの将来に及ぼす経路が見えてきたのである。

連邦政府が子供への家庭訪問プログラムに補助金を出すにあたり、保健福祉省は子供への家庭訪問に関する約８０００の論文をレビューし、２５０の家庭訪問モデルのうち８つに効果があると認定した。補助金の75％以上は８つのモデルに割り当て、残る資金でそれ以外の地域ニーズに合った試みを認めた。８つのモデル以外の分でも、ＲＣＴを原則とする頑健な評価を義務付けたという。

「イノベーション投資」では、教育に関連する投資や格差問題に焦点を当てた投資を奨励した。「社会イノベーション基金」とは、ＮＰＯ（非営利組織）や社会起業家の活躍を支える基金で、貧困層への支援や格差の縮小を目指した。

オバマ政権の誕生でＥＢＰＭが大きく前進したのは確かだが、それでも頑健なエビデンスによる政策評価は連邦政府全体でみると一部にとどまった。政府内には頑健なエビデンスのもとになるデータが眠っているものの、外部の研究者らは利用できなかった。行政管理予算局は２０１０年と14年に行政記録情報の活用を促すガイドラインを示した。

アメリカ議会は２０１３年当時、下院の多数派を共和党が占める「ねじれ状態」となっていた。民主・共和両党は医療制度改革（オバマケア）などをめぐって対立を深め、10月に政府が封鎖される事態となった。12月に超党派予算法、14年1月に統合歳出法が成立し、予算をめぐる対立は何とか収まった。

ＥＢＰＭを超党派で推進する動きが広がったのは、こうした時期である。パティ・マレー上院議員（民主党、１９５０～）とポール・ライアン下院議長（共和党、１９７０～）は「機能する政府」を構築するためにＥＢＰＭ委員会（ＣＥＰ）の設置を構想した。２人は２０１５年、ＣＥＰ設置の根拠法を議会に提出し、２０１６年、ＥＢＰＭ委員会が発足する。行政記録を精緻にし、有効活用するのが委員会発足の目的だ。研究者、データ分析の専門家、政策担当者ら15人がメンバーとなった。

ＥＢＰＭを超党派で推進

財務省に所属し、ＥＢＰＭをテーマとする研究やその普及・実践に取り組む津田広和らは、ＣＥＰ発足には２つの背景があると分析している（津田・岡崎 ２０１８）。

第１は、既存の政府統計が抱える問題だ。政府統計は政策立案の基盤をなすが、アメリカの政府統計で調査への回答を拒否する人の割合が高まっていた。

回答拒否が増えても、「欠測値」を補完する手法を使えばある程度はしのげるが、限界がある。労働省は２００９年から回答者の負担を減らすプロジェクトをスタートさせていた。行政記録情報の活用を目指すＣＥＰ設置は、回答拒否に直面する行政にとっても期待が大きかった。

第２は、学術研究の最前線の動きだ。本書でも言及してきたように、古典的な実証分析では政府統計（集計データ）を使う分析が主流だった。しかし、１９９０年代に入るころから、実証分析の中心は経済・社会のマクロ動向から、その一部分や個人の行動、「反実仮想」の因果推論などにシフトし、集計データを基本的な公表物とする政府統計からは新たな知見を得られにくいとの認識が広がった。

行政記録情報を活用した研究が活発になったのである。

行政記録情報とは、統計を作成するためではなく、個々の施策を遂行する過程で利用するための情報だ。確定申告のような税制関連の記録、医療費還付のための診療報酬請求明細書、土地・建物の登記情報などである。

データの数が多く、調査対象を継続して追った記録になっている場合が多い。地域別の分析や因果関係の解明が可能なデータが豊富だ。任意記入による政府統計のデータに比べるとデータの精度が高い。研究者がこうしたデータを活用できれば、論文の質も高まるだろう。研究者たちもCEP設置を望んだのである。

CEPは2017年、最終報告書をまとめ、活動を終えた。

データへの安全なアクセスを構築する方法、個人情報の保護とデータ利用の透明性を改善する方法、データインフラの近代化、エビデンス創出に向けた制度や機構の能力の強化の4点が柱だ。勧告を受け、多くの省庁はEBPMを推進する役職を設け、州レベルでもデータ活用の機運が高まった。

ドナルド・トランプ大統領（在任期間は2017~21）が就任すると、政策決定の不確実性が高まったが、EBPMを推進する潮流は途絶えなかった。トランプ政権もCEPのビジョンを共有する構えをみせたのである。立法の面でもEBPMを後押しする動きが続いた。2019年には「EBPM基本法」が成立した。連邦政府に「証拠構築計画」の策定を義務付け、各機関に「評価担当官」を設置する「連邦証拠構築活動」、「データの利便性を向上させる「オープン政府データ法」、「機密情報保護および統計効率性」などからなる法律だ。

ジョー・バイデン大統領は2021年1月の就任直後、「科学とEBPMにより政府への信頼を取り戻す」とする覚書を出した。すべての政府機関にデータや証拠を使って政策立案や検証を進め、外部の学者やシンクタンクが分析できるように、可能な限りデータを一般公開するよう求めた。オバマ路線への回帰といえる。

イギリスのEBPM、ブレア政権が発射台に

イギリスでは、マーガレット・サッチャー首相（在任期間は1979〜90）による行政改革の後、ジョン・メージャー首相（在任期間は1990〜97）は政策評価の充実に力を注ぎ、「グリーンブック」を作成した。公共事業や規制の評価などを網羅したガイダンスだ。

本格的にEBPMへの取り組みを始めたのは、トニー・ブレア首相（在任期間は1997〜2007）である。

イギリスでは「コクラン共同計画」がスタートしていた。同計画は1992年にオックスフォードで発足した国際的な非営利団体で、研究者、医療従事者、患者、介護者、保健医療に関心のある人々らのネットワークだ。同じ課題に関する研究結果を系統立てて検索し、結果の質を吟味する。そのう

えで統計学の手法を活用し、研究結果を統合する手法を確立した。系統的レビューと呼ばれる手法である。

医学研究の系統的レビューであるコクランレビューは、研究による膨大な量のエビデンスを医療に役立て、信頼性の高い、アクセス可能な医療保健情報を生み出し続けている。コクランレビューの応用が「根拠に基づく医療」の同義語とされるほど浸透し、医療分野における十大発明の一つとまでいわれている。現在、120カ国以上の研究者や医療関係者が参加し、世界中の保健医療分野に影響を与えている。コクランレビューの要諦は、個々のRCTだけではなく、膨大な解析を通じて頑健なエビデンスを創出する点にある。

コクラン共同計画の影響を受け、社会科学者らが立ち上げたのが「キャンベル共同計画」である。1999年、4カ国から80人が参加したロンドンでの準備会合で設立を決議した。2000年、ペンシルベニア大学で開いた会合で正式に発足した。

研究結果のレビューを系統立てて実施し、「何が有効か」を積み上げていく。社会・教育政策などの効果に関するエビデンスを求める市民、実務家、政策担当者、教員、学生や研究者らの期待に応えていく。電子媒体を通じてレビューを公表し、新たなエビデンスが生まれるたびに更新し、批判や方法論の進歩に応じて修正する。キャンベル共同計画はコクラン共同計画を姉妹機関と位置づけ、連携している。

ブレア政権の誕生と、キャンベル共同計画の始動が重なり、イギリスではEBPMの機運が一気に高まった。２００３年には政策の事前評価と事後評価に関するガイダンスを改訂し、評価の方法を詳細に示した。

What Works Centre（WWC）が要に

ブレア政権後も、ＥＢＰＭを推進する流れは続いている。その要といえるのが、What Works Centre（ＷＷＣ）である。ＷＷＣは「最も有効な施策や取り組みは何か」という問題意識を持ち、エビデンスに基づいて政策や事業を決定し、効果のある施策や取り組みを促すための官民協働組織だ。

ＷＷＣの主な役割は３つある。

１つ目はエビデンスの創出だ。「What Works」（何が役に立つか）を重視しながら研究を支援し、系統立てた論文レビューを実施する。

２つ目がエビデンスの分かりやすい伝達である。研究成果の本意をゆがめずに政策立案者や決定者らが使いやすい形にして伝える。

３つ目は、エビデンスの適用だ。エビデンスに基づくガイドラインを示し、実務家らにエビデンスに基づく政策の実行を働きかける。

医療・ヘルスケア（ＮＩＣＥ）、不利な環境にある子供たちの学力向上（ＥＥＦ）、子供・青少年の非行・暴力・虐待に対する早期介入（ＥＩＦ）、犯罪防止（ＷＷＣ－ＣＲ）、地域経済の活性化・雇用の創出（ＬＥＧ）、福祉・多面的な豊かさ（ＷＷＣ－Ｗ）、高齢社会（Ｃ－ＡＢ）というテーマ別に７つの団体が順次、発足している。

１９９９年に発足したＮＩＣＥ（The National Institute for Health and Care Excellence）は、医学研究の系統立てたレビューに基づいて医療政策や医療のガイドラインを策定し、地域の医療格差の縮減を目指している。ＮＩＣＥはＷＷＣのモデルとされ、主に保健省が資金を出している。

ＥＥＦ（The Education Endowment Foundation）は２０１１年に発足した慈善団体であり、不利な環境に置かれた子供たちへの教育支援を担っている。４９００の学校でＲＣＴを含む大規模な社会実験を実施し、エビデンスを蓄積している。教育省が主な出資元で、シンクタンクや保護者団体の支援も受けている。

教員や自治体職員、公務員らの理解を深めてもらうように、「ツール・キット」を開発した。系統立てたレビューの内容を整理し、政策課題、政策実施のコスト、インパクトの強さ、エビデンスの確からしさを公開している。

ＥＩＦ（Early Intervention Foundation）は２０１３年に発足した慈善団体だ。青少年の非行や暴力、虐待に対する早期介入のエビデンスを生み出している。地方政府などから出資を受け、ＲＣＴを手がけている。非営利団体に対する助言も担う。

同じく２０１３年に発足したＷＷＣ－ＣＲ（What Works Centre for Crime Reduction）は犯罪防止を目的とする組織。警察と研究者の連携を支援し、実務家や意思決定者への助言もしている。「ツール・キット」を開発し、実務家の視点を踏まえたエビデンスの信頼度を示している。

ＬＥＧ（The What Works Centre for Local Economic Growth）も２０１３年に発足した、地域経済の活性化と雇用の創出を目的とする組織。ロンドン・スクール・オブ・エコノミクスが協力し、資金援助や職業訓練に関するエビデンスの創出と政策決定者への研修を実施している。

ＷＷＣ－Ｗ（What Works Centre for Well-being）は２０１４年に発足した民間団体。地域福祉、文化とスポーツ、雇用と学習の３つの政策分野で、頑健なエビデンスを得られている政策の実施を支援し、実施した政策のインパクトを測定している。

２０１５年に発足したＣ－ＡＢ（Centre for Ageing Better）は高齢者の生活の質に関するエビデンスの創出を目指す慈善団体兼有限会社だ。仕事のあっせん、健康に関する情報提供、コミュニティの紹介など充実した老後生活を送るための取り組みを促している。

ＷＷＣは頑健なエビデンスを蓄積すると同時に、その結果をできる限り分かりやすく形にして公開し、政策担当者が取り入れやすいようにしている。

イギリスでのＥＢＰＭはアメリカに比べると歴史は浅い。しかし、ブレア政権発足後、２０００年代に相次ぎ発足したＷＷＣを中核に、中央政府や地方政府、民間組織、大学などが様々な形でエビデンスの創出、支援、利用に関与し、強固な基盤を形成している。

イギリスでも政権の方針によって、ＥＢＰＭへの取り組みは前進したり、後退したりする場面は当然あるだろう。それでも、ＥＢＰＭを推進する多様な組織が地道な活動を続けている限りは、政権の意向に左右されてＥＢＰＭが急にしぼんでしまう可能性は低い。

日本の政策評価の原点といえるのは、１９９６年に政府の行政改革委員会が作成し、閣議決定した「行政関与のあり方に関する基準」である。「行政が関与する場合には、それによって生じる社会的便益と社会的費用とを事前及び事後に総合的に評価し、その情報を積極的に公開する。なお、評価に当たっては、副次的効果も含めるとともに、市場の失敗、政府の失敗の双方に留意して分析する」と記している。

２００1年、省庁再編と併せて各省に政策評価の担当部署を置き、全体を取りまとめるために総務省に行政評価局を設置した。２００2年には政策評価法（行政機関が行う政策の評価に関する法律）が施行。各省に個別事業を評価する「事業評価」、政策目標の達成度を評価する「実績評価」、特定のテーマについて分析する「総合評価」を義務付けた。「規制評価」と租税特別措置の評価もその後、追加している。

このほか、旧民主党政権下の２０１０年に始まった「事業仕分け」も「行政事業レビュー」として継続し、現在は政策評価制度の一部と位置づけている。

日本のＥＢＰＭ、統計改革が契機に

日本では政治や行政の間でＥＢＰＭの重要性が話題になり始めたのは２０１６年ころからである。

既存の政策評価や行政事業レビューとは別に、統計改革を契機にＥＢＰＭを推進する動きが広がった。２０１５年、麻生太郎蔵相（１９４０〜、当時）が国内総生産（ＧＤＰ）を推計するもとになる基礎統計の充実に努める必要があると発言。２０１６年に開いた「ＥＢＰＭのニーズに対応する経済統計の諸課題に関する研究会」の議論を踏まえ、２０１７年には統計改革推進会議が発足した。同年5月の「最終取りまとめ」が示した提言は政府の方針となった。

提言に従い、２０１８年4月には各府省にＥＢＰＭ推進統括官を配置し、同年8月、政府全体でＥＢＰＭを推進する要として「ＥＢＰＭ推進委員会」を発足させた。21年6月には同委員会のＥＢＰＭ課題検討ワーキンググループと、データ利活用ワーキンググループがそれぞれ「取りまとめ」を公表している。概略を説明しよう。

課題検討ワーキンググループの「取りまとめ」ではＥＢＰＭの基本的な考え方（本章の前半で紹介）を整理したうえで、ＥＢＰＭの現状を以下のように示している。

ＥＢＰＭの現状

・当初（２０１７）に比べると意識が高まり、ロジックモデルを作成する取り組みも進捗している。
・他方、実際の政策プロセスではロジックモデルの活用は限定的／各府省の担当はロジックモデルの意義などを十分に理解していない、負担感、「やらされ感」を感じている。
・効果検証で因果関係の分析などの実施も限定的。

ロジックモデルはＥＢＰＭ推進のカギとなるはずだが、現実にはあまり利用していない担当者が多い。ロジックモデルを活用した担当者へのアンケート調査でも、「全く役立たなかった」10%、「あまり役立たなかった」29%、「少し役立った」55%、「非常に役立った」６%との結果が出ている。

こんな現状を変えていくには何をすべきなのか（以下、原文の一部を抜粋・要約）。

ＥＢＰＭの「普及・浸透」の項目では、一連の政策プロセス（政策の立案・評価・見直し）でＥＢＰＭの基本的な考え方を普及・浸透させる必要があると指摘し、具体策を挙げている。

ＥＢＰＭの普及・浸透に向けて

・予算の企画立案、政策評価、行政事業レビューでのＥＢＰＭの実践／規制や各種の計画でもＥＢＰＭを推進する／ロジックモデルの役割を踏まえて有効活用する。
・各府省の実践に資するガイドブック（仮称）の作成。
・ＥＢＰＭの考え方を習得した人材の育成。

「質の向上」の項目では、ロジックモデルにより政策手段と目的の論理的なつながり（政策のロジック）を捉えるのに加え、その裏付けとなるエビデンスにも焦点を当て、ＥＢＰＭの質を向上させていく必要があると強調し、対策を列挙している。

EBPMの質の向上

・政策プロセスの様々な局面でのデータなどエビデンスの活用。

・特に効果検証については、重点的に取り組む分野を検討し、リーディングケースを創出し、横展開する。

・政府内外の様々な関係者やアカデミアとの議論を通じて政策のブラッシュアップをする政策論議を活発にする。

・データを活用して政策の効果検証ができる人材の確保・育成・活用。

EBPMの普及・浸透や質の向上を通じて目指す将来像も描いている。一連の政策プロセスでEBPMに自然と取り組み、政府内外で政策論議を通じて政策の質の向上につながるのが理想であり、具体像を示す。

EBPMの将来像

・EBPMを予算プロセスや規制などの企画立案に組み込み、ロジックを踏まえた定量分析が政策決定の重要な判断材料となる。

・なるべく信頼できる情報をベースにした質の高い意思決定を通じ、よりよい政策形成や国民に対するアカウンタビリティ（説明責任）の向上につながる。

・行政の専門性や合理性を重視し、いわゆる「行政の無謬性」にとらわれず、エビデンスを踏まえた検証、政策手段の弾力的な変更などを随時、実行する文化を醸成する。

ＥＢＰＭ推進に向けたロードマップには２０２４年度ごろに目指す姿として以下のような記述がある。

２０２４年度ごろに目指すＥＢＰＭの姿

（普及・浸透）

・予算プロセスで新規事業を中心に、ロジックとエビデンスを検討する取り組みが定着している。
・規制の立案などでＥＢＰＭの実践事例が蓄積。
・ＥＢＰＭの観点で策定した計画の事例の蓄積が進む。
・政策評価でのＥＢＰＭの実践が進んでいる。

（質の向上）

・ロジックモデルの役割を踏まえた有効活用が進み、政策手段と目的の論理的なつながりが明確になっている。
・エビデンスをより重視し、予算事業、規制などでエビデンスの活用事例が蓄積。
・政府内外での政策論議が充実し、政策をブラッシュアップする事例が蓄積。

（人材の確保・育成）

・ＥＢＰＭの基本的な考え方が普及し、人材を底上げ。
・必要に応じ、府省内で専門人材を確保し、取り組み事例を共有し、横の連携も。

データ利活用ワーキンググループの「取りまとめ」も簡単に概略を紹介しよう。冒頭で、データ（＝政策立案などのエビデンス）はＥＢＰＭの基盤であるとの認識を示し、ＥＢＰＭを推進するためには、行政が様々なデータを整備または取得し、それぞれのデータの特徴を踏まえた利活用が必要だと訴えている。

行政が活用するデータは公的統計だけではない。業務上、集めた行政記録情報や自治体が保有するデータも対象だ。民間が保有するデータの活用も課題になっている。

「取りまとめ」では、「データの利活用を適切かつ実効的に運用できる仕組み」（データガバナンス）、「データを理解して利活用できる人材」（データ人材）、民間データの利活用、行政データの一層の利活用の４つを課題として挙げている。

データガバナンスとは、行政データを提供する国民や事業者の信頼を得るため、また、民間が安心してデータを提供できるようにするため、各府省がデータをしっかりと管理する体制づくりを意味している。各府省が保有するデータの所在を把握し、品質を管理するとともに、様々なデータの利活用を統括・推進する体制の整備を求めている。

ＥＢＰＭ推進委員会による提言の内容に異論を唱える向きは少ないだろう。日本政府がロードマップの通りにＥＢＰＭを推進できれば、日本の政策決定の仕組みは大きく変わるかもしれない。

ただ、実際に政策立案に携わっている行政官や、ＥＢＰＭに協力した経験がある学者らに話を聞くと、ＥＢＰＭの実現は難しいという声が圧倒的に多い。日本政府がＥＢＰＭを意識して動き出したとしても、個々の政策の現場での意思決定はきれいごとではすまない。モデル事業でＲＣＴを実施し、成果を確認できた事業に予算をつけることができれば、ＥＢＰＭは一気に広がるだろうが、そんな事例はまれだ。アンケート調査の回答にもあったように、ロジックモデルの作成は余計な仕事が増えるだけになりかねない。既存の政策評価や行政事業レビューとＥＢＰＭとの関係も明確ではない。

ＥＢＰＭ先進国とされているアメリカやイギリスが日本よりすべての点で優れているとはもちろんいえない。アメリカやイギリスでも、エビデンスに基づかない政策決定は多々あるだろう。ただ、ＥＢＰＭ推進委員会の報告からは、アメリカのＣＥＰ報告のような重みや、イギリスのＷＷＣのような地に足の着いた力強さが伝わってこない。

日本では統計改革がＥＢＰＭ推進の契機になったとすでに説明した。統計改革に取り組むにあたって海外の事例を調査したところ、アメリカやイギリスなどでＥＢＰＭが広がっている実態を知り、取り入れることにしたのだろう。方向は間違っていないが、付け焼刃の感がぬぐえない。

日本にEBPMは根づくのか

『EBPMの経済学』（大橋編 2020）の著者の一人、金本良嗣（1950〜）は「EBPMを政策形成の現場で役立たせるために」と題する総説で、アメリカとイギリスでは長年、培ってきた政策評価の中で活用するエビデンスを強化するためにEBPMを活用しているのに対し、日本は政策評価や行政事業レビューとは独立した形でEBPMを推進する動きが始まったと解説している（金本 2020）。

同書は研究者と行政官が一組となり、テーマ別にEBPMの課題を論じたユニークな著作である。真理の探究を基本とする学術研究と、現実の差し迫った課題に対して対応が求められる政策立案とは本質的な意味で異なるとの認識に基づき、教育、労働、医療・介護、交通・社会資本、課税、電力の6分野の政策を取り上げている。過去から学びつつも、将来起こり得る変化にも対応できる政策立案が求められると指摘し、EBPMを「エビデンスに基づく政策立案」と翻訳すると過去の事象にとらわれすぎた政策立案を推奨しているように見えるため、副題は「エビデンスを重視した政策立案」としたという。

労働経済学が専門の神林龍（1972〜）は同書に収録した「労働政策におけるEBPM——労働政策決定の正統性との関連から」と題する論考で、EBPM実現の難しさを率直に綴っている（神林

2020)。

日本の労働政策の枢要は、厚生労働相の諮問機関、労働政策審議会(労政審)を通じて決まる。厚生労働省は、改正が必要なときには労政審に諮問し、その答申や建議をもとに国会に提出する政府案を作成するのが通常のパターンだ。

労政審は、労使同数の委員のほかに大学に所属する研究者を主とする公益代表委員が同数加わり、公労使の三者間協議の形式をとっている。三者協議形式は三者構成原則と呼ばれ、19世紀以来の産業民主主義の到達点としてILO(国際労働機関)を中心に国際的にも共有されてきた規範だという。ただし、ILOの三者構成原則は政労使であり、総会での投票権は政府委員が2、労使が1ずつ。日本は戦後の労働立法の中に盛り込まれた審議会では当初から公労使同数となっており、ILO原則をそのまま受け入れたわけではない。

ところが、長い伝統を持つ審議会を経由した労働政策の決定方式が近年、動揺している。首相官邸や内閣官房、国会での政党の介入が増えてきたという。

その背景には、労政審の「代表性」への疑問がある。労政審が取り扱う案件が、具体的な労働条件の決定から離れた政策を含むようになっている問題もある。例えば労働契約の締結方法や雇用政策全体の方針などだ。このとき、三者協議に代わる「正統化メカニズム」としてEBPMに注目が集まってもおかしくはない、と神林は主張する。

だが、その可能性は低いのではないかと思わせるほど神林の表現は慎重だ。労働分野での EBP

Mの求められ方は、他の行政分野とは異なる特異性を持つ。労働政策は、雇用保険という税とは独立した財源を持ち、労使の利害調整による政策決定という規範が問題を抱えつつ残っていることを忘れるべきではないと強調する。

EBPMが「正統化メカニズム」となる場面が実際にくるかどうかはともかく、仮に実行しようとするときに、それが可能な環境を日本の労働行政や労働現場は提供できるのかと神林は問いかける。

現在の雇用保険データベースは貧弱さが際立ち、楽観できないという。

アメリカの雇用保険のデータベースは被保険者であれば保険料を4半期ごとに記録している。保険料は賃金に依存しており、個人の賃金額は被保険者である限り記録が残る。州ごとに雇用保険勘定を管理しているため、被保険者が州を移動すると接続が難しく、労働時間の記録がないといった欠点はあるものの、フルタイムの被用者の賃金を長期間、追跡するのは難しくない。

一方、日本の雇用保険データベースでは、個別の被保険者の賃金額は、その人がある事業所に入所した時点で記録する。その後は、その人が離職した時点で、給付額を計算するために離職時から遡って何カ月分か賃金額を記録するにとどまる。ある被保険者が保険に加入したかどうかが分かれば、十分運用できる。被保険者の賃金履歴がすべて必要なわけではないのだ。

日本の行政が運用するシステムは政策担当者が制度を動かすのに必要最小限の負担しか発生しないように設計されている。雇用保険のデータベースもその意味では効率がよいシステムだといえるという。

行政データに不満を募らせる研究者たち

日本の行政データの不備や公開の不十分さを指摘する研究者は多い。高橋義明は「ＥＢＰＭは日本で確立するのか――欧米の経験も踏まえて」と題するレポートで、欧米と日本のＥＢＰＭの違いに鋭く切り込んでいる（高橋 ２０２０）。

欧米のＥＢＰＭでは、研究者が政策立案に資するエビデンスを提供し、政策当局者がそれを利用する。政策当局者は政策課題を明確にし、疑問を発し、必要なエビデンスを求める一方、研究者は新たなエビデンスの提供に向けて研究に取り組む。政策当局者は既存・新規のエビデンスを解釈・適用し、政策の実行後にモニタリングと事後評価を実施する。政策当局者はその前提として、データ提供を促進している。

一方、日本版ＥＢＰＭの主な目的は予算の縮減であり、主な担い手は霞が関（の官僚）である。研究機関との共同研究や研究者との協働は想定しているものの、有識者はＥＢＰＭ推進員会に対する監督や助言役にとどまり、有識者のメンバーは限られている。

研究者が利用できる行政データは、匿名データや個票データなどに範囲が広がりつつあるが、申請書類の記載事項が多いうえに、利用申請からデータ入手までに時間を要する。研究者がデータ・アーカイブで容易に情報を入手できる海外とは対照的だ。

しかも、日本の統計システムは縦割り・分散型であり、横断的な政策課題に対応するようなエビデンスの創出には大きな制約がある。

高橋は、研究者の立場から日本版ＥＢＰＭの課題を以下のように整理している。

研究者は政府が保有する膨大な行政記録情報をほとんど使えない。研究目的を達成するためには研究者自らが研究費を使ってアンケート調査を実施するなどしてデータを入手する必要がある。

行政記録情報は客観的で正確であり、全数調査が基本なのでデータの収集範囲が広い。豊富な行政記録情報が存在するのに、研究者が自ら調査するのでは、労力も資金の負担も重複する。研究者は研究に必要な情報を自らすべて集められないため、部分的な分析にとどまってしまう可能性が高い。

そうした分析結果は政策の検証や効果の測定には使われない。統計の作成と保有が各省庁に分散するなか、研究者がデータを入手するのは困難だ。国税庁が保有する所得データと厚生労働省が保有する健康データといったデータ間の統合もなかなか進まない。研究者によるデータ利用はさらに進まなくなる。

良質な調査設計は良いデータ、良い担い手を作り出し、さらに良いデータを生み出していく好循環が生まれる。日本では、こうした好循環は生まれず、他の先進国に大きく遅れている。

日本の現状を変えるためには何が必要なのか。高橋はレポートの最後に3点を提言している。趣旨を要約しよう。

第1に、海外では多くの政府・自治体調査（日本では行政記録情報に分類されるアンケート調査を含む）をデータ・アーカイブへ寄託し、研究者に提供している。日本ではわずかであり、政府・自治体のデータ・アーカイブへの寄託を基本とする。

第2に、行政記録情報の活用を促すためには研究者とデータを保有する行政機関の間に入る組織が必要だ。研究者が各省庁にデータの開示を要請する仕組みが、研究利用の広がりに資するかどうかは明らかではない。

第3に、多様な研究が進むためには複数の統計調査や行政記録情報を統合した行政ビッグデータの作成が必要だ。そのために、データ同士を紐づけするための符合の付与などデータの形式を事前に統一する。研究者が自ら調査をすると発生する研究費用の負担を減らす効果も期待できる。研究に資する統計制度改革には強い政治的なリーダーシップが不可欠だ。

この提言が実現すれば、日本の研究者は行政と二人三脚で研究に取り組み、その結果がＥＢＰＭを通じて政策にも反映するウィンウィンの関係が成り立つだろう。だが、現状を見る限りでは道のりは遠い。

すれ違う官と学の思惑

研究者たちが、日本の行政データ、とりわけ行政記録情報がオープンになり、研究の目的を満たせるデータを自由自在に入手できるシステムを望むのは当然だ。行政データをフル活用して論文を書ければ、データ分析の比重が増している学界の流れにも乗りやすい。

一方、行政の側には、情報漏洩のリスクを冒してまで研究者に論文の材料を提供する動機は乏しい。行政官が特定のテーマに絞り込んで政策効果の検証を研究者に依頼する事例は少ない。行政データを入手した研究者が自分の関心に従って執筆した論文が、来年度の予算要求の裏付けとして偶然、役立つといった事例もほとんどないだろう。

研究者の主眼は研究活動や論文の執筆、行政官の主眼は政策の着実な実行にあり、両者の意識にはそもそもずれがある。EBPMは両者が歩調を合わせるきっかけになる可能性があるが、現状はそうなっていない。研究者にとって日本版EBPMは論文の材料にはなりにくい、魅力の乏しいテーマであり、行政官にとっても、作業工程を増やすだけの厄介な存在になっているといえる。

研究者に求められる新たなスキル

小林庸平（1981〜）は、エステル・デュフロらによるRCT入門書『政策評価のための因果関係の見つけ方――ランダム化比較試験入門』（デュフロほか 2019）の日本語版解説の中で、EBPMに関与する研究者が備えるべきスキルに触れている。

小林によると、EBPMは、「エビデンスをつくる」（政策の効果を具体的に測定する）、「エビデンスをつたえる」（エビデンスを整理し、誰でもわかりやすい形にまとめる）、「エビデンスをつかう」（エビデンスをもとに政策的な意思決定を行う）のサイクルから成り立っている。

エビデンスを作る過程でRCTは最も有効な手段となるが、現実の社会でフィールド実験をしようとすると、数多くの壁にぶつかる。通常、実験をするためのフィールドを研究者自らが有している事例はほとんどなく、政府、民間企業、非政府組織（NGO）といったパートナーと協業することになる。

政府と連携してフィールド実験ができれば、大規模な効果検証が可能になったり、効果検証の結果を政策的な意思決定にそのまま活用できたりする利点がある。政府と連携すれば、政府の統計調査や行政データを利用できる可能性も高まり、実験をするときのデータ収集コストを抑制できるかもしれない。しかしながら、政府の意思決定は民間企業やNGOよりも時間がかかり、合意を得るのが難しい場合が多い。特定の対象に対する政策介入には倫理面や公平性の問題があり、政府がフィールド実験に踏み切るのは困難だ。

一方、民間企業やNGOと連携する場合、社会全体や地域全体をフィールドにするのは難しいが、よりスピーディーに先進的なプログラムに取り組める可能性が高い。例えば、NGOには、ファンドレイジングや事業改善のために自らの事業の効果を客観的・学術的に把握したいというニーズがあり、政府と連携する場合に比べて実験設計も柔軟な場合が多いという。

パートナーが持つ関心、強みや弱みを踏まえながら、パートナーと良好な関係を構築していくことがフィールド実験の実施には不可欠な要素であり、伝統的な経済学の実証分析で求められるスキルとは異なっている。

フィールドを探し、実務家と連携し、調査設計を考え、実行しない限りエビデンスは得られない。こうした一連のプロセスは今までのデータ分析や経済分析とは異なるスキルを要求する。エビデンスを創出する作業は、研究課題の設定、関係者との合意形成、検証のためのプロセス管理、データ収集、分析と結果のまとめと、泥臭いプロセスの積み重ねなのだと総括している（小林 2019）。

『EBPMの経済学』に戻ろう。文部科学省の樫原哲哉は、計量経済学の手法を援用した教育政策の研究の中には、因果推論のための高度なテクニックや内生性バイアスなどの議論に終始し、分析のもととなるデータの性質やクオリティへの関心が薄い論文があると指摘している（樫原 2020）。政策立案の根拠となるエビデンスを産出するためには、政策の投入要素や現場の実態をできるだけ忠実に数値化して分析し、その結果を正確に解釈する必要がある。これは教育政策に限らないという。全くその通りだが、研究者たちにこの作業を期待するのは難しいだろう。

大橋弘（1970〜）も同書でこの問題に触れている。終章で、複雑な現実の中から、理論と整合するような事象をきれいに切り取ってきて、理論の含意を検証するのがミクロ経済学の実証論文での典型的なアプローチの一つであるものの、そうした分析アプローチは全体像を無視した的外れの政策立案をもたらしかねず、またステークホルダーの理解を得るのも概して難しい。

統計データなどを分析する研究者の論文がそのまま政策立案につながるわけではなく、EBPMは学術論文の執筆とは似て非なるものと肝に銘じるべきだと強調している（大橋 2020）。

官・学・民のメンバーによる研究成果をまとめた『ＥＢＰＭ エビデンスに基づく政策形成の導入と実践』（大竹ほか編著 ２０２２）からも同様な問題意識が浮かび上がる。同書は、政策資源を有効活用するためにはＥＢＰＭの導入が不可欠だとの認識に基づく概説書だ。ＥＢＰＭの基本概念や手法を解説し、国内外の実践例を紹介するとともに、随所でＥＢＰＭの課題や限界にも触れている。

編著者の大竹文雄（１９６１〜）大阪大学特任教授、内山融（１９６６〜）東京大学教授と小林庸平は『ＥＢＰＭとは何か』と題する章（3人の共同執筆）で、ＥＢＰＭは必ずしも万能薬ではないと主張し、問題点を列挙している。科学的な分析から得られたエビデンスから適切な政策が生み出される保証はない。学者の間でエビデンスについて意見が一致しない場合もあるし、学者の間で合意ができても世間が受け入れない場合もある。科学的に見て「効果的な政策」と倫理的に見て「適切な政策」が必ずしも一致しない場合もあるだろう。そこで重要になるのは、科学者・政策担当者・国民間のコミュニケーションだ。科学的に妥当な政策に向けて国民の理解を増進していくことは大切だ。ただし、「無知な一般人」を専門家が「教導」するという前提をもつのは禁物である。専門家が国民との対話から学び得るような双方向のコミュニケーションが肝要だと強調している。

ＥＢＰＭの導入に向け、学者が果たすべき役割について論じているが、慎重な表現が目立っている。本章では、日本ではＥＢＰＭやＲＣＴの政策への応用がアメリカやイギリスのようには浸透していない現状を紹介し、その原因は行政と研究者の双方にあるとの見方を示した。こうした現状のもとで、日本の研究者たちはどんな道を選ぶのか。学術論文の内容にもよるが、「ＥＢＰＭは学術論文の執筆とは似て非なるものだ」と割り切って学術論文の執筆に専念するのも一つの選択だろう。

最近、経済学の各分野で急増しているＲＣＴを駆使した論文は、研究者たちの『割り切り』の反映かもしれないが、学界の外部の人間には存在意義を理解しづらい。ＲＣＴは本来、経済学界から飛び出すくらいの覚悟がないと使いこなせない道具のはずだ。既存の経済理論に挑戦状をたたきつけているデュフロらのような大胆さに欠け、「論文の実績作りのためのＲＣＴ」という狭い世界に逃げ込んでいるようにも見える。

第6章

消えゆくユートピア

ランダム化比較試験（RCT）や因果推論、さらには機械学習の新手法を手にした経済学者たちはデータ収集に奔走し、論文を量産している。データ分析自体に価値を見出し、「小さな成果」を積み上げようとする学者も目立つ。研究成果を早めに出せるように研究期間を短期に設定する傾向も生まれている。論文の執筆は学者の本分であり、次々と成果物が生まれているのは、歓迎すべき事柄かもしれない。

問題は論文の中身である。研究者同士の競争の中から、後世に残るような仮説、時代の転換を促すような命題、あるいは政府や企業、個人の行動にプラスの効果をもたらすような提言が生まれているのなら、外部の人間は黙って応援するしかない。アカデミックな論文の価値を専門家以外が評価するのは難しい。

フランスの経済学者、トマ・ピケティ（1971〜）は『21世紀の資本』（ピケティ 2014）で長期にわたる各国の税務データの分析をもとに経済格差の問題に切り込み、世界に衝撃を与えた。ピケティが指摘した、資本主義の構造問題は解消するどころか、年々、深刻さを増している。格差問題だけではなく、度重なる経済危機、環境破壊や気候変動を「資本主義の弊害」と断じ、資本主義経済を批判する論調も強まっている。

長期にわたるデータ分析から斬新な仮説を導き出し、世の中に大きな影響を与えた一例だが、経済学界を見渡すとピケティのような存在はあまり見当たらない。経済学者たちは「市場の失敗」を研究テーマの一つとし、市場だけでは解決できない問題への取り組みについて論じてきたが、資本主義や市場の存在自体に矛先を向けるような議論には背を向ける人が多い。データ分析に取り組む多くの経済学者の視線はどうしても「各論」に向きがちだ。

データ分析を活用して資本主義の構造欠陥を描き出したピケティは、決して「異端派」の経済学者とはいえないが、「ピケティブーム」が一巡するにつれ、経済学界で『21世紀の資本』を話題にする人は少なくなった。

本章では「何のためのデータ分析か」という視点から、「データ分析至上主義」が経済や社会に何をもたらすのかを探る。

本書第1章でも参照した『日本経済学会75年史』（日本経済学会編 2010）には学会の歩みを紹介するパートとは別に、経済学界全体を様々な角度から展望する論文が何本か載っている。そのうち、市村英彦の「ミクロ実証分析の進展と今後の展望」（市村 2010）、神取道宏（1959〜）の「経済理論は何を明らかにし、どこへ向かってゆくのだろうか」（神取 2010）は本章のテーマと関連する興味深い論文である。2本の論文を議論の出発点としたい。

市村は「計量経済学といえばマクロ計量モデルに限られていた時代は遠い過去のものとなり、あらゆる分野の問題が全体としてはあたかもモザイク模様を見るかのように個々緻密に分析されている」

との現状認識を示す。あらゆる分野の具体例として、労働問題、教育問題、少子高齢化問題、住宅問題、医療問題、環境問題、社会保障、財政、金融、企業行動、公共入札、オークションを挙げている。

そして、ミクロ計量経済学では何を測定対象とするのか、ある測定対象はそもそも測定可能なのか、推定・検証の方法の3つの視点に留意しながら、過去20年間のミクロ実証分析の進展を振り返っている。

ミクロ計量経済学の潮流を回顧

本書のこれまでの記述とも重複する部分があるが、市村の解説に従って、1990年代以降のミクロ計量経済学の推移をたどってみよう。

90年代以降、計量経済学の分野では、観察データと実験データの違い、それぞれを使って実証分析をするときの前提条件、長所、欠点を意識することが重要だ、との認識を研究者が共有するようになった。

研究者たちが同時方程式モデルやサンプルセレクションモデル（標本選択に伴って発生するバイアスを回避するための手法）を開発してきたのは、観察データの欠点を補うためである。観察データを使った実証分析の限界を克服する努力が計量経済学の歴史といってよい。一方、実験データの重要性も以前から強く認識され、アメリカを中心に1960年代初めから現実の社会の中での「社会実験」が活発になった。70年代の健康保険の効果を測定する社会実験、80年代の職業訓練の効果を測定する社会実験、90年代の少人数クラスの効果を測定する社会実験は一例である。

ただ、１９８０年代後半までは、大学院の授業などでは、実験の重要性よりも難しさが強調されがちだった。そのため、計量経済学者は、様々な問題のある観察データを使って問題を克服するための手法を開発してきた。その手法を使えば、信頼できる実証分析ができるという基本姿勢のもとで実証分析に取り組んできたのだ。

あらかじめ構築したモデルのパラメータを推定する構造推定アプローチとは異なり、特定のモデルには頼らず虚心坦懐にデータに語らせることを旨とする実証分析がミクロ計量分析の一つの主流となっている。これが「非構造推定アプローチ」だ。

市村は、アメリカの経済学者、ロバート・ラロンド（１９５８～２０１８）の１９８６年の論文がこの流れを決定づけたと指摘する。

ラロンドは、「The National Supported Work Demonstration」（ＮＳＷ）という名称の職業訓練プログラムの効果を評価した（LaLonde 1986）。同プログラムは、プログラムへの参加をランダムに割り振っているため、まずＲＣＴを使って効果を推定した。さらに、介入群のデータはそのままとし、対照群のデータを別の非実験データに置き換え、計量経済学の手法（サンプルセレクションモデル）で、ＲＣＴと同様な結果を得られるかどうかを検証した。ＲＣＴと計量経済学の手法による結果はうまく合わず、計量経済学の手法ではＲＣＴを再現できなかったのである。それ以降、プログラム評価をするときには、社会実験か、実験に準ずる自然実験を活用する手法が主流となっていく。

市村の整理によると、90年代以降のミクロ計量経済学にはもう一つの流れが生まれた。1970年代のロバート・ルーカスによる、いわゆる「ルーカス批判」に応えるべく、ミクロ実証分析の新たな手法の開発が進んだのである。ミクロ計量経済学では、政策に依存しないパラメータをモデルの中で明示し、実証分析の前提条件を明らかにする道を選んだ。80年代には、後に「構造推定」と呼ばれるようになるアプローチの嚆矢となる研究が活発になった。

市村はジェームズ・ヘックマンらとの共同論文で、ラロンドが活用した計量経済学の手法が社会実験の結果を再現できなかった原因を追究し、観察データでは所与（あらかじめ決まっている）とされる変数の分布が、職業訓練を受けたグループと受けなかったグループの間で異なっていたことを突き止める（Heckman et al. 1996）。観察データの弱みを補う手法の開発が一段と進む契機となった。

「構造アプローチ」と「非構造アプローチ」に優劣はあるか

市村はミクロ計量経済学の新潮流を、実験データを使う「非構造アプローチ」と観察データを使う「構造アプローチ」に大別し、それぞれの手法を解説している。本書のこれまでの説明と重なるため、アプローチの内容に関する記述は割愛し、市村が両アプローチをどのように評価しているのかを記述している部分に焦点を当てる。

市村は非構造アプローチの効力を認めつつも、全般に厳しい評価を下している。非構造アプローチの代表である社会実験はいつも道義的に可能とはいえないと冒頭で指摘する。例えば、教育年数などの人的資本が所得に与える影響を測定するとき、教育の機会をランダムに割り振る社会実験は通常、実現しにくい。社会実験で実現できる状況は現実との対応が疑わしい場合も多い。社会実験を実施する期間の問題もある。健康保険とモラルハザードの関係を測定する事例を考えると、健康保険が有効なうちに治療を受ける誘因が生まれる。

自然実験アプローチを含む非構造推定では、できるだけ特定の経済モデルや、測定の際に設定する関数形、分布などの仮定を置かずに推定する。したがって、ある施策の効果がどれくらいあるのか、といった社会実験を積み重ねても、それ自体の意味を過小評価すべきではないにしても、いつまでたっても同様な実験を繰り返す必要がある。どんなときに、どれくらいの効果が、どうして生じるのかに対する理解にはつながらない。

非構造アプローチを解説する節の最後に登場する「非構造推定の限界」と題する一節を要約しよう。非構造アプローチでは、経済モデルの仮定を置かず、できるだけ虚心坦懐にデータに語らせ、対象パラメータを推定しようとする。そこから得られた結果は従来の実証結果よりも信頼できるといえると思う。しかし、通常、非構造推定の測定対象パラメータとなっているのは構造パラメータではなく、そのパラメータをいかに正確に測定できたとしても、どんな仮定の下で得られる結果が他の場所や時点で同じように成立するのかは分からない。

個人や家計、企業などがどのような行動原理に基づいて行動しているのか、あるいはどのようなメカニズムを通して分析対象としている現象が成立しているのか、という根本的な問題についての理解が進むわけでもない。

市村は続いて構造アプローチの進展を概観する。非構造アプローチの問題点に正面から答えようとしているのが構造アプローチであり、だからこそ構造アプローチは重要だと冒頭で訴えている。

構造アプローチは3つの視点から重要だという。

第1に、非構造推定が経済モデルや関数形に依存しない推定によって、より信頼度が高い実証分析を目指すのとは対照的に、構造モデルは人々がどのように行動していると理解すればデータと整合的なのかを解明しようとする。

第2に、ある政策がどのような経路で効果をもたらすのか、どんな場合に効果が大きいのかを明らかにしようとする。

第3に、政策変更はモデルのパラメータを変化させる可能性があるが、構造アプローチでは政策の影響を受けない意思決定の仕組みとパラメータを指定・推定し、新たな政策の下での個々の行動を予測しようとする。

企業はある生産関数の下で利潤を最大にしようと行動すると仮定し、個人はある効用関数の下で効用（満足度）を最大にしようと行動すると仮定する。政策が変わっても生産関数や効用関数は変わらないと考えてパラメータを推定する。

市村は、非構造アプローチと構造アプローチには、プログラムを評価するという共通の目的があり、必要に応じて使い分ければよいと説く。ただし、プログラム評価という観点を離れ、ある政策はどのような仕組みで効果をもたらすのか、ある政策を実施すると何が変わり、何が変わらないのかを考えるためには、非構造モデルは構造モデルの代替物とはなり得ないと重ねて強調している。

理論と実証の関係を問い直す

神取は経済学の草創期以来の経済理論の流れを俯瞰したうえで、理論と実証の関係を問い直している。

神取によると、経済理論は、①完全競争市場の機能とその限界の理解（価格理論・一般均衡理論）、②完全競争以外の一般的な社会・経済問題の理解（ゲーム理論と情報の経済学）、③合理的で利己的な経済人（ホモ・エコノミクス）を仮定したそれまでの経済理論の修正、理論と現実のデータのより密接な関係の構築（実験経済学、心理・行動経済学）の3つの時期を経て現在に至っている。

19世紀のほぼ100年間で、価格は需要と供給の交点に決まり、社会全体のパイが最大になるという現代価格理論の核になる考え方が確立する。その後、1930年代から70年ころまで、数理的な手法を採用した市場メカニズムの研究が中核となった。ここまでが①の時代である。

1970年ごろからゲーム理論と情報の経済学が経済学に新たな潮流を生む。完全競争市場以外の

「すべての社会経済問題」という広大な応用問題を「人間の合理的な行動」という統一した原理で解明しようとする試みである。この時代が②に当たる。

1990年ごろから実験経済学、心理・行動経済学というさらに新たな潮流が生まれた。実験経済学は、実験室に被験者を集めて金銭の誘因を与え、被験者の行動を観察して既存の理論を検証したり、新たな法則を発見しようとしたりする学問だ。

現実の人間の行動に関するデータが実験を通じて蓄積されると、データと経済理論に基づく予測との乖離が明らかになってきた。経済理論家はもともと理論に基づく予測が現実とぴったり合うとは主張していない。理論予測とのずれは雑多な要因で起こり、平均をとれば、ずれは重要ではないと理解していた。

しかし、実験データの蓄積が進むと、研究者は現実のデータと理論予測の関係に以前よりも格段に深い注意を払うようになった。すると、現実の人間行動は、経済理論の予測から、ある特定の方向に、しばしば規則性のあるずれ方をすることが明らかになってきた。

こうした人間の認知・行動のくせを主に心理学の知見をもとに経済理論に取り入れようとする動きが心理・行動経済学だ。従来の経済理論は、合理的で利己的な経済人（ホモ・エコノミクス）を議論の前提にしてきたのに対し、より血の通った現実に存在する人間像に近づけ、理論の説明や予測の精度を上げようとする試みだ。

以上の整理は、ゲーム理論家である神取の立場を反映している。したがって、ここで挙げているデータ分析はゲーム理論と関連が深い「ラボ実験」を指し、現在の経済学界を席巻している「フィールド実験」には言及していない。

ゲーム理論や情報の経済学が「すべての社会経済問題」を視野に入れた分野だとの見方には異論もあるだろう。ただ、それだけ幅広い応用問題に取り組んできたと自認する経済理論家たちが、理論と現実のデータとのずれを重要ではないと考えてきたとの記述は、理論と実証の関係を如実に表している。

神取はさらに、実験経済学と心理・行動経済学の台頭には、経済学におけるゲーム理論の定着が関係しているとの認識を示す。経済学では、自然科学と同様な統制された実験は不可能である。例えば不況期の財政出動がどれほどの景気浮揚効果を持つかは、同じ時期の同じ経済で実際に財政支出をした場合としなかった場合を直接比べれば決着がつく。しかし、現実には実験はできない。冷戦時代の資本主義国と社会主義国の比較は大規模な自然実験といえるが、こうした機会はまれにしか得られないし、膨大な社会コストがかかる。

1970年代から台頭したゲーム理論は、少数のプレーヤーが行動する様々な問題に適応する理論であり、マクロ理論とは異なって理論予測を実験で直接、検証しやすい。実験経済学が1990年代に大きく進展した背景には、ゲーム理論の台頭があると神取はみている。

ゲーム理論には、企業や政府といった組織内部の経済行動を解明できるのではないか、との期待もあったが、実際には必ずしもそうならなかったという。神取の感想では、市場の機能の70％くらいを新古典派理論が解明したのに対し、企業内部の活動をせいぜい20%くらいしかゲーム理論は明らかにしていない。

ゲーム理論が起点となった「新しい方向性」

少数の人間が相手の出方をうかがいながら行動する、ゲーム理論が守備範囲とする問題では、認知の癖、文化や慣習の影響、他人への思いやりや敵愾心、感情、徹底した計算よりも簡単な便法などの、ホモ・エコノミクスからはみ出た領域が重要な役割を果たす。「経済合理性の力学」を徹底して追究してきた経済理論に加えて、何か本質的に新しい方向性が必要になったという知的雰囲気が、ゲーム理論を使った様々な社会経済問題の分析が一段落した時点で生まれ、心理・行動経済学が台頭した一つの契機となった。

神取は自らの専門であるゲーム理論の力と限界を冷静に見極め、心理・行動経済学に与えた影響を独自の視点で分析している。それでは、伝統的な経済理論の殻を破れるのではないかという「知的雰囲気」の下で勃興した実験・行動経済学にはどのような未来が待っているのだろうか。

神取は寓話を使って未来を予測する。

現実の人間の行動を「木の葉の落下」、100%の経済合理性に基づいた伝統的な経済理論による予測が「ニュートンの落体の法則」にあたると考える。ニュートンの法則によると、木の葉は形状や重さとは無関係に一定の加速度でまっすぐ落下する。しかし、現実に木の葉が落下する様子を調べると、落下の速度は木の葉の形状や大きさなどの影響を受ける。

単純な経済合理性から導き出す経済理論の予測と、現実の人間の行動がずれる様子とよく似ている。実験・行動経済学は現実のデータと理論とのずれを明確に示した。理論からのずれは経済競争の圧力によって消えていくはずだという理由（思い込み）でデータと真剣に向き合わなかった経済理論に痛烈な一撃を与えた。その結果、現実のデータと真剣に向き合うという科学として、より正しい方向に導いたのである。

ただ、実験・行動経済学が、こうしたずれを説明するときに、なるべく簡単で使いやすいモデルを構築しようとする点は問題だと神取は指摘する。期待効用理論からの人間行動のずれを表現するモデルである「プロスペクト理論」をはじめとする行動経済学の様々なモデルは、木の葉が揺らぎながら落ちてゆく軌跡をトレースする簡単な関数型を当てはめているだけのように見えるという。

木の葉の揺らぎを本当に深く理解するために必要なのは、簡単な関数型を使ったニュートン法則の修正ではなく、空気抵抗を考慮した理論の考察である。木の葉の落下を支配している力はいくつかあり、ニュートンの法則に従った落体の法則、空気抵抗による減速、葉の向きの変化が空気抵抗の働く方向と強さを変化させる現象、葉の後ろに生じる乱気流による影響など、様々な要因を総合して初めて木の葉の落下を理解できる。

実験・行動経済学が提示する代替モデルは、現実のデータの表面を大雑把になぞるにすぎず、人間行動の真の構造を明らかにはできていない。

人間の行動を左右する要因のうち、空気抵抗や乱気流に相当するのは認知のメカニズムである。実験・行動経済学の課題は認知メカニズムの解明ではないかと神取は指摘する。

次に挙げる寓話は天動説と地動説である。地球を中心に天体が回転しているとみる天動説のモデルでは、火星は地球を中心とする円周軌道を運行している。しかし、火星の位置を詳細に観測すると時として運行の方向を変える。このずれを説明するために複雑な天動説モデルを提唱するが、さらなるずれが明らかになるたびにモデルは一層複雑になった。

こうした試みはすべて失敗し、地球も火星も太陽の周りを回っている地動説にとって代わられる。

行動経済学は「地動説」なのか

初期の天動説を伝統的な経済理論、火星の逆行を実験経済学が明らかにし、火星の逆行は行動経済学が注目する理論とデータの乖離にあたると考える。

このたとえでは、伝統的な経済理論は誤りであり、伝統理論に最小限の変更を加えてデータとのずれを説明しようとする試みは失敗する。現在の行動経済学が提唱するモデルは、地動説にあたる真に正しい理論に対応しているのだろうか。

ここで神取は天動説と地動説の関係を掘り下げる。天動説から地動説への転換は「コペルニクス的転回」と呼ばれ、科学理論の革新・パラダイム転換の典型例とされているが、両者の関係はかなり特殊だという。

古い学説（天動説）と正しい理論（地動説）はどちらも似たようなクラスに属する簡単なモデルだ。どちらも天体が周回運動をするモデルであり、周回運動の中心がどこかに違いがあるだけだ。

これに対して木の葉の落下では、古い学説（ニュートンの法則）と現実を正確に捉えた理論（空気抵抗の影響を考慮する）を比べると後者は格段に複雑なクラスの理論が必要になる。

実験・行動経済学に目を転じよう。実験や現実のデータを虚心坦懐に観察すると、新たな法則を発見するのにどの程度役に立つのだろうか。実験・行動経済学では、伝統的な経済モデルからシステマティックなずれをもたらす明確な法則の存在を強調する一方で、「なぜ、ずれが生じるのか」にはあまり関心を払わない。理論の色眼鏡を通さない計測の地道な蓄積から正しい理論が生まれるのだろうか。

地道な観察データの蓄積が天体の運行に関する新理論につながったのは、天体の運行には非常に安定した規則性があり、データ観察からおのずと新たな法則が浮かび上がったためだ。天動説と地動説は天体の周回運動という同じクラスの理論であり、説明がしやすかった面もある。一方、木の葉の落下を説明するためには、データ観察を重ねても、新理論は出てこない。人間の行動を説明するためには、木の葉の落下を説明するのと同様なレベルの理論が必要なのではないか、というのが神取の見方である。天体観測のようにデータをいくら虚心坦懐に眺めても無理なのだ。

出発点はあくまで「理論」

それでは、木の葉の落下を説明するためにはどんな研究手法が有効なのか。神取は以下の流れを提案する。

現実の一部を捉える理論仮説の設定→それを確認する統制された実験→さらなる観測→さらなる現実の一面を捉える理論仮説の設定→それを確認する統制された実験→

理論と統制された実験観測を車の両輪のように使って漸進的に知見を深めていく、いわば「理論―実験対話型の研究」が必要と主張している。

出発点は「理論」である。実験はあくまでも理論の精度を高め、あるいは新たな理論を構築するための手段なのだ。

神取は経済理論を「眉唾もの」とみる人が多い現実を憂慮し、経済学者たちは「確かに正しいが、自明ではない法則」を広く社会に伝えるよう促す。

また、研修医の配属、携帯電話の周波数帯の配分、電力市場の設計、排出権取引市場の設計などゲーム理論を応用した「マーケット・デザイン」の実例が増えている現状を紹介し、経済理論は一面で

「空想から工学へ」と変貌を遂げつつあるとの見方を示している。

市村は計量経済学、神取はゲーム理論の視点から「理論と実証」の関係を掘り下げて論じている。2人が念頭に置いている「データ分析」の内容は異なるが、2人の現状認識と主張には共通点が多い。

1990年代以降、経済学界ではデータ分析の新たな手法が急速に広がり、研究のスタイルが大きく変わっている。研究者たちが現実のデータに目を向けるようになったのはよい傾向だ。ただ、データ分析に没頭するだけでは、新たな仮説や理論を生み出すのは難しい。経済学の根幹はやはり経済理論である。実験や観察によって得たデータを使って、いかに理論の普遍性を証明するのか、あるいはデータを観察しながら、その背景にある経済の構造を浮かび上がらせることができるのかが、経済学者の腕の見せどころである。2人は、データ分析が経済理論から分離し、「独り歩き」を始める事態を警戒しているのだ。

経済学界は生物学者のカール・ピアソンらを通じて、論理実証主義の一翼を担う統計学の手法を取り入れ、実証分析を担う計量経済学を発展させてきたものの、全面的に帰納法に舵を切ったわけではない。計測や実証にも労力を割くようにはなったが、あくまでも理論研究の補助が目的であった。

しかも、経済学界の中には役割分担があり、理論と実証にともに携わる学者は少なかった。経済理論家と呼ばれる人たちは理論研究に専念し、現実のデータにはあまり目を向けなかった。データ分析から理論や仮説を帰納的に導き出すのではなく、既存の仮説や理論の拡充や修正に力を注いだのである。

「素朴な帰納主義」を警戒する科学者たち

理論が帰納法的なデータ分析から乖離する現象が起きたのは、経済学界だけではない。有江大介によると、現代の科学史・科学哲学の分野では、事実の観測から出発して厳密な仮説を立て、それを検証することを繰り返すなかで人々の知識は徐々に真理に近づくという考え方は「素朴な帰納主義」と呼ばれ、進歩主義の色彩が濃い知識観や科学観に疑問が投げかけられている（有江 2019）。

有江は科学者たちの主張を3つに分類する。

第1に、理論が基礎とする事実やデータは中立的ではなく、データに理論の正しさを判定する資格はない。これはアメリカの科学哲学者、ノーウッド・ハンソン（1924～67）が『科学的発見のパターン』（ハンソン 1986）で打ち出した「観察の理論負荷性」の考え方である。人間は観察の結果それ自体を理解しようとするのではなく、観察の結果を知識や理論、経験を使って理解しようとしている。言語の要素があるから観察の結果が知識とうまく合うようになる。事実は理論や文脈に依存する。

理論の出発点となる客観的な生のデータは存在しない。データを得る観察の仕方自体があらかじめ、ある特定の理論を前提にしているというのだ。

第2に、研究者の頭の中にはあらかじめ何らかの理論や仮説、モノの見方（先入観といってもよい）

があり、それを裏付けるのに都合のよい事実やデータを集める傾向がある。観察の結果、理論や仮説が覆る可能性は低く、それぞれが、一貫した論理によって体系的な知識となれば、様々な理論が同時に同じ資格で存在する状況が生まれる。知識や理論の「相対主義」、「多元主義」と呼ばれる考え方だ。第3に、科学の捉え方が帰納法的な経験主義から乖離すると、理論やモデルとその対象となる現実の世界との関係が両極に分かれていく。

1つ目の極は、論理矛盾がない命題からなる抽象的なモデルは現実の世界の中にただ1つ存在すると考える「モデル・プラトン主義」。2つ目は、理論は人の頭の中にあるモデルにすぎず、それが現実に対応している必要はなく、観察結果を予測できればよいとする「道具主義」である。科学者は両極端の立場のどこかに身を置いている。

有江は、マルクス経済学の労働価値説は「モデル・プラトン主義」、ミルトン・フリードマンが『実証経済学の方法論』(Friedman 1953) で唱えたのは「道具主義」だったと指摘する。

理論研究の大切さを訴える経済学者たちの多くは、第1の「理論負荷性」の考え方に同意するだろう。経済学者たちは実証分析の独り歩きをけん制する意味合いで「理論なき計測」という言葉をよく使うが、そもそも理論から完全に離れた実証分析など不可能だという主張につながるからだ。経済学界は現実のデータと理論とのずれを意識しつつ、データを経済理論の側に引き寄せ、吸収する形で秩序を保ってきたといえる。

それでは、RCT、因果推論や機械学習の新手法を駆使してデータ分析に邁進する現在の経済学界の潮流は「経済理論からの逸脱」なのだろうか。新手法の魅力に取りつかれ、論文を量産する経済学者たちは、経済学の本分を忘れているのだろうか。そうであれば、市村や神取が指摘するように、理論と実証のバランスを取り戻し、「データ分析は理論を検証するための手段だ」という経済学界の伝統的な基本認識に立ち返るしかない。

科学者たちの主張に戻ろう。第2の主張は「素朴な帰納主義」に対する批判であると同時に、特定の理論を絶対視する「理論信仰」に対する批判でもある点に注目したい。知識や理論の「相対主義」、「多元主義」はアメリカの哲学者、トーマス・クーン（1922～96）が『科学革命の構造』（クーン1971）で展開した議論に通じている。

クーンによると、科学の歴史は必ずしも「偽」から「正」へと直線的に進まない。科学の変化は不連続でむしろ「革命」のような性格を持っている。革命では、科学者集団の心理的な要素が果たす役割が大きい。ある特定の科学者集団は1つの「パラダイム」を共有している。

パラダイムとは、科学研究を導く模範を指す。模範は法則、理論、応用、装置からなり、科学者たちは模範に従って「通常科学」の研究に勤しむ。パラダイム内部では理論の前提を疑わず、理論を精密にするように努めるのだ。理論に適合しない観察結果が出ても変則事例とみなす。

ある科学理論が別の理論にとって代わられるのは、パラダイムの転換による。従来の理論では説明しきれない変則事例が増え、科学者集団に動揺が広がる。科学者集団が新しい理論に大挙して乗り換えると科学革命が起きる。現時点では「通常科学」として権勢を誇っている理論であっても、数多くの理論の一つにすぎないともいえるのだ。

有江は第3の「モデル・プラトン主義」と「道具主義」を「両極」と表現するが、現実のデータと理論の整合性をあまりに気にしない点では両者は似ているのではないか。この点で参考になるのは、ハンガリーの哲学者、ラカトシュ・イムレ（1922〜74）が唱えた『方法の擁護——科学的研究プログラムの方法論』（ラカトシュ 1986）である。ラカトシュによれば、科学的研究プログラムは「堅固な核」（ハード・コア）と「防護帯」からなる。

前者は研究の中心をなす思想、方法、理論からなり、反証はできない。後者は補助的な仮説や初期条件からなり、観察が可能な領域である。仮に反証例があっても「肯定的発見法」によって補助仮説や初期条件を変化させて「消化」する。自ら変化して前者を守り、研究計画は生き延びる。クーンの言う科学革命は起きず、複数の研究計画が併存する。

経済学界では、新古典派経済学やゲーム理論といった「堅固な核」が確立している。観察によって反証例が出たとしても、周囲の「防護帯」が科学革命を阻止している。ニュートン力学を手本にしながら古典派から新古典派へと発展してきた「堅固な核」は経済学が誕生したとき以来、揺らいでいない。ある経済学者が「モデル・プラトン主義」と「道具主義」の両極のどこに位置するにしても、データ分析によって経済理論を覆すつもりはないのだ。

科学者たちの主張を改めて要約しよう。第1に、観察データは理論から独立してはいない。第2に、科学者の集団によって信奉する理論は異なる。第3に、いったん理論が出来上がると観察によっては覆されない。

科学者たちが「素朴な帰納主義」を批判するのは、データ分析を積み重ねれば、新たな理論が生まれ、科学が発展するという単純な見方は通用しないと考えているためだ。帰納主義の肥大化や、帰納主義への過度な期待を戒めているともいえる。

「理論なきデータ分析」を批判する経済学の大家たち

一方、市村や神取が懸念しているのは、「理論なきデータ分析」の風潮であり、「帰納主義の放棄」ともいえる研究手法の蔓延である。堅固な経済理論の体系を作り上げた経済学界は、帰納主義への過度な期待を封じ込めてきた。「実験」の機会がない経済学者たちはイギリスの哲学者、フランシス・ベーコン（1561〜1626）流の帰納法を実践したくてもできず、ルネ・デカルト流の演繹法を拠り所にした。科学者たちのように、帰納主義の肥大化を心配する必要がなかった。ところが、昨今の経済学界は、「帰納主義の放棄」、さらには「理論離れ」とも呼べる状況となり、既存の経済理論の大家たちを嘆かせている。

ただ、未曾有の活況を呈しているデータ分析が既存の経済理論から遊離しているとしても、主流派のパラダイムに攻撃を加えてこないのなら問題は発生しないはずだ。主流派の経済理論を防護する役割は果たさないかもしれないが、主流派のパラダイムは安泰であり、予定調和の世界は変わらないようにも見える。市村や神取の懸念は杞憂にすぎないのだろうか。

ここで、因果推論の哲学史を思い起こしてみよう。本書第3章では、大塚淳の助けを借りながら、因果推論がたどってきた道を哲学史と関連づけて検証した。因果推論は、意味論、存在論、認識論という哲学の問題と密接に結びついている。因果推論は一つの哲学であるというのが大塚の主張である。回帰分析や相関係数の推定からなる伝統的な統計学は、ヒュームが提唱した「恒常的な連接」を因果関係だと定義し、確率論を使って因果推論する手法であり、1つのパラダイムを形成している。計量経済学はこのパラダイムの一員だ。

ただ、演繹法による理論構築に主眼を置いてきた経済学界は、帰納主義には完全には染まらず、計量経済学の手法を認識の手段として利用するにとどめてきた。主流派の経済理論が形成している強力なパラダイムに計量経済学のパラダイムを従属させ、「防護帯」として利用してきたといえる。

反実仮想や介入主義は新たなパラダイム

哲学史の観点からみると、可能世界論に一歩を踏み出したドナルド・ルービンの反実仮想モデルや、介入主義を取り入れたジューディア・パールの構造的因果モデルは独自の意味論、存在論の下で成立した認識の手法であり、伝統的な計量経済学とは異なる新たなパラダイムをそれぞれ形成している。大塚は介入主義から現実の介入（実験）へとさらに踏み込んだＲＣＴには触れていないが、研究者が

RCTを使いこなすためにはさらに別次元の「層」を飛び越えなければならないはずだ。科学者集団は自分たちが依拠するパラダイムを正しいと信じ、その中で通用する理論や手法を使って研究に勤しんできた。

経済学者たちは新古典派経済学やゲーム理論といった「堅固な核」を守るべく、計量経済学やラボ実験といった実証分析の手法を生み出し、利用してきた。

統計的因果推論やRCT、さらには機械学習も新たな分析手法の一つであり、回帰分析などと同様にうまく使いこなせばよいと多くの経済学者は捉えているはずだ。現在のデータ分析の隆盛は、経済学の「堅固な核」をいずれはさらに強固にしてくれるはずだと信じているのだろう。

だが、統計的因果推論やRCT、機械学習が新たなパラダイムに属する認識の手法だとすれば、伝統的な経済理論とうまくかみ合わないのは当然でもある。伝統的な計量経済学は、経済理論と二人三脚で歩んできたが、新手法は必ずしも経済理論の存在を必要としない可能性もあるのだ。

伝統的な経済学のパラダイムは、「合理的な経済人」、「合理的な選択」、「市場は均衡点に落ち着く」といった前提条件（価値観）から導かれた経済理論を中心に成り立っている。計量経済学は経済理論を補助する手段にすぎない。理論中心で、市場の働きに対する信頼という分かりやすい価値観が基盤になっているのが、このパラダイムの特徴だ。

哲学史の観点からみると伝統的な計量経済学とは全く別のパラダイムに属する統計的因果推論やRCTの手法を、伝統的な経済学のパラダイムに取り込むのはかなり難しいだろう。

問われる研究者のユートピア

現在、新手法を使って実証研究に取り組んでいる研究者の多くは、そうした現実に気づいているのかもしれない。そして、複雑な経済理論に頼らなくても、因果関係を突き止めることができ、ビジネスや政策評価にも応用できると考える研究者が増えれば、伝統的な経済理論の存在意義は薄れていくだろう。第5章では、日本版ＥＢＰＭが不十分な状態にとどまっている現状を紹介したが、研究活動に主眼を置く経済学者にとっては「とにかく論文を書ければよい」のだから、活用するのは行政データ以外のデータでもかまわないはずだ。経済学者の間では「とりあえずよいデータが集まったから、これを材料に論文を書こう」という発想が広がっているという話もよく耳にする。

学界での活動には飽き足らず、ビジネスの世界に飛び出して活躍する研究者も着実に増えている。その一人が、イェール大学アシスタント・プロフェッサーの成田悠輔（１９８５〜）だ。劣化が著しい民主主義の再生を具体的に論じた著書『22世紀の民主主義──選挙はアルゴリズムになり、政治家はネコになる』（成田　２０２２）からは、使い勝手がよい新手法を手に入れた経済学者の高揚感が伝わってくる。

同書によると、成田の専門はデータやソフトウエア、アルゴリズムなどのデジタル技術と社会制度・政策の「共進化」。アルゴリズムとは、問題を解決するための手順をコンピューターのプログラムとして実行可能にする計算式を指す。デジタル技術を向上させながら活用し、社会制度や政策を進化させようとする最先端の研究分野だ。自ら企業を立ち上げ、サイバーエージェントやＺＯＺＯ、メルカリなどと協業。新たな事業や政策を設計し、導入後の新世界で何が起きるのかをデータと数理モデルで予測する技術の開発と実践に取り組んでいる。

事業の基盤は、「反実仮想機械学習」、「マーケット・デザイン」、「因果推論」など経済学とコンピューターの複合領域だ。成田は会員誌『経友』に掲載したエッセイで、本屋に並ぶ経済学の教科書のスタイルに経済学者の「没落の兆候」を感じ取ると記している。「どこかの誰かが作った経済がそこにあり、それを分析するのが私たちという構図。いわば理学（自然科学）もどきとしての経済学だ」。本来なら「どんな経済も市場も、それを作ったのはどこかの誰かである以上、経済は作るもの」であり、「工学としての経済学、構想し設計し製作する経済学」が成田の目指す経済学だという（成田 2021）。

理路偏重の経済学界に対する痛烈な批判であり、最先端の手法を活用すれば社会制度や政策を進化させられるとみる自負心がにじみ出ている。

『22世紀の民主主義』で提示しているアルゴリズムを活用した「無意識データ民主主義」の構想も、こうした「根拠ある自信」に根差している。無意識データ民主主義が実現すれば生身の人間の政治家を不要にするという「政治家不要論」が注目を集めているが、同書には「政治家も官僚も経済学者も機械で置き換えよう」という呼びかけや、経済学者は数学的な経済モデルに基づいて最適な税率を計算し、政策提言してきたが、アルゴリズムに税制のデザインを任せてしまうのはどうだろうかといった記述もある。

成田が提案する「無意識データ民主主義」の基盤となるのは、多様な民意を集めて「目的関数」を作り、それを「最適化」する政策を導き出すアルゴリズムである。「目的関数」や「最適化」は現代の主流派経済学の中核をなす概念であり、成田も主流派の基本線は守っているのだが、「理論ありきの実証」という伝統からは遠い世界に身を置いている。

統計的因果推論、RCTや機械学習は、経済学界で新たなパラダイムを形成できるだろうか。それとも、経済学界からは離れ、全く別の世界を形成するのだろうか。仮に新たなパラダイムを形成するとしたら、どんな特徴を備えているのか。残念ながら、新パラダイムの姿はまだおぼろげだ。

そこで改めて問われるのは、研究者たちが描く社会や経済の理想像（本書では「ユートピアと呼ぶ）、あるいは理想像の正当性である。長く経済学界の中心に鎮座してきた新古典派経済学の根底にある、市場に対する信頼という価値観は、ある意味で単純で分かりやすい。ユートピアは自明なのだから、研究者は日常の活動の中で意識する必要もない。与えられた枠組みの中で活動していれば、社会や経済は理想に近づくはずだからだ。

ところが、可能世界論や介入主義のパラダイムは何かと考えても、共通の答えは出てこない。例えば、エステル・デュフロは「途上国の人々の生活の質向上」を目標に掲げて活動してきたが、その価値観を先進国にそのまま適用するのは難しい。「介入」する以上は、現状に何か問題点があり、自分が正しいと考える方向に誘導しようとする意図があるのは確かだが、その介入は果たして本当に正しいのか、そのつど、見極めるしかない。

ところが、多くの研究者はそうした問いをカッコに入れたまま、「RCTは最強のツールだ」、「機械学習は経済予測に威力を発揮する」といった発想でデータ分析に没頭しているうちに、異次元の世界に足を踏み入れている。ユートピアを失った経済学は漂流するしかない。

本章では、経済理論を重視する大家たちと、RCTや統計的因果推論に走る研究者たちを対比させながら経済学の現状を描写してきたが、「理論」対「実証」という伝統的な構図をもとに、どちらが勝利を収めるのかを占うつもりはない。経済学界の外側に身を置く筆者には、主流派理論の体系（傘）の下で個別理論の彫琢（実態は微修正）に精を出す研究者も、自身の価値判断を保留し、ジャーナルの査読者や一部のIT企業などに求められるまま最先端の実証分析に邁進する研究者も、狭い世界に閉じこもっている点では、似たような存在に見える。

市場の調節機能に信を置く理論家たちの価値観は明白だが、反グローバリズムや反市場主義のうねりが起きるなかで批判を受ける場面が目立ってきた。一方、現在の実証分析家たちに共通する価値観は見当たらない。分析手法を過信するあまり、データに振り回され、何のための研究なのかを見失っている研究者が多いのではないか。両者ともに経済社会と適切な関係を築けているとは言い難い。経済学はデータの波にのまれてしまうのか、それとも「因果モデル」とともに新たなパラダイムを形成し、経済社会に対する影響力を強めるのか。帰趨が決するまでに、それほど時間はかからないだろう。

おわりに

筆者が初めて手がけた単著の出版は2001年。新聞記者として大阪に駐在し、関西の金融界や産業界を担当していた時期である。

新聞記者の仕事の中心は取材と新聞記事の執筆であり、本を出している同僚はほとんどいなかったが、ただ1人の例外がいた。筆者が新聞社に入社し、日本銀行の記者クラブに配属になったときのキャップ（チームリーダーに相当）で、その後、金融担当の編集委員を務めていた。新人のときにお世話になって以来、一緒に仕事をする機会はなかったのだが、たまたま大阪に出張してこられたときに、食事の席で近況を報告していると「君が大阪で書いている記事を読んできた。取材の蓄積を生かして1冊の本にまとめてみたらどうか」と助言された。そこで、出版の企画を当時の上司（その編集委員の同期にあたる）に相談すると、とんとん拍子で出版が決まった。そうして生まれたのが金融危機を題材とした『激震　関西金融――危機は封じ込められたのか』（日本経済新聞社 2001）である。

どんなテーマを選ぶにせよ、本は通常の記事とは比べものにならないくらい多くの情報が入る媒体であり、自分が持っているすべてを投入しない限り、しっかりした本にはできないと痛感した。もともと文章を書くのが好きで新聞記者になった人間なので、大量の文章を書くこと自体は苦にならなかったのだが、記者としての通常の仕事をこなしながら本を書くためには睡眠時間を削るしかなかった。1冊の本を完成させるためには何が必要なのか、自分には何が足りないのかと自問自答しながら何とか完成させた。それだけに完成した本が店頭に並んだときの喜びはひとしおで、自著の「晴れ姿」を眺めるために何度も書店に足を運んだのを覚えている。

それから20年以上が過ぎ、共著や編著なども含めると手がけた本は20冊を超えた。2021年に独立し、大学や研究機関の仕事を手伝いながら、文筆家を名乗っている。1冊の本を仕上げるための手法は習得してきたつもりだが、「自分が持っているすべてを投入しない限り、しっかりした本にはできない」という最初の感想は全く変わらない。

本の内容を充実させたいのなら、自分が持っているものを充実させるしかない。取材が足りなければ追加取材をしなければならないし、自説の論拠が弱いと感じるなら、そのテーマに関わる著作や論文などを幅広く読む必要もある。執筆を重ねるうちに自分の考え方を整理できたり、新たな発想が生まれたりもする。「本の執筆に勝る喜びはない」というのが、変わらぬ思いである。

だが、出版の世界を取り巻く環境はその後、大きく変わってきた。出版物が往時ほどよく売れなくなり、専門書などの出版はなかなか難しくなったという話をよく聞く。ネット販売が急速に普及して書店の経営が厳しくなり、筆者が心の拠り所にしてきた「街の本屋さん」が姿を消すようになった。

そんな環境の下で曲がりなりにも本を出してきた筆者は幸運に恵まれていると感謝する一方、近年は「読者」との向き合い方の難しさを強く感じるようになった。これは新聞社に在籍しているときに感じていた変化でもある。筆者が１９８０年代後半に新聞社に入社してから２０１０年くらいまでは、情報を一方的に読者に届ければよかったが、ネットが普及するなかで、読者との「双方向性」を意識せざるを得なくなったのである。

２００１年に初めて単著を出したときは、それまでの仕事の集大成になったという喜びが勝り、どんな読者に届けたいのかまでは深く考えなかった。出版後に取材先や知人らからの反響は届いたが、ある意味で「身内」の声ともいえるので好意的な感想ばかりだった。

それから20年以上たったいまも「それぞれの本に自分のすべてを投入できた」という満足感は変わらないのだが、「この本から読者は何を吸収できるのだろうか」と考えるようになった。どれだけ精魂込めて完成させた本であっても、世の中に無数に存在する商品の一つにすぎない。多忙な日々を送る人々が少しでも時間を割く価値がある本にしたいと思案しつつ執筆を続けている。

筆者は新聞社に籍を置いていた最後の10年間、経済学界を取材対象の一つとし、多くの経済学者たちの話を聞き、経済学をテーマとする記事を書いた。今回の本は、そんな筆者の記事に目を止め、よくメールで感想を送ってくださった日本評論社の道中真紀さんのご提案から生まれた。

近年の経済学界では「データ」や「エビデンス」（証拠）が研究の前提となり、データ収集に奔走する研究者の姿が目立つ。経済学は「理論と実証」のバランスをとりながら発展してきた学問だと本書で指摘してきたが、明らかに実証分析の勢いが増している。

理論研究を理学、実証分析を工学にたとえるなら、「工学化している」経済学はどこに向かうのだろうか、という道中さんの問いかけは、筆者の問題意識を掘り起こし、本書の構想を生み出した。編集作業では道中さんと岩元恵美さんに大変、お世話になった。また、関西大学の草郷孝好教授、学習院大学の乾友彦教授からは草稿に対して貴重なコメントをいただいた。深く感謝する。

筆者は2022年夏、『経済学の壁――教科書の「前提」を問う』（白水社）と題する本を出した。同書は主流派から異端派に至るまでの経済理論の全体像を描き出そうとした本であり、「理論と実証」のうちの理論研究に焦点を当てている。今回は実証研究に的を絞った本であり、出版元は異なるが、筆者は「経済学の理論と実証」を概観する姉妹編と位置づけている。

経済学は理論と実証の両面で強力な道具がそろった学問である半面、あまりにも多くの道具がそろいすぎて宝の持ち腐れになっているのではないだろうか。経済学の専門家たちはそのうちのごく一部の道具を使って作業をしているが、その意図をくみ取るのはなかなか難しい。経済学界を外側から観察してきた筆者は、経済学の理論や実証の全体像を描いた本があれば、経済学はもっと身近な存在になり、専門家以外の人も有効活用できるのではないかと考えている。

こうした姉妹編を執筆する機会を与えられた幸運に感謝しつつ、本書を送り出したい。

前田裕之

索　引

人名索引

事項索引

参考文献

序章

上武康亮「経済学をマーケティングに活かす——慣習に基づく意思決定からの脱却を目指して」日本経済研究センター編『使える！経済学——データ駆動社会で始まった大変革』（日本経済新聞出版、2022）
キシテイニー、ナイアル『若い読者のための経済学史』（月沢李歌子訳、すばる舎、2018）Niall Kishtainy, *A Little History of Economics,* Yale University Press, 2017.
桑原晋「失業の方法論的考察」（『日本経済学会年報』第2号、1942）
坂井豊貴「急伸する経済学のビジネス活用——オークション理論から行動経済学まで」日本経済研究センター編『使える！経済学』（前掲）
セドラチェク、トーマス『善と悪の経済学』（村井章子訳、東洋経済新報社、2015）Tomáš Sedláček, *Economics of Good and Evil: The Quest for Economic Meaning from Gilgamesh to Wall Street,* Oxford University Press, 2011.
高垣寅次郎「貨幣的物価政策」（『日本経済学会年報』第1号、1941）
高田保馬「生産期間の問題」（『日本経済学会年報』第1号、1941）
日本経済学会編『日本経済学会75年史——回顧と展望』（有斐閣、2010）
日本経済研究センター編『使える！経済学——データ駆動社会で始まった大変革』（日本経済新聞出版、2022）
早川三代治「所得のパレート線について」（『日本経済学会年報』第2号、1942）
安井琢磨「企業の動学理論」（『日本経済学会年報』第2号、1942）
山口慎太郎「データ分析で社会を変える——実証ミクロ経済学」市村英彦、岡崎哲二、佐藤泰裕、松井彰彦編『経済学を味わう——東大1、2年生に大人気の授業』（日本評論社、2020）
渡辺安虎「ビジネス課題を経済学で解決する——社会実装が広がるミクロ経済学」日本経済研究センター編『使える！経済学』（前掲）
Akcigit, Ufuk, Douglas Hanley, and Stefanie Stantcheva, "Optimal Taxation and R&D Policies," *Econometrica,* 90(2), 2022, 645-684.
Hamermesh, Daniel S., "Six Decades of Top Economics Publishing: Who and How?," *Journal of Economic Literature,* 51(1), 2013, 162-172.
Morelli, Juan M., Pablo Ottonello, and Diego J. Perez, "Global Banks and Systemic Debt Crises," *Econometrica,* 90(2), 2022, 749-798.
Williams, Kevin R., "The Welfare Effects of Dynamic Pricing: Evidence from Airline Markets," *Econometrica,* 90(2), 2022, 831-858.

第1章
阿部修人「マクロ経済学」経済セミナー編集部編『新版 進化する経済学の実証分析』（日本評論社、2020）
有江大介『反・経済学入門 経済学は生き残れるか――経済思想史からの警告』（創風社、2019）
カリアー、トーマス『ノーベル経済学賞の40年（上・下）』（小坂恵理訳、筑摩書房、2012）Thomas Karier, *Intellectual Capital: Forty Years of the Nobel Prize in Economics,* Cambridge University Press, 2010.
佐和隆光編『現代経済学の名著』（中公新書、1989）
澤田康幸「経済学における実証分析の進化」経済セミナー編集部編『新版 進化する経済学の実証分析』（前掲）
根井雅弘編著『ノーベル経済学賞――天才たちから専門家たちへ』（講談社、2016）
野原慎司、沖公祐、高見典和『経済学史』（日本評論社、2019）
マクロスキー、ディアドラ・N『増補 ノーベル賞経済学者の大罪』（赤羽隆夫訳、ちくま学芸文庫、2009）Deirdre N. McCloskey, *The Vices of Economists: The Virtues of the Bourgeoisie,* Amsterdam University Press, 1996. / *The Secret Sins of Economics,* Prickly Paradigm Press, 2002.
養谷千凰彦「計量経済学の史的展開と現代の課題」（『三田學會雑誌』96(3)、2003）
山本勲『実証分析のための計量経済学――正しい手法と結果の読み方』（中央経済社、2015）
吉川洋『いまこそ、ケインズとシュンペーターに学べ』（ダイヤモンド社、2009）
Frisch, Ragnar, "Propagation Problems and Impulse, Problems in Dynamic Economics," *Economic Essay in Honor of Gustav Cassel,* 1933.
Haavelmo, Trygve, "The Statistical Implications of a System of Simultaneous Equations," *Econometrica,* 11(1), 1943, 1-12.
Haavelmo, Trygve, "The Probability Approach in Econometrics," *Econometrica,* 12, 1944, iii-vi, 1-15.
Keynes, John M., *The General Theory of Employment, Interest, and Money,* 1936. ジョン・メイナード・ケインズ『雇用・利子および貨幣の一般理論』（塩野谷祐一訳、東洋経済新報社、1995）
Klein, Lawrence R., "Macroeconomics and the Theory of Rational Behavior," *Econometrica,* 14(2), 1946, 93-108.
Klein, Lawrence R. and Arthur S. Goldberger, *An Econometric Model for the United States, 1929-1952,* North-Holland, Amsterdam, 1955.
Leontief, W. W., "Quantitative Input and Output Relations in the Economic Systems of the United States," *The Review of Economics and Statistics,* 18(3), 1936, 105-125.
Lucas, Robert E. Jr., "Expectations and the Neutrality of Money," *Journal of Economic Theory,* 4 (2), 1972, 103-124.

Lucas, Robert E. Jr., "Econometric Policy Evaluation: A Critique," *Carnegie-Rochester Conference Series on Public Policy,* Vol.1, 1976, 19-46.
Lucas, Robert E. Jr., *Models of Business Cycles,* Oxford: Blackwel, 1987.
Marshall, Alfred, *Principles of Economics,* 1890. アルフレッド・マーシャル『経済学原理 序説』（永沢越郎訳、岩波ブックセンター信山社、1985）
Mill, John S., *Principles of Political Economy,* 1848. ジョン・スチュアート・ミル『経済学原理』（全 5 巻、末永茂喜訳、岩波書店、1959-1963）
Moore, Henry L., *Economic Cycles-Their Law and Cause,* Macmillan, 1914.
Quesnay, François, *Tableau Économique,* 1758. フランソワ・ケネー『ケネー経済表』（戸田正雄・増井健一訳、岩波書店、1961）
Smith, Adam, *The Theory of Moral Sentiments,* 1759. アダム・スミス『道徳感情論』（水田洋訳、筑摩書房、1973）
Smith, Adam, *Lectures on Rhetoric and Belles Lettres,* 1762-1763. アダム・スミス『修辞学・文学講義』（水田洋、松原慶子訳、アダム・スミスの会監修、名古屋大学出版会、2004）
Smith, Adam, *An Inquiry into the Nature and Causes of the Wealth of Nations,* 1776. アダム・スミス『国富論 I 』（大河内一男訳、中公文庫、1978）
Tinbergen, Jan, *An Econometric Approach to Business Cycle Problems,* 1937.
Tinbergen, Jan, "Statistical Testing of Business Cycle Theories: Part I: A Method and Its Application to Investment Activity," 1939a.
Tinbergen, Jan, "Statistical Testing of Business Cycle Theories: Part II: Business Cycles in the United States of America, 1919-1932," 1939b.

第 2 章

會田剛史「RCT による開発経済学研究の来し方行く末」経済セミナー編集部編『新版 進化する経済学の実証分析』（日本評論社、2020）
阿部修人「マクロ経済学」経済セミナー編集部編『新版 進化する経済学の実証分析』（同上）
市村英彦「ミクロ実証分析の進展と今後の展望」日本経済学会編『日本経済学会75年史――回顧と展望』（有斐閣、2010）
市村英彦、岡崎哲二、佐藤泰裕、松井彰彦編『経済学を味わう――東大 1 、 2 年生に大人気の授業』（日本評論社、2020）
伊藤公一朗「経済学における実証分析の新たな潮流」経済セミナー編集部編『新版 進化する経済学の実証分析』（前掲）
岩井克人『経済学の宇宙』（聞き手＝前田裕之、日経ビジネス人文庫、2021）
オズワルド、アンドリュー・J「経済学の進歩とミクロ・データ」J・D・ヘイ編『フューチャー・オブ・エコノミックス』（同文書院インターナショナル、1992）
カリアー、トーマス『ノーベル経済学賞の40年（上・下）』（小坂恵理訳、筑摩書房、

2012）
川口大司「社会問題の因果関係を解明する「自然実験」の確立――ノーベル経済学賞2021」（『経済セミナー』2021年12月・22年１月号）
北村行伸「応用ミクロ計量経済学の手法と論点」経済セミナー編集部編『新版 進化する経済学の実証分析』（前掲）
澤田康幸「世界の貧困削減に挑む――開発経済学」市村英彦ほか編『経済学を味わう』（前掲 2020a）
澤田康幸「経済学における実証分析の進化」経済セミナー編集部編『新版 進化する経済学の実証分析』（前掲 2020b）
ジョンストン、ジャック「計量経済学の過去と未来」J・D・ヘイ編『フューチャー・オブ・エコノミックス』（前掲）
スティグリッツ、ジョセフ・E「経済科学の新時代」J・D・ヘイ編『フューチャー・オブ・エコノミックス』（前掲）
鳥居泰彦「日本版の序に代えて――二十一世紀の暗雲と曙光」J・D・ヘイ編『フューチャー・オブ・エコノミックス』（前掲）
中室牧子「教育経済学」経済セミナー編集部編『新版 進化する経済学の実証分析』（前掲）
中室牧子・津川友介『「原因と結果」の経済学――データから真実を見抜く思考法』（ダイヤモンド社、2017）
日本経済学会編『日本経済学会75年史――回顧と展望』（有斐閣、2010）
根井雅弘編著『ノーベル経済学賞――天才たちから専門家たちへ』（講談社、2016）
野原慎司、沖公祐、高見典和『経済学史』（日本評論社、2019）
福田慎一・照山博司『マクロ経済学・入門 第５版』（有斐閣、2016）
フリードマン、ミルトン「新しき革袋に古き酒を」J・D・ヘイ編『フューチャー・オブ・エコノミックス』（前掲）
ヘイ、J・D編『フューチャー・オブ・エコノミックス』（鳥居泰彦監修、同文書院インターナショナル、1992）John D. Hey ed., Galbraith, John Kenneth, *The Future of Economics*, Blackwell Publishing, 1991.
ボウモル、ウィリアム・J「経済学の再生」J・D・ヘイ編『フューチャー・オブ・エコノミックス』（同上）
山本勲『実証分析のための計量経済学――正しい手法と結果の読み方』（中央経済社、2015）
ロス、アルビン・E「経験科学としてのゲーム理論」J・D・ヘイ編『フューチャー・オブ・エコノミックス』（前掲）
ロドリック、ダニ『エコノミクス・ルール――憂鬱な科学の功罪』（柴山佳太、大川良文訳、白水社、2018）Dani Rodrik, *Economics Rules: The Rights and Wrongs of the Dismal Science*, W W Norton & Co Inc., 2015.
Angrist, Joshua D., "Lifetime Earnings and the Vietnam Era Draft Lottery: Evidence from Social Security Administrative Records," *The American Economic Review,*

80(3), 1990, 313-336.
Card, David and Alan B. Krueger, "Minimum Wages and Employment: A Case Study of the Fast Food Industry in New Jersey and Pennsylvania," *The American Economic Review*, 84(4), 1994, 772-793.
Deaton, Angus S., "The Analysis of Consumer Demand in the United Kingdom, 1900-1970," *Econometrica*, 42(2), 1974, 341-367.
Deaton, Angus, *The Great Escape: Health, Wealth, and the Origins of Inequality*, Princeton University Press, 2013. アンガス・ディートン『大脱出——健康、お金、格差の起原』(松本裕訳、みすず書房、2014)
Engle, R. and C. Granger, "Cointegration and Error Correction: Representation, Estimation and Testing," *Econometrica*, 55(2), 1987, 251-276.
Fisher, Ronald A., *The Design of Experiments*, 1935.
Granger, C. W. J., "Some Properties of Time Series Data and Their Use in Econometric Model Specification," *Journal of Econometrics*, 16(1), 1981, 121-130.
Heckman, James J., "Sample Selection Bias as a Specification Error," *Econometrica*, 47(1), 1979, 153-161.
Heckman, James J., "Cracked Bell," *Reason Magazine*, March 1995.
Heckman, James J., "Skill Formation and the Economics of Investing in Disadvantaged Children," *Science*, 312(5782), 2006.
Heckman, James J., "The Productivity Argument for Investing in Young Children," *Review of Agricultural Economics*, 29(3), 2007, 446-493 (Working Paper, 2004).
Herrnstein, Richard and Charles Murray, *The Bell Curve: Intelligence and Class Structure in American Life*, Free Press, 1994.
Lewis, W. A., "Economic Development with Unlimited Supplies of Labor," *The Manchester School*, 22(2), 1954, 139-191.
Miguel, Edward and Michael Kremer, "Worms: Identifying Impacts on Education and Health in the Presence of Treatment Externalities," *Econometrica*, 72(1), 2004, 159-217.
Rubin, Donald, "Estimating Causal Effects of Treatments in Randomized and Nonrandomized Studies," *Journal of Educational Psychology*, 66(5), 1974, 688-701.
Sims, Christopher A., "Macroeconomics and Reality," *Econometrica*, 48(1), 1980, 1-48.

第 3 章

アリストテレス『形而上学(上・下)』(出隆訳、岩波文庫、1959・1961)
一ノ瀬正樹『英米哲学史講義』(ちくま学芸文庫、2016)

猪木武徳『経済社会の学び方』（中公新書、2021）
ウィトゲンシュタイン、ルートウィヒ『論理哲学論考』（中平浩司訳、ちくま学芸文庫、2005）Ludwig J. J. Wittgenstein, *Tractatus Logico-Philosophicus*, 1921.
大塚淳『統計学を哲学する』（名古屋大学出版会、2020）
クタッチ、ダグラス『現代哲学のキーコンセプト 因果性』（相松慎也訳、岩波書店、2019）Douglas Kutach, *Causation* (*Key Concepts in Philosophy*), Polity, 2014.
中室牧子・津川友介『「原因と結果」の経済学――データから真実を見抜く思考法』（ダイヤモンド社、2017）
根井雅弘『経済学の歴史』（講談社学術文庫、2005）
野中郁次郎、竹内弘高『知識創造企業』（梅本勝博訳、東洋経済新報社、1996）
ヒポクラテス『古い医術について』（小川政恭訳、岩波文庫、1963）
マンフォード、スティーヴン、ラニ・リル・アンユム『哲学がわかる 因果性』（塩野直之、谷川卓訳、岩波書店、2017）Stephen Mumford and Rani L. Anjum, *Causation: A Very Short Introduction*, Oxford University Press, 2013.
山口義久『アリストテレス入門』（ちくま新書、2001）
Descartes, René, *Discours de la Méthode,* 1637. デカルト『方法序説』（落合太郎訳、岩波文庫、1953）
Hume, David, *A Treatise of Human Nature: Being an Attempt to Introduce the Experimental Method of Reasoning into Moral Subjects,* 1739.
Mill, John S., *A System of Logic: Ratiocinative and Inductive,* 1843.
Newton, Isaac, *Philosophiæ Naturalis Principia Mathematica,* 1687.
Pearson, Karl, *The Grammar of Science,* 1892.

第 4 章

會田剛史「RCT による開発経済学研究の来し方行く末」経済セミナー編集部編『新版 進化する経済学の実証分析』（日本評論社、2020）
市村英彦、岡崎哲二、佐藤泰裕、松井彰彦編『経済学を味わう――東大１、２年生に大人気の授業』（日本評論社、2020）
伊藤公一朗『データ分析の力 因果関係に迫る思考法』（光文社新書、2017）
草郷孝好『ウェルビーイングな社会をつくる――循環型共生社会をめざす実践』（明石書店、2022）
澤田康幸「世界の貧困削減に挑む――開発経済学」市村英彦ほか編『経済学を味わう』（前掲）
バナジー、アビジット・V、エステル・デュフロ『絶望を希望に変える経済学――社会の重大問題をどう解決するか』（村井章子訳、日経 BP・日本経済新聞出版本部、2020）Abhijit V. Banerjee and Esther Duflo, *Good Economics for Hard Times: Better Answers to Our Biggest Problems,* PublicAffairs, 2019.
リー、アンドリュー『RCT 大全――ランダム化比較試験は世界をどう変えたのか』（上原裕美子訳、みすず書房、2020）Andrew Leigh, *Randomistas: How Radical*

Researchers are Changing Our World, La Trobe University Press, 2018.
Acemoglu, Daron, Simon Johnson, and James A. Robinson, "Reversal of Fortune: Geography and Institutions in the Making of the Modern World Income Distribution," *The Quarterly Journal of Economics*, 117(4), 2002, 1231-1294.
Banerjee, Abhijit, Esther Duflo, Nathanael Goldberg, Dean Karlan, Robert Osei, William Parienté, Jeremy Shapiro, Bram Thuysbaert, and Christopher Udry, "A Multifaceted Program Causes Lasting Progress for the Very Poor: Evidence from Six Countries," *Science*, 348(6236), 2015.
Karlan, Dean, Aishwarya L. Ratan, and Jonathan Zinman, "Savings by and for the Poor: A Research Review and Agenda," *Review of Income and Wealth*, 60(1), 2014, 36-78.

第５章

大竹文雄、内山融、小林庸平編著『EBPM エビデンスに基づく政策形成の導入と実践』（日本経済新聞出版、2022）
大橋弘編『EBPM の経済学——エビデンスを重視した政策立案』（東京大学出版会、2020）
大橋弘「政策立案の力を研鑽できる場の構築を目指して」大橋弘編『EBPM の経済学』（同上）
樫原哲哉「教育 EBPM における「データ収集」の重要性と課題」大橋弘編『EBPM の経済学』（同上）
金本良嗣「総説 EBPM を政策形成の現場で役立たせるために」大橋弘編『EBPM の経済学』（同上）
川口大司「エビデンスに基づく政策形成と経済学」（『日本労働研究雑誌』No.705、2019）
神林龍「労働政策における EBPM——労働政策決定の正統性との関連から」大橋弘編『EBPM の経済学』（前掲）
小林庸平「エビデンスを政策にどう使うか——イギリスの動向と日本への適用事例からの示唆」（経済産業研究所セミナー資料、2016）
小林庸平「解説——エビデンスに基づく政策形成の考え方と本書のエッセンス」エステル・デュフロほか『政策評価のための因果関係の見つけ方——ランダム化比較試験入門』（小林庸平監訳・解説、日本評論社、2019）
杉谷和哉「EBPM の二つの側面——米英の比較を通じた日本への示唆」（京都大学紀要『人間・環境学』第29巻、2020）
高橋義明「EBPM（証拠に基づく政策立案）は日本で確立するのか——欧米の経験も踏まえて」（中曽根平和研究所レポート、2020）
津田広和、岡崎康平「米国における Evidence-based Policymaking（EBPM）の動向」（経済産業研究所シリーズ18-P-016ポリシーディスカッションペーパー、2018）

デュフロ、エステル、レイチェル・グレナスター、マイケル・クレーマー『政策評価のための因果関係の見つけ方――ランダム化比較試験入門』（小林庸平監訳・解説、石川貴之、井上領介、名取淳訳、日本評論社、2019）Esther Duflo, Rachel Glennerster, and Michael Kremer, "Using Randomization in Development Economics Research: A Toolkit" in Paul Schultz and John Strauss eds., *Handbook of Development Economics*, Volume 4, Ch. 61, Elsevier BV, 2008.

第 6 章

有江大介『反・経済学入門 経済学は生き残れるか――経済思想史からの警告』（創風社、2019）

一ノ瀬正樹『英米哲学史講義』（ちくま学芸文庫、2016）

市村英彦「ミクロ実証分析の進展と今後の展望」日本経済学会編『日本経済学会75年史――回顧と展望』（有斐閣、2010）

大塚淳『統計学を哲学する』（名古屋大学出版会、2020）

神取道宏「経済理論は何を明らかにし、どこへ向かってゆくのだろうか」日本経済学会編『日本経済学会75年史』（前掲）

クーン、トーマス・S『科学革命の構造』（中山茂訳、みすず書房、1971）Thomas S. Kuhn, *The Structure of Scientific Revolutions*, University of Chicago Press, 1962.

成田悠輔「経済学起業」（『経友』No.209, 2021. 2, 東京大学経友会発行）

成田悠輔『22世紀の民主主義――選挙はアルゴリズムになり、政治家はネコになる』（SB 新書、2022）

日本経済学会編『日本経済学会75年史――回顧と展望』（有斐閣、2010）

ハンソン、N. R.『科学的発見のパターン』（村上陽一郎訳、講談社学術文庫、1986）Norwood R. Hanson, *Patterns of Discovery: An Inquiry into the Conceptual Foundations of Science*, Cambridge University Press, 1958.

ピケティ、トマ『21世紀の資本』（山形浩生、守岡桜、森本正史訳、みすず書房、2014）Thomas Piketty, *Le Capital au XXIe Siècle*, Seuil, 2013.

前田裕之『経済学の壁――教科書の「前提」を問う』（白水社、2022）

ラカトシュ、イムレ『方法の擁護――科学的研究プログラムの方法論』（村上陽一郎、井山弘幸、小林傳司、横山輝雄共訳、新曜社、1986）Imre Lakatos, *The Methodology of Scientific Research Programmes: Philosophical Papers*, Vol. 1, Cambridge University Press, 1978.

Friedman, Milton, *The Methodology of Positive Economics, in Milton Friedman Essays in Positive Economics*, The University of Chicago Press, 1953.

Heckman, James J., Hidehiko Ichimura, Jeffrey Smith, and Petra Todd, "Sources of Selection Bias in Evaluating Social Programs: An Interpretation of Conventional Measures and Evidence on the Effectiveness of Matching as a Program Evaluation Method," *National Academy of Sciences of the United States of*

America, 93(23), 1996, 13416-13420.
LaLonde, Robert J., "Evaluating the Econometric Evaluations of Training Programs with Experimental Data," *The American Economic Review,* 76(4), 1986, 604-620.

著者紹介

前田 裕之（まえだ ひろゆき）

学習院大学客員研究員、川村学園女子大学非常勤講師、NIRA総合研究開発機構「政策共創の場」プロジェクト・パートナー。1986年東京大学経済学部卒、日本経済新聞社入社。東京経済部記者、経済解説部編集委員などを経て2021年に独立し、研究・教育や執筆活動に取り組む。主な著書に『ドキュメント銀行 金融再編の20年史――1995-2015』『実録・銀行』『経済学の宇宙』（岩井克人著／聞き手）『新・公共経営論』（共著）『「失敗の本質」を語る』（野中郁次郎著／聞き手）『経済学の壁――教科書の「前提」を問う』など。

日経BOOKプラス「経済学の書棚」（https://bookplus.nikkei.com/atcl/column/122100175/）連載中。

データにのまれる経済学《けいざいがく》

薄《うす》れゆく理論信仰《りろんしんこう》

2023年6月30日／第1版第1刷発行

著　者　前田裕之

発行所　株式会社日本評論社

〒170-8474　東京都豊島区南大塚3-12-4

電話　03-3987-8621（販売）03-3987-8595（編集）

https://www.nippyo.co.jp/

印刷所　精文堂印刷株式会社

製本所　井上製本所

装　幀　山崎登・蔦見初枝

ISBN 978-4-535-54038-5